**"ධම්මෝ හි වාසෙට්ඨා, සෙට්ඨෝ ජනේතස්මිං
දිට්ඨේ චේව ධම්මේ, අභිසම්පරායේ ච."**

වාසෙට්ඨයෙනි, මෙලොවෙහි ත්, පරලොවෙහි ත්
ජනයා අතර ධර්මය ම ශ්‍රේෂ්ඨ වෙයි !

- අග්ගඤ්ඤ සූත්‍රය - භාග්‍යවත් බුදුරජාණන් වහන්සේ

සිතට සුව දෙන භාවනා

පූජ්‍ය කිරිබත්ගොඩ ඤාණානන්ද හිමි

© සියලුම හිමිකම් ඇවිරිණි.

ISBN : 978-624-5524-21-1

පළමු මුද්‍රණය : ශ්‍රී බු.ව. 2554 බක් (2011 අප්‍රේල්)
දෙවන සංස්කරණය : ශ්‍රී බු.ව. 2567 බිනර (2023 සැප්තැම්බර්)

සම්පාදනය

මහමෙව්නාව භාවනා අසපුව
වඩුවාව, යටිගල්ඔළුව, පොල්ගහවෙල.
දුර : 037 2244602
info@mahamevnawa.lk
www.mahamevnawa.lk

ප්‍රකාශනය

මහාමේඝ ප්‍රකාශකයෝ
වඩුවාව, යටිගල්ඔළුව, පොල්ගහවෙල.
දුර : 037 2053300, 076 8255703
info@mahamegha.store
www.mahamegha.store

සිතට සුව දෙන
භාවනා

පූජ්‍ය කිරිබත්ගොඩ ඤාණානන්ද හිමි

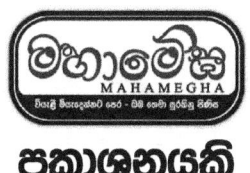

මහාමේඝ
MAHAMEGHA
ප්‍රකාශනයකි

පෙළගැස්ම

භාවනාවේ මූලික කරුණු 9

කායානුපස්සනාව

ආනාපානසති භාවනාව 31

ඉරියාපථ භාවනාව 64

සම්පජඤ්ඤ භාවනාව 72

අසුභ භාවනාව 79

ධාතු මනසිකාර භාවනාව 88

නව සීවථික භාවනාව 103

වේදනානුපස්සනාව 121

චිත්තානුපස්සනාව 135

ධම්මානුපස්සනාව

පංච නීවරණ 143

ස්කන්ධ අනිත්‍ය භාවනාව 152

ආයතන අනිත්‍ය භාවනාව 174

සප්ත බොජ්ඣංග 193

අනුස්සති භාවනා

1. බුද්ධානුස්සතිය 206
2. ධම්මානුස්සතිය 220
3. සංඝානුස්සතිය 227
4. සීලානුස්සතිය 235
5. චාගානුස්සතිය 241
6. දේවතානුස්සතිය 248

මරණසති භාවනාව 254

සතර බ්‍රහ්ම විහරණ

1. මෛත්‍රී භාවනාව 259
2. කරුණා භාවනාව 264
3. මුදිතා භාවනාව 265
4. උපේක්ෂා භාවනාව 266

අට්ඨික සඤ්ඤා භාවනාව 268

"දසබලසේලප්පභවා නිබ්බානමහාසමුද්දපරියන්තා
අට්ඨංග මග්ගසලිලා ජිනවචනනදී චිරං වහතූති."

දසබලයන් වහන්සේ නමැති ශෛලමය පර්වතයෙන් පැන නැගී
අමා මහා නිවන නම් වූ මහා සාගරය අවසන් කොට ඇති
ආර්ය අෂ්ටාංගික මාර්ගය නම් වූ සිහිල් දිය දහරින් හෙබි
උතුම් ශ්‍රී මුඛ බුද්ධ වචන ගංගාවෝ
(ලෝ සතුන්ගේ සසර දුක නිවාලමින්)
බොහෝ කල් ගලාබසිත්වා!

(සළායතන වර්ගය - උද්දාන ගාථා)

නමෝ තස්ස භගවතෝ අරහතෝ සම්මාසම්බුද්ධස්ස
ඒ භාග්‍යවත් අර්හත් සම්මා සම්බුදුරජාණන් වහන්සේට නමස්කාර වේවා!

1

භාවනාවේ මූලික කරුණු

1.1. අපි භාවනා කරමු

ඔබේ මිනිස් ජීවිතය වඩාත්ම සුවපත් කරවන, වඩාත්ම අර්ථවත් කරවන දෙයක් තමයි භාවනාව කියන්නේ. භාවනා කිරීම යනු ජීවිතයට අද්භූත දෙයක් නොවෙයි, ජීවිතය කඩා වැටෙන දෙයක් නොවෙයි. භාවනාව කියා කියනුයේ ඔබේ සිත දියුණු කරගන්නා සුවිශේෂී ක්‍රමයටයි. මේ සිත දියුණු කරන්ට පුළුවන් ය කියා පැහැදිලි ලෙස අපට කියා දුන්නේ බුදුරජාණන් වහන්සේයි. තමන් වහන්සේගේ සිත සම්පූර්ණයෙන් ම දියුණු කොට, ඉහළ ම තලයට දියුණුකොට යි උන්වහන්සේ අපට පෙන්වා වදාළේ මේ සිත දියුණු කරගන්ට පුළුවන් කියා.

ලෝකයේ සිත දියුණු කරන සුළු පිරිස අතරට ඔබත්...

ඔබට පුළුවන් නම් භාවනාව දියුණු කරගන්නට මේ ජීවිතයේදී ම ඔබේ සිත යම් ප්‍රමාණයකට හෝ දියුණු

වෙන්න පටන් ගනීවි. හැබැයි මේ සඳහා ඔබට සිතන්න පුළුවන්කම තිබිය යුතුයි. යම් හෙයකින් ඔබට සිතන්ට බැරි නම්, කල්පනා කරන්ට බැරි නම්, මේ ජීවිතයේ තිබෙන දුර්ලභ අවස්ථාව ඔබට තේරුම් ගන්ට බැරි නම්, ඔබට සිත දියුණු කරන්ට බැරිව යනවා. මේ ලෝකයේ බොහෝ දෙනෙක් සිත දියුණු කරන්නේ නෑ. ස්වල්ප දෙනෙකුයි සිත දියුණු කරන්නේ. අන්න ඒ ටික දෙනා අතරට ඔබටත් පැමිණෙන්ට පුළුවනි, මනා සිහි කල්පනාවෙන් යුතුව, මනා අවධානයෙන් යුතුව මේ ග්‍රන්ථය හැදෑරීමෙන්. අපි ක්‍රම ක්‍රමයෙන් ඔබට උගන්වනවා ජීවිතයේ ගැඹුරක් දකින්ට පුළුවන් ආකාර...

භාවනාවට ඔබත් සුදුස්සෙක් ද?

විශේෂයෙන් ම මේ සඳහා ඔබට සුදුසුකම් තිබෙන්ට ඕනෑ. පළවෙනි සුදුසුකම තමයි, 'මේ ධර්මය පෙන්වා දුන් බුදුරජාණන් වහන්සේ සිත දියුණු කරපු කෙනෙක් ය' කියා ඔබ තුළ තියෙන ප්‍රසාදය. එයට කියන්නේ ශ්‍රද්ධාව කියලා. සිත දියුණු නොකරපු කෙනෙකුගේ උපදෙස්වලින් අපට සිත දියුණු කරන්ට බෑ. සිත දියුණු කරන්ට පුළුවන් වන්නේ සිත දියුණු කළ කෙනෙකුගේ උපදෙස්වලින් ම යි. මේ ලෝකයේ බුදුරජාණන් වහන්සේ තරම් සිත දියුණු කළ වෙනත් කෙනෙකු අපට මුණ ගැහෙන්නේ නෑ. ඒ නිසා බුදුරජාණන් වහන්සේ කෙරෙහි සිත පහදවාගෙන, බුදුරජාණන් වහන්සේ වදාළ උපදෙස්, උන්වහන්සේ ජීවිතය ගැන කියා දුන් දේ හොඳින් දැනගෙන, ඒ දැනගත් කරුණුවලට අනුව මේ ජීවිතය හසුරුවාගන්ට පුළුවන් වුණොත් ඔබටත් භාවනාවෙන් දියුණු වෙන්ට අවස්ථාවක් ලැබේවි.

දුර්ලභ ක්ෂණ සම්පත්තිය...

මෙහිදී විශේෂයෙන් ම ඔබට වුවමනා වන්නේ සිතන්ට පුළුවන්කමයි. සිතන්ට පුළුවන් කෙනාට බුදුරජාණන් වහන්සේගේ ධර්මය මුණගැසී, ඒ ධර්මය කෙරෙහි ශ්‍රද්ධාව ඇති වූ විට එයට කියන්නේ 'ක්ෂණ සම්පත්තිය' කියලා. මෙන්න මේ ක්ෂණ සම්පත්තිය ගොඩාක් දුර්ලභ එකක්. බුදුරජාණන් වහන්සේ, ඒ වගේම උන්වහන්සේගේ ශ්‍රාවකයන් වහන්සේලා නිතරම පවසන දෙයක් තමයි, 'මේ ක්ෂණ සම්පත්තිය අහිමි වූ අය අපායේ වැටී දුක් විඳිනවා' කියන එක. අපි දැන් මේ මිනිස් ලෝකයේ හිටියාට, අපට තියෙන මේ කාලය කෙමෙන් කෙමෙන් ගෙවී අවසන් වෙන එකක්.

අපට ලැබී තියෙන්නේ ලෙඩ වෙලා යන ජීවිතයක්, මරණයට පත්වෙලා නිමාවෙන ජීවිතයක්. ඒ නිසා මේ ජීවිතයේ අපි මරණයට පත්වෙන්න කලින්, ලෙඩ වෙන්න කලින්, ඔත්පල වෙන්න කලින්, සිහි කල්පනාවේ වෙනසක් වෙන්න කලින්, ඒ කියන්නේ දැන් මේ වෙලාවේ, හොඳට සිහිය තියෙන වෙලාවේ, හොඳට නුවණ තියෙන වෙලාවේ, හොඳට කල්පනාව තියෙන වෙලාවේ, හොඳට යමක් කමක් තේරුම් බේරුම් කරගන්න පුළුවන් වෙලාවේ ඔබේ සිතේ බුදුරජාණන් වහන්සේගේ ධර්මය ගැන ශ්‍රද්ධාව ඇතිවෙනවා නම්, ඔබට සිතන්න පුළුවන්කම තියෙනවා නම්, ඔබට ඒ දුර්ලභ ක්ෂණ සම්පත්තිය ලැබෙනවා.

අධිෂ්ඨානයෙන් සිත මැඬලන්න...

දැන් ඔබ මිනිස් ලෝකයේ ඉපදී ඉන්නා අයෙක්. ඒ වගේම සිතන්ට පුළුවන්කමකුත් තියෙනවා. ඒ සමඟ

ම ඔබේ ඒ සිතන්ට පුළුවන් බව තවත් දියුණු කරන දෙයක් ඔබට අසන්ටත් ලැබෙනවා. ඒ තමයි බුදුරජාණන් වහන්සේගේ ධර්මය. ඒ අසන්නා වූ ධර්මයට අනුකූලව ඔබට ශ්‍රද්ධාවත් ඇතිවෙනවා. ශ්‍රද්ධාවක් ඇතිවෙලා ඔබ කල්පනා කරනවා 'මම මේ ධර්මය ප්‍රගුණ කරන්න ඕන' කියා. අන්න ඒ මොහොතේ පටන් ඔබට ක්ෂණ සම්පත්තිය ලැබෙනවා. ඒ ක්ෂණ සම්පත්තිය අහිමි කරගන්ට එපා. අපට මේක දියුණු කරගන්ට පුළුවන්. හැබැයි, මේ සිතේ ස්වභාවය තමයි එක දිගට යමක් අධිෂ්ඨානයෙන් කරගන්න තියෙන අමාරුව. කෙනෙක් භාවනා කරන්න ගියත්, සීලාදී ගුණධර්මයක් රැකගන්ට ගියත්, සිත දමනය කරන, සිත දියුණු කරන වැඩපිළිවෙළකට ගියත්, එය කරගන්න බෑ. බොහෝවිට සිද්ධ වෙන්නේ ආයෙමත් කැරකිලා හිටපු තැනට ම වැටෙන එක. මේ තත්වය කලින් ම හඳුනාගෙන, විශේෂයෙන්ම ඔබ බලවත් අධිෂ්ඨානයක් ඇති කරගන්ට ඕන. 'මම මේ ඉගෙනගන්න ධර්මය හොඳින් හිතට අරගෙන, මේ ධර්මයට අනුකූල විදිහට චින්තනය මෙහෙයවලා මම සිත දියුණු කරගන්නවා' කියලා ඔබ අධිෂ්ඨානයක් ඇති කර ගත යුතුයි.

සිත දියුණු කිරීමෙන් ලැබෙන ප්‍රයෝජන....

සිත දියුණු කිරීමේදී සිදුවන විශේෂත්වය තමයි ඔබ ගුණධර්මවලින් දියුණු වීම. ඔබේ මනස දියුණු වුණොත් ඔබ තුළ පෞරුෂයක් ගොඩනැගෙනවා. පෞරුෂයක් ගොඩනැගෙනවා කියන්නේ ඔබ තුළ ම ගොඩනැගෙන අභිමානවත් බවක් ඇතිවෙනවා. ඒ පෞරුෂයත්, අභිමානයත්, මානසික දියුණුවත් නිසා ඔබ තව කෙනෙකුට ඊර්ෂ්‍යා කරන්න යන්නේ නෑ, තව කෙනෙකු එක්ක තරහා

වෙන්න, පළිගන්න යන්නේ නෑ, බද්ධවෛරය ඇතිකර ගන්නේ නෑ, අනුන්ගේ දියුණුවට ද්වේෂ කරන්නේ නෑ. ඔබ අනුන්ගේ දියුණුව කෙරෙහි සතුටු වෙනවා. මේ ස්වභාවය තමයි, මූලිකව ම ඔබේ සිතේ ඇතිවන දියුණු තත්වය.

ඔබේ සිත දියුණු වෙනකොට ඔබ ගුණධර්මවලින් දියුණු වෙන කෙනෙක් වෙනවා. ඒ කියන්නේ ඔබ අනුන්ගේ දියුණුවට, අනුන්ගේ යහපතට සතුටු වෙනවා. ඊර්ෂ්‍යා කරන්නේ නෑ. අනුන්ගේ දැන උගත්කම් ගැන සතුටු වෙනවා. අනුන්ගේ හැකියාවන් ගැන සතුටු වෙනවා. මේවා තමයි දියුණු වෙන මනසක තිබෙන ලක්ෂණ. මේ ලක්ෂණ ඔබ තුළ ඇතිවෙන්න පටන් ගන්නවා. එතකොට ඔබ තේරුම් ගන්න... ඔබ තුළ දියුණු කළ හැකි, දියුණු වන සිතක් තිබෙන බව. සිත දියුණු කරන්න පුළුවන් ප්‍රධාන භාවනා ක්‍රම තියෙනවා. ඒ භාවනා ක්‍රම බුදුරජාණන් වහන්සේ තමයි දේශනා කළේ.

භාවනාව යනු...

භාවනාව කියන්නේ අපේ මනස යම්කිසි ක්‍රමානුකූල පිළිවෙළකට හසුරුවන වැඩපිළිවෙළ. ක්‍රමානුකූල පිළිවෙළකට මනස හැසිරවීමෙන් අභ්‍යන්තර ජීවිතය පිරිසිදු වෙනවා. අභ්‍යන්තර ජීවිතය පිරිසිදු වීම නිසා ම ඔබේ ජීවිතය ටික ටික සුවපත් වෙන්ට පටන් ගන්නවා. ඔබ ටික ටික ධෛර්යසම්පන්න වෙන්න පටන් ගන්නවා. ටික ටික වීර්යවන්ත වෙන්න පටන් ගන්නවා. ඔබ සතුටින් ඉන්න පුරුදු වෙනවා. මේ සෑම දෙයක් ම ඔබට ලැබෙනවා මනස දියුණු කිරීමෙන්.

දැන් බලන්න අපේ වයස සෑහෙන්න ගෙවිලා. නමුත්

අපට තවම අපේ මනස දියුණු කරගන්ට බැරිවුණා. මනස දියුණු කරගන්ට නොහැකි වීම අපේ ජීවිතවලට සිදුවුණ විශාල පාඩුවක් නොවේ ද? මෙන්න මේ පාඩුවෙන් වැළකිලා, මනස දියුණු කරගන්ට ලැබුණු අවස්ථාව, අපි දිගින් දිගටම ආරක්ෂා කරගෙන දියුණු කරගන්ට ඕන.

ස්වාධීන චින්තනයක් ඇති කරගනිමු...

මෙහිදී ඔබට විශේෂයෙන් ම වැදගත් වෙනවා, ස්වාධීනව සිතන්ට පුළුවන්කමක් තිබීම. ස්වාධීනව සිතන්ට පුළුවන්කම කියන්නේ, බුදුරජාණන් වහන්සේ වදාළ ධර්මය ඉගෙන ගන්නාවිට ඔබට එය කෙරෙහි පැහැදීමක් ඇතිවෙන්ට ඕන, 'මේ කියා දෙන්නා වූ බුදුරජාණන් වහන්සේ වදාළ ධර්මය හරි, මේ ධර්මය මට ප්‍රගුණ කරගන්ට පුළුවන්' කියලා ශ්‍රද්ධාව තුළින් නිසැක භාවයට පත්වෙන්ට ඕන. අන්න ඒ තුළින් ඔබ තුළ ගොඩනැගෙනවා ස්වාධීන චින්තනයක්. එතකොට කවුරු හරි කිව්වොත්, "නෑ... නෑ.. භාවනා කරන්න ඕනෙ නෑ. ඔය භාවනා කරලා වැඩක් නෑ. ජීවිත අවබෝධයක් අපට ඕනෙ නෑ. ඔබ ගිහි ජීවිතය ගත කරන කෙනෙක්. ඔබට ඒක අදාළ නෑ" කියලා, ඒ මිථ්‍යා දෘෂ්ටියට ඔබ හසුවෙන්නේ නෑ. ඔබ කෙලින් ම පිළිගන්නවා 'ඒක වැරදි මතයක්, වැරදි අදහසක්, වැරදි දෘෂ්ටියක්' කියලා.

එහෙම වුණොත් ඔබට පැහැදිලි චින්තනයක ඉන්න පුළුවන්. ඔබේ සිතේ වටිනාකම තියෙන්නේ ඔබ තුළයි. ඔබේ ජීවිතයේ වටිනාකම තියෙන්නේ ඔබ තුළයි. ඒ නිසා බාහිර කෙනෙකුගේ මතවාදයක් තුළින් ඔබේ මනස පිරිහෙන්න ඉඩ දිය යුතු නෑ. බාහිර කෙනෙකුගේ

මතවාදයකට ඇහුම්කන් දී ඔබේ ජීවිතය අයාලේ යන්න ඉඩ දිය යුතු නෑ. ඒ සඳහා ඔබට කරන්ට තිබෙන්නේ 'මේ ධර්මය අවබෝධ කරගන්ට පුළුවන්' කියලා දැඩි මතයකට පැමිණීමයි. ඒ දැඩි මතය විසින් ඔබ ශ්‍රද්ධාවන්ත කෙනෙක් බවට පත්කරවනවා. මෙන්න මේ ශ්‍රද්ධාව මුල් කරගෙන ඔබ ටිකෙන් ටික ගෞතම බුද්ධ ශාසනයට පිවිසෙනවා.

ඔබටත් අභිමානවත් චරිතයක්...

ශ්‍රද්ධාව මුල් කරගෙන, ගෞතම බුද්ධ ශාසනය තුළට ටිකෙන් ටික ඔබ පිවිසෙන විට ඔබේ ජීවිතය ටිකෙන් ටික ශක්තිමත් වෙනවා. ඔබ ආධ්‍යාත්මිකව බලසම්පන්න වෙනවා. බාහිර අදහස්වලට කරුණු රහිතව නැවෙන ගතිය නැති වී, බොහොම සාධාරණව කරුණු විමසා බලා සාධාරණ පැත්ත ගන්න පුළුවන් අභිමානවත් චරිතයක් ඔබ තුළ ගොඩනැගෙනවා. මේ දුර්ලභ අවස්ථාව ඔබට ලබා දෙන්නේ භාවනාව තුළින්. ඒ සඳහා දැන් ඉගෙන ගත් කරුණු මනා පිටුවහලක් වනු ඇති.

1.2. මූලික භාවනා ක්‍රම හඳුනාගනිමු

භාවනාවක් ප්‍රගුණ කර ගැනීමට ඔබ තුළ තිබිය යුතු සුදුසුකම් පිළිබඳව කලින් ඉගෙන ගත්තා. ඒ තමයි, නිදහස් චින්තනයක් තිබීම, මනස දියුණු කර ගැනීමේ වටිනාකම ගැන තේරුම් අරගෙන සිටීම, මේ දුර්ලභ මනුෂ්‍ය ජීවිතය ගෙවී යන්ට කලින් මේ ජීවිතයෙන් ප්‍රයෝජනයක් ගත යුතුයි කියන මතයට පැමිණ සිටීම, සිත දියුණු කිරීමේ

සියලු උපදෙස් බුදුරජාණන් වහන්සේගේ ධර්මය තුළ තිබෙන බවට ඔබ තුළ ඇති පැහැදීම. මෙන්න මේ කරුණු සැලකිල්ලට අරගෙන ඔබට මීළඟට ඉගෙන ගන්න ලැබෙන්නේ මූලික භාවනා ක්‍රම දෙක ගැනයි.

නිතර වැඩිය යුතු භාවනා...

එයින් පළමුවැනි භාවනාව තමයි '**සමථ**' භාවනාව. ඊළඟ භාවනාව තමයි '**විදර්ශනා**' භාවනාව. මේ භාවනා ක්‍රම දෙක ගැන ම බුදුරජාණන් වහන්සේ 'ජීවිතාවබෝධයට අතිශයින්ම උපකාරී වෙනවා' කියලා පැහැදිලිවම අවධාරණයෙන් ප්‍රකාශ කොට වදාළා.

බුදුරජාණන් වහන්සේ වදාළා "**(සමථෝ භික්ඛවේ භාවේතබ්බෝ)** මේ සමථ භාවනාව දියුණු කරන්ට ඕන. ප්‍රගුණ කරන්ට ඕන. සමථ භාවනාව ප්‍රගුණ කිරීමෙන් සිත දියුණු වෙනවා. සිත වැඩෙනවා. **(විපස්සනා භික්ඛවේ භාවේතබ්බා)** විදර්ශනා භාවනාවත් වැඩිය යුතුයි. විදර්ශනා භාවනාව වැඩීමෙන් ප්‍රඥාව දියුණු වෙනවා" කියා.

විදර්ශනාව කියලා කියන්නේ යමක ඇත්ත විමසා බැලීමයි. ප්‍රඥාව කියලා කියන්නේ, ඒ ඇත්ත ඒ ආකාරයෙන්ම දැකීමේ හැකියාවටයි. එසේ නම් සමථ භාවනාව දියුණු වීමෙන් ඔබේ සිතේ තිබෙන දුර්වලකම්, සිත විසිරෙන ගතිය නැතිවෙලා, සිත ශක්තිමත් වෙලා, යමක් අවබෝධ කරගන්ට සුදුසු ආකාරයට වැඩෙනවා. ඒකට කියන්නේ සිත කර්මණ්‍ය වෙනවා කියලයි. ඒ කියන්නේ යමක් අවබෝධ කරගන්ට සුදුසු ආකාරයට සිත සකස් වෙනවා කියලයි. ඒ සකස්වීම සිදුවන්නේ සමථ භාවනාවෙන්.

භාවනා ක්‍රම දෙක...

විදර්ශනා භාවනාවෙන් කරන්නේ ජීවිතාවබෝධය ඇති කරලා දෙන එක. ජීවිතාවබෝධය ඇති කරලා දෙන්නේ ප්‍රඥාව තුළින්. ප්‍රඥාව කියන්නේ යම්කිසි දෙයක ඇති ඇත්ත ස්වභාවය ඒ විදිහටම දැකීමේ හැකියාවට. බුදුරජාණන් වහන්සේගේ ධර්මය තුළ ජීවිතාවබෝධය ලබාගන්න කෙනෙක්, එක්කෝ ඉස්සර වෙලා සමථ භාවනාව වඩලා, ඊට පස්සේ ඒක විදර්ශනාවට හරවනවා. එහෙමත් නැත්නම් ඉස්සර වෙලා විදර්ශනා භාවනාව වඩලා එය සමථ භාවනාවට හරවනවා. මේ දෙකම එකට වැඩෙන අයත් ඉන්නවා. සමථය මුල්කරගෙන විදර්ශනා භාවනාව වඩන අයට **සමථ පුබ්බංගමා විපස්සනා** කියලා කියනවා. විදර්ශනා භාවනාව මුල්කරගෙන සමථ භාවනාව වඩන අයට **විපස්සනා පුබ්බංගමෝ සමථෝ** කියලා කියනවා. මේ දෙකම එකට වැඩෙන අයට **යුගනද්ධ** කියලා කියනවා.

එහෙම නැතුව තනිකරම විදර්ශනාව විතරක් වඩපු, තනිකරම සමථය විතරක් වඩපු පිරිසක් මාර්ගඵල ලාභීන් අතර නැහැ. මේ නිසා අපි දැන් සමථ විදර්ශනා භාවනා ක්‍රම දෙක ගැන තවදුරටත් විස්තර වශයෙන් තේරුම් ගනිමු.

සිතේ සංසිඳීම...

සමථ භාවනාවෙන් නීවරණ ධර්ම සංසිඳුවා සිත දියුණු කරනවා. සමථ කියලා කියන්නේ සංසිඳවීම. අපේ ජීවිතවල යම්කිසි ආරවුලක්, ගැටලුවක්, ප්‍රශ්නයක් ඇතිවුණාම "දැන් අපි මේක සමථයකට පත් කරගනිමු" කියලා කියනවනේ. ඒ අදහසමයි සමථය කියලා කියන්නේ.

සමථ භාවනාවෙන් මනසේ අවුල්බව නැති කරලා, මනස සමථයකට පත් කරලා, මනස සන්සුන් කරලා දෙනවා.

අපේ සතුරන් පස් දෙනා හඳුනාගනිමු...

විශේෂයෙන්ම මේ මනස අවුල් කරන කරුණු පහක් පවතින බව බුදුරජාණන් වහන්සේ අවබෝධ කරගෙන අපට වදාළා. ඒ පහට කියන්නේ පංච නීවරණ කියලයි. නීවරණ කියලා කියන්නේ, චිත්ත දියුණුව නැති කරන, ප්‍රඥාවට බාධා ඇති කරන, ප්‍රඥාව වළක්වන, සිතේ දියුණුව වෙනස් කරලා දාන, තමන් නොමග යවන දේවල් වලට. එවැනි නීවරණ ධර්ම පහක් ඇති බව බුදුරජාණන් වහන්සේ වදාළා. ඒ තමයි,

- **කාමච්ඡන්දය** - තමන් ආස කරන රූප, ශබ්ද, ගන්ධ, රස, ස්පර්ශවලට සිත නිතර නිතර ඇදී යන ගතිය.

- **ව්‍යාපාදය** - ඇහෙන් දැකපු, කනෙන් අහපු, නාසයෙන් ආඝ්‍රාණය කළ, දිවෙන් රස විඳපු, කයෙන් පහස ලැබූ, තමන් ගැටුණු අරමුණු ගැන නිතර මතක් වෙනවා. ඒ ස්වභාවයට කියන්නේ ව්‍යාපාද කියලයි.

- **ථීනමිද්ධ** - සිත දියුණු කරන වැඩපිළිවෙළ කරගන්ට බැරි මට්ටමට තමන් අලස වීම, කම්මැලි වීම, නිදිමතට පත්වීම. ඒ කියන්නේ භාවනාවකට සිත යොදවා ගන්ට බැරිකම යි.

- **උද්ධච්ච කුක්කුච්ච** - තමන්ට ධර්මයේ හැසිරෙන්ට තිබෙද්දී, තමන්ගෙන් වුණ අත්වැරදි ගැන කල්පනා කර කර, ඒවා ගැන ම සිත සිතා, ශෝක කර කර, සිත විසිරෙන ආකාරයට පැවැත්වීම.

- **විචිකිච්ඡා** - 'මේ විදිහට කළොත් හරියයි ද? මේ විදිහට දියුණු කරගන්ට බැරිවෙයි ද? මට පුළුවන් වෙයි ද? මට බැරිවෙයි ද?' කිය කියා තමන් පසුබහින ආකාරයට ධර්මය ගැන සිතේ මතුවන සැකය.

මේවා තමයි හැම තිස්සේ ම අපේ සිත වෙළාගෙන, මානසික දියුණුවක් කරා යන්ට බාධා කරන, මානසික දියුණුව වළක්වන දේවල්.

ඉතින් මේවා සම්පූර්ණයෙන් ම යටපත් කොට, සිත සමාධිමත් කරලා දෙන්ට පුළුවන්කමක් සමථ භාවනාවට තිබෙනවා. ඒ නිසා සමථ භාවනාවත් අනිවාර්යයෙන් ම කළයුතු භාවනාවක් ලෙස යි ධර්මයේ සඳහන් වන්නේ.

ප්‍රඥාවේ උල්පත...

විදර්ශනා භාවනාව යනු අනිවාර්යයෙන් ම කළ යුතු දෙයකි. විදර්ශනා භාවනාවෙන් තමයි යමක තිබෙන යථා ස්වභාවය, යමක ඇති පොදු ලක්ෂණය අවබෝධ කරලා දෙන්නේ. උදාහරණයක් හැටියට කිව්වොත් බුදුරජාණන් වහන්සේ, 'හේතු නිසා හටගත්තු සියලු දේවල් අනිත්‍යයි' කියලා වදාළා. එතකොට හටගත් දේවල්වල මූලික ලක්ෂණයක් තමයි අනිත්‍යය. සකස් වූ සෑම දෙයක ම මේ අනිත්‍ය ලක්ෂණය තිබෙනවා නම්, ඔබේ ජීවිතය තුළත් මේ අනිත්‍ය ලක්ෂණය තියෙනවා.

අනිත්‍ය දේ අනිත්‍ය ම යි...

ඔබ මේ ජීවිතයට මුළා වී හිටියට, මේ නැසී වැනසී යන ස්වභාවය නොදැක එයට මුහුණ නොදී හිටියට, අනිත්‍ය දේ අනිත්‍ය වී යාම ඔබට වළක්වන්න බෑ. අනිත්‍ය

දේ අනිත්‍ය වෙනකොට හඬා වැටෙන්නේ ඒ නිසයි. නමුත් අනිත්‍ය දේ අනිත්‍ය වෙනකොට හඬා වැටෙන්නේ නැතුව, අවබෝධයෙන් සිටින්ට පුළුවන් නම්, අන්න ඔබ තුළ ජීවිතය පිළිබඳව අවබෝධයක් තියෙනවා. අනිත්‍ය දේ අනිත්‍ය වශයෙන් දැකීමේ හැකියාව, දුක් දේ දුක් වශයෙන් දැකීමේ හැකියාව, අනාත්ම දේ අනාත්ම වශයෙන් දැකීමේ හැකියාවට තමයි ප්‍රඥාව කියන්නේ. අනාත්ම කියන වචනයේ තේරුම තමාගේ වසඟයේ පවත්වන්ට බැරි බව යි. තවත් සරලව තේරුම් ගන්නවා නම්, අයිතිකාරයෙක් නැති කියන එක. අයිතිකාරයෙක් නැති දෙයක් දිහා ඒ විදිහට ම බැලීමේ හැකියාවට කියනවා අනාත්ම දර්ශනය කියලා.

අභියෝග කරදර හමුවේ පෙරට ම යන්න...

මෙන්න මේ ලක්ෂණ හොඳින් සිහිය මෙහෙයවා, නුවණ මෙහෙයවා, විමස විමසා බලනකොට කෙනෙකු තුළ කෙමෙන් කෙමෙන් දියුණු වෙනවා යමක් විනිවිද දකින්ට පුළුවන් හැකියාව. අන්න ඒ හැකියාවටයි ප්‍රඥාව කියලා කියන්නේ. ඒ ප්‍රඥාව ලැබෙන ආකාරයට නුවණින් විමසීමේ හැකියාව දියුණු කිරීමට කියනවා විදර්ශනා කියලා.

මේ කාරණයේදී ඔබ ගොඩක් නුවණ පාවිච්චි කරන්ට ඕන. කෙනෙක් ඔබට කියන්ට පුළුවන් "හා... හා... අනිත්‍ය භාවනාව සිහි කරන්ට එපා! ඔබ ගිහි ගෙදර ඉන්න කෙනෙක්. ඒක ඔබට අදාළ නෑ. ඔබේ ජීවිතය කඩාකප්පල් වේවි!" කියලා. එතකොට ම ඔබේ ස්වාධීන නුවණින් කල්පනා කරලා ඒ කෙනා ගැන තේරුම් ගන්න ඕනෙ මෙහෙමයි. 'මේ කෙනා නම් මිථ්‍යා දෘෂ්ටිකයෙක්.

මේ කෙනා නම් යථාර්ථයට විරුද්ධව කල්පනාවක් තියෙන කෙනෙක්. මේ කෙනා නම් චිත්ත දියුණුවට බාධා කරන්ට කැමති කෙනෙක්. මේ කෙනා නම් ප්‍රඥාව දියුණු වෙනවට අකැමති කෙනෙක්" කියලා තෝරගෙන ඒ අදහස සිතෙන් බැහැර කරන්ට ඕන.

ශ්‍රද්ධාව ඇති කර ගනිමු...

එසේ බැහැර කොට ඔබ හිතන්න ඕන මෙහෙමයි, 'බුදුරජාණන් වහන්සේ මහා කරුණිකයි. බුදුරජාණන් වහන්සේ ජීවිතය අවුල් වෙන, කඩාකප්පල් වෙන දේවල් මේ ලෝකයට කියන්නේ නෑ. ඒවා කියන්නේ පෘථග්ජන අය විසින්. බුදුරජාණන් වහන්සේ පෘථග්ජන කෙනෙක් නෙවෙයි. උන්වහන්සේ අර්හත්වයට පත් වූ නිකෙලෙස් උත්තමයන් වහන්සේ නමක්. බුදුරජාණන් වහන්සේගේ ධර්මය පෘථග්ජනභාවයෙන් එතෙර කරවන ධර්මයක්. බුදුරජාණන් වහන්සේගේ ශ්‍රාවක සඟරුවන පෘථග්ජන භාවයෙන් එතෙර වෙලා, අර්හත්වය කරා පිය නඟන ශ්‍රාවක සඟ පිරිසක්. මේ නිසා මම සරණ ගියපු තිසරණයට යි මේ අනිත්‍ය දර්ශනය අදාළ. ඒ නිසා යමෙක් කියනවා නම්, මේ අනිත්‍ය දර්ශනය ජීවිතයට වැඩක් නෑ කියලා ඒ කෙනා තිසරණයෙන් බැහැර වූ මිථ්‍යා දෘෂ්ටික, මිථ්‍යා මත දරණ අන්ධබාල පෘථග්ජන තත්වයේ කෙනෙක්.' කියලා පැහැදිලිව එයාව හඳුනාගන්ට ඕනෙ. හඳුනාගෙන එවැනි අය ගැන අමනාප නොවී මෙත් සිතින් යුතුව, අවබෝධයකින් කටයුතු කරන්ට ඕන.

සමථ - විදර්ශනා...

එහෙනම්, දැන් ඔබ මතක තියාගන්න, සමථ

භාවනාව කියන්නේ සිත තැන්පත් කරන, පංච නීවරණ යටපත් කරන, සමාධිය දියුණු කරන වැඩපිළිවෙළකටයි. සමථ භාවනාව තුළින් දියුණු කරගන්න සමාධිය බොහෝ වේලාවක් තියාගන්න පුළුවන්කම තියෙනවා. ඒකට කියනවා 'ධ්‍යාන' කියලා. මේ ධ්‍යාන... පළවෙනි ධ්‍යානය, දෙවෙනි ධ්‍යානය, තුන්වෙනි ධ්‍යානය, හතරවෙනි ධ්‍යානය වශයෙන් දියුණු කරන්ට පුළුවන්.

විදර්ශනා භාවනාව මනාකොට පුරුදු කිරීමෙන් දියුණු වෙන්නේ ප්‍රඥාවයි. ප්‍රඥාව දියුණු වෙන්න, දියුණු වෙන්න ඒ කෙනාට මේ ජීවිතය ගැන තියෙන අනවශ්‍ය බැඳීම්, ජීවිතය ගැන ගොඩනැගෙන අදාළ නැති ප්‍රශ්න, ජීවිතය ගැන ගොඩනැගෙන අද්භූත ආකල්ප, ජීවිතය ගැන ගොඩනැගෙන මිථ්‍යා අදහස්, මේ සියල්ල ම බැහැර වෙලා, යථාර්ථවාදී අවබෝධයක් කරා එයාගේ ජීවිතය සකස් වෙනවා.

සතිපට්ඨාන භාවනා...

සමථ භාවනාවෙන් සිත දියුණු කරලා දෙනවා. විදර්ශනා භාවනාවෙන් ප්‍රඥාව දියුණු කරලා දෙනවා. මේ සිතත්, ප්‍රඥාවත් දියුණු කරන සමථ විදර්ශනා භාවනා ක්‍රම දෙක ම දියුණු කරගන්ට පුළුවන් හොඳ භාවනාවක් බුදුරජාණන් වහන්සේගේ ධර්මය පුරා ම තියෙනවා. ඒකට අපි කියනවා සතිපට්ඨානය කියලා. මේ සතිපට්ඨාන භාවනාව අපේ ජීවිතය තුළ දියුණු කරගන්ට පුළුවන් ආකාරය ගැන මින් ඉදිරියට දැනගන්ට පුළුවන්. දැන් ඔබ මතක තියාගන්න, සමථ - විදර්ශනා කියලා භාවනා දෙකක් තියෙනවා. මේ දෙක ම මාර්ගඵලාවබෝධය සඳහා

අත්‍යවශ්‍යයි. මේ දෙක ම දියුණු කරගන්ට කෙනෙක් මහන්සි ගත්තොත් ඔහුට යහපත උදා වෙනවා.

1.3 සම්මා සතිය යනු කුමක්ද?

අපි මුලින් ම ඉගෙන ගත්තා භාවනාවක් ජීවිතයට පුරුදු කිරීමේදී කෙනෙක් තුළ තිබිය යුතු සුදුසුකම් පිළිබඳව. ඊළඟට සමථ විදර්ශනා කියලා භාවනා ක්‍රම දෙකක් තිබෙන බවත්, ඒ භාවනා ක්‍රම දෙකින් අපේ සිත දියුණු වන්නේ කුමන ආකාරයට ද කියලත් ඉගෙන ගත්තා. දැන් අපි ඉගෙන ගන්නේ මේ සඳහා මූලික වන බුද්ධ දේශනාවක් ගැනයි.

අකාලිකයි සිරි සදහම්...

බුදුරජාණන් වහන්සේ අපේ ජීවිතය තුළ දියුණු කරන්න පුළුවන් හැම පැත්තක් ම දියුණු කරගන්න පුළුවන් ආකාරයට අපට කියා දීලා තියෙනවා. උන්වහන්සේ වදාළ ධර්මයට අපි 'අකාලිකයි' කියලා කියනවා. අකාලිකයි කියලා කියන්නේ, අතීතයේ බුදුරජාණන් වහන්සේ ජීවමානව වැඩසිටි කාලයේදී මේ ධර්මය ප්‍රගුණ කරලා බොහෝ දෙනෙක් ප්‍රතිඵල ලැබුවා. එහෙනම් එය අතීතයටත් සාර්ථකයි. වර්තමානයෙත් මේ ධර්මය දියුණු කරලා ප්‍රතිඵල ලබන්ට පුළුවනි. අනාගතයේදීත් මේ ධර්මය දියුණු කරලා ප්‍රතිඵල ලබන්ට පුළුවනි. ඒකට කියනවා අකාලිකයි කියලා.

මේ ධර්මය අනිත් විෂයයන් වගේ කාලයේ පහර කෑමට හසුවෙලා වෙනස් වෙන එකක් නෙවෙයි. අපි දන්නවා අනිත් විෂයයන් නම් එහෙම නෙවෙයි. කලකට

බොහෝම වැදගත්. කලකට සමාජයෙන් ඒක අයින් කරනවා. බුදුරජාණන් වහන්සේ වදාළ ධර්මය එහෙම එකක් නෙවෙයි. එය අකාලික ධර්මයක්.

අභ්‍යන්තර ගැටලුවේ වෙනසක් නෑ...

බුදුරජාණන් වහන්සේගේ කාලයෙයි අදයි කියලා මනුෂ්‍ය වර්ගයාගේ අභ්‍යන්තර ජීවිත ගැටලුවේ වෙනසක් නෑ. ඒ කාලේ මිනිසුන් තුළ යම් දුර්වලතා තිබුණා ද, ඒ දුර්වලතා අදත් තියෙනවා. එකල මිනිසුන්ට යම් කුසලතා තිබුණා ද, ඒ කුසලතා අදත් යම් පමණකට හෝ තියෙන්ට පුළුවනි. මේ නිසා දුබලතා බැහැර කරලා, කුසලතා දියුණු කරන බුදුරජාණන් වහන්සේගේ ධර්මය අදටත් ගැලපෙනවා. අදටත් විද්‍යානුකූලයි. ජීවිතය දිහා විවෘත ව බලනවා. නිදහස් ව බලනවා.

සිහි කල්පනාව වැදගත්...

ඊළඟ එක තමයි, මේ ධර්මය තුළින් ජීවිතය ගැන පළල් දැක්මක් ලබාදෙනවා. මේ සඳහා තියෙන මූලික දැනුම ලබාදෙන්නේ සතිපට්ඨානයෙන්. **සති** කියන්නේ සිහිය. **පට්ඨාන** කියන්නේ පිහිටුවීම. සිහිය පිහිටුවනවා කියලා කියන්නේ මේ ජීවිතය දිහා හොඳ කල්පනාවෙන්, අවධානයකින් බලන ක්‍රමයට යි.

සාමාන්‍යයෙන් ඕනෑම කෙනෙකුට ගමනක් බිමනක් යෑමට, වැඩක් පලක් කරගැනීමට සිහියක් වුවමනයි. අපි පාරේ අයිනෙන් තමයි ගමන් කරන්නේ. ඒ වාහනවලට හැප්පෙන්නේ නැතිව යාමටයි. පාර පනින්නේ දෙපැත්ත බලලයි. මේ සෑම දෙයක් ම කරන්නේ සිහිකල්පනාවෙන්.

ඔබ තුළත් සම්මා සතිය තිබේ ද..?

සිහි කල්පනාව නැතුව ගියොත් අපි කරන දේ අපි දන්නේ නෑ. මෙන්න මේ සාමාන්‍ය සිහිය ම තමයි අපි දියුණු මට්ටමට හරවා ගත යුත්තේ. ඒ විදිහට දියුණු මට්ටමට හරවගන්න කොට ඒකට කියනවා සම්මා සතිය කියලා.

සතර සතිපට්ඨානයෙන් කරන්නේ සම්මා සතිය දියුණු කරලා දීමයි. එදිනෙදා සාමාන්‍ය ජීවිතයේදී අපි පවත්වන සිහිය සම්මා සතිය නෙවෙයි. ඒ සතිය තුළ අපි කොච්චර සිහි නුවණින් යුක්තව ආහාර පාන පිසගෙන කෑවත්, කොච්චර සිහි නුවණින් යුක්තව ඇඳුම් පැළඳුම් ඇන්දත්, කොච්චර සිහි කල්පනාවෙන් වතුර නෑවත්, ඒක සම්මා සතිය දක්වා වර්ධනය වුණේ නැත්නම් ජීවිතාවබෝධයකට සිත සකස් වෙන්නේ නෑ.

නමුත් බුදුරජාණන් වහන්සේ වදාළ සතිපට්ඨානයේ සම්පූර්ණයෙන්ම තියෙන්නේ සම්මා සතියයි. සම්මා දිට්ඨියෙන් තොරව සම්මා සතිය ඇතිකරන්ට බෑ. ඒ නිසා සම්මා දිට්ඨිය නිවන් මගට අත්‍යවශ්‍ය අංගයක්.

සම්මා දිට්ඨියේ පෙර නිමිති...

සම්මා දිට්ඨිය ගැන බුදුරජාණන් වහන්සේ වදාළේ මෙහෙමයි. දැන් ඔන්න රාත්‍රී ඝන අන්ධකාරයක් තියෙනවා. පාන්දර වෙනකොට මේ ඝන අන්ධකාරය ඉවර වෙලා නැගෙනහිර අහසේ ලා පාට එළියක් එනවා. මෙන්න මේ ලා පාට එළියට කියනවා අරුණ කියලා. මේ අරුණාලෝකය එන විට අපට ප්‍රත්‍යක්ෂ කාරණයක් තමයි, ඉර පායනවා

කියන එක. අරුණාලෝකය පැමිණීමත් සමඟ අපි දන්නවා දැන් ඉර පායනවා කියලා.

බුදුරජාණන් වහන්සේ වදාළේ අවබෝධයක් නැති ජීවිතය කරුවලම කරුවල එකක් කියලයි. මේ අන්ධකාර ජීවිතයට ඉර පායන්න පටන් ගන්නේ සම්මා දිට්ඨිය තුළින්. සම්මා දිට්ඨිය තුළින් තමයි ජීවිතයට අරුණෝදය ඇතිවන්නේ. එහෙම නම් ජීවිතයට අරුණාලෝකය ඇතිවන සම්මා දිට්ඨිය ඇති කරගත්තොත් අපට පුළුවනි, ඒ සම්මා දිට්ඨිය මුල්කරගෙන සතර සතිපට්ඨාන භාවනාවේ යෙදෙන්ට.

සම්මා දිට්ඨිය යනු හරි දැක්ම ද..?

මේ සම්මා දිට්ඨියට අපේ රටේ පුරුදු වෙලා තියෙනවා වචනයක් 'හරි දැක්ම' කියලා. මේක අර්ථ පූර්ණ වචනයක් නෙවෙයි. මේක සම්මා දිට්ඨිය කියන වචනයට හිඩැසක් පිරවීම මිසක් අවබෝධයක් ඇති වචනයක් නෙවෙයි. බුදුරජාණන් වහන්සේ සම්මා දිට්ඨිය කියන වචනය පරිපූර්ණ වශයෙන් තෝරලා තියෙනවා.

උන්වහන්සේ සම්මා දිට්ඨිය කියන වචනය අර්ථ දක්වා තිබෙන්නේ චතුරාර්ය සත්‍යය පිළිබඳව අවබෝධ ඤාණය ලෙසයි. ඒ කිව්වේ බුදුරජාණන් වහන්සේගේ ධර්මය තුළින් කෙනෙක් තේරුම් ගන්නවා,

'මේ ජීවිතයේ තියෙන්නේ හේතු ඵල ධර්මයක්. මේකේ තියෙන්නේ හේතු නැති කිරීමෙන් ඵලය නැතිවන ස්වභාවික න්‍යායක්. ආර්ය අෂ්ටාංගික මාර්ගයෙන් මේක වෙනස් කරලා පූර්ණ සැපයක් ලබන්ට පුළුවන්' කියලා.

මෙන්න මේ කරුණු තමා තුළින් අවබෝධ කරගත්ත කෙනා සම්මා දිට්ඨියෙන් යුක්තයි. අන්න ඒ කෙනාට මනාකොට සිහිය හසුරුවන්ට පුළුවන්.

කරන්නන් වාලේ නොකරන්න...

ආවට ගියාට ගහක් කොළක් සිටුවලා වුණත් ප්‍රයෝජනයක් ලබන්ට බෑ. ඒ නිසා භාවනාව සම්බන්ධයෙනුත් ආවට ගියාට කරලා ප්‍රයෝජනයක් ලබන්ට අමාරුයි. අපි භාවනා කරන්නේ මක් නිසා ද, ඒකේ අවශ්‍යතාවය මොකක්ද, ඒකෙන් ලැබෙන ප්‍රතිලාභ මොනවාද, භාවනාව දියුණු කරගැනීමෙන් තමන්ට ලැබෙන්නේ මොනවද? කියලා තේරුම් ගන්ට වුවමනා වෙනවා.

සාමාන්‍යයෙන් අපේ ජීවිතය සීමා වෙලා තියෙන්නේ මේ පේන දේවල් වලටයි. ඒ නිසා බොහෝ දෙනෙක් හිතාගෙන ඉන්නේ 'අසනීපවලින් සුවපත් වෙන්න භාවනාව අවශ්‍යයි, ස්මරණය දියුණු කරගන්න භාවනාව අවශ්‍යයි, නීරෝගීකම ඇතිකර ගන්න භාවනාව අවශ්‍යයි. ක්‍රමානුකූලව වැඩක් කරගන්න භාවනාව අවශ්‍යයි' කියලයි. නමුත් ඒ ඔක්කොම දෙවෙනි තැනට දාන්න. පළමු තැනට දාගන්න, 'ජීවිතය අවබෝධ කිරීමට භාවනාව අවශ්‍යයි' කියලා.

උතුම් අරමුණක්...

ජීවිත අවබෝධය කරා යන කෙනාට අර සියලු ම දේවල් ලැබෙනවා. ජීවිත අවබෝධය කරා යන කෙනා මානසික නීරෝගීකම අත් විඳින කෙනෙක් බවට පත්වෙනවා. ජීවිත අවබෝධය කරා යන කෙනා ස්මරණ

ශක්තිය දියුණු කරන කෙනෙක් බවට පත්වෙනවා. ජීවිත අවබෝධය කරා යන කෙනා අකම්පිත ජීවිතයකට හුරුවෙනවා.

එහෙම නම් ඔබ භාවනාවෙන් යම් යම් ලෞකික ප්‍රතිලාභ බලාපොරොත්තු වෙනවා ද, ඒ සියල්ල ම ජීවිතාවබෝධයේ පිරිවර හැටියට ඔබට ලැබෙනවා. ඒ නිසා ඔබ භාවනාවේ ඉලක්කය හැටියට තබාගත යුත්තේ ඔබට මතක තබාගැනීමට වුවමනයි කියන කාරණය නොවෙයි. ඔබට සෞඛ්‍ය සම්පන්න වීමට වුවමනයි කියන කාරණය නොවෙයි. ඔබට මානසිකව නිරෝගීකමෙන් හා සතුටින් ඉන්න ඕනෙ කියන කාරණය නොවෙයි. භාවනාවේ ඉලක්කය හැටියට මතක තබා ගත යුත්තේ ජීවිතය අවබෝධ කළ යුතුයි කියන කරුණයි. ඔය අදහසට ආවොත් ජීවිතාවබෝධය නිසා ම ඔබට අර සියලු දේවල් ලැබේවි.

සම්මා සතියේ පිරිවර...

අප මීට පෙර ඉගෙන ගත්තා 'අපට සිහියක් තියෙනවා. නමුත් ඒ සිහිය සාමාන්‍ය එකක්. එය සම්මා සතිය නෙවෙයි' කියලා. ඔබේ මනසේ වේදනා නැතිකරන්ට ඒ සිහියට පුළුවන්කමක් නෑ. ඒ වගේම ඒ සාමාන්‍ය සිහියට ඔබව අවබෝධයක් කරා ගෙනයන්ට පුළුවන් කමක් නෑ. ඔබේ දුක් කඳුළු පිස දමන්ට ඒ සිහියට බෑ. විසිරෙන සිත තැන්පත් කරලා දෙන්න ඒ සාමාන්‍ය සිහියට බෑ. ඒ ඔක්කොම කරලා දෙන්න පුළුවන් සම්මා සතියටයි. සම්මා සතිය කියලා කියන්නේ ජීවිතාවබෝධයට ඉලක්ක කරපු සිහිය. ඒ සම්මා සතිය දියුණු වෙන්නේ සතිපට්ඨානයෙන්.

ඒකායන මාර්ගය...

බලන්න බුදුරජාණන් වහන්සේ මේ සතර සතිපට්ඨානය ගැන හඳුන්වා දීපු ආකාරය. "පින්වත් මහණෙනි, **(සත්තානං විසුද්ධියා)** සත්වයන්ගේ කිළුටු වූ සිත් සතන් පිරිසිදු කරන්ට තිබෙන, **(සෝක පරිද්දවානං සමතික්කමාය)** හඬන වැලපෙන ලෝකයෙන් නිදහස් වෙන්ට තිබෙන, **(දුක්ඛ දෝමනස්සානං අත්ථංගමාය)** කායික මානසික දුක් දොම්නස් නැති කරන්ට තිබෙන, **(ඤායස්ස අධිගමාය)** ජීවිතාවබෝධය ඇතිකරවන, **(නිබ්බානස්ස සච්ඡිකිරියාය)** නිවන් අවබෝධ කිරීම පිණිස පවතින **(ඒකායනෝ අයං මග්ගෝ)** ඒකායන මාර්ගය මේ සතර සතිපට්ඨානය යි."

ඔබ කැමති නැද්ද පිරිසිදු ජීවිතයකට? ඔබ කැමති නැද්ද සෝක කරන්නෙ නැති, වැලපෙන්නෙ නැති, හඬන්නෙ නැති ජීවිතයකට? ඔබ කැමති නැද්ද කායික මානසික දුක් දොම්නස් නැති ජීවිතයකට? ඔබ කැමති නැද්ද ජීවිතාවබෝධයට? ඔබ කැමති නැද්ද නිවන් අවබෝධ කරන්ට? ඔබ කැමතියි. සමහරවිට ඔබට දැනීමක් නැති නිසා ඔබ කියාවි 'අපට දැන් ම නිවන් දකින්ට ඕනෙ නෑ' කියලා. නමුත් ඒක ඔබේ අවබෝධය නැතිකම නිසා, කරුවලේ ඉඳගෙන එළිය එපා කියනවා වගේ දෙයක් මිසක්, එළියේ වටිනාකම දැකලා කියන කතාවක් නෙවෙයි.

ඔබටත් ඉලක්කයක්...

සසර ගැන හරියට දන්නවා නම් ඔබ නිවන් දකින්ට කැමති වෙනවා. ජීවිතය ගැන අවබෝධ වෙච්ච දවසට ඔබ කියාවි 'මට මේ දැන් පිරිනිවන් පාන්ට තියෙනවා නම්,

දැන් කැමතියි' කියලා. ඉතින්, සතර සතිපට්ඨානය තමයි ඒකට උපකාරී වන ධර්මය.

බුදුරජාණන් වහන්සේ සතිපට්ඨානය දියුණු කරන ආකාර, ක්‍රමවේද හතරක් වදාළා.

1. **කායානුපස්සනාව** (කය පිළිබඳව සිහිය පිහිටුවන ක්‍රම)
2. **වේදනානුපස්සනාව** (විඳීම ගැන සිහිය පිහිටුවීම)
3. **චිත්තානුපස්සනාව** (සිත ගැන සිහිය පිහිටුවීම)
4. **ධම්මානුපස්සනාව** (ජීවිතාවබෝධයට අදාළ කරුණු වල සිහිය පිහිටුවීම.)

සතිපට්ඨානයේ ඉලක්කය චතුරාර්ය සත්‍යාවබෝධය යි. ඒ කිව්වේ ජීවිතාවබෝධය යි. එහෙම නම් ජීවිතාවබෝධයට ඉලක්ක කරපු සතර සතිපට්ඨානය ගැන අපි මෙතැන් සිට ඉගෙන ගනිමු.

2

කායානුපස්සනාව තුළ ආනාපානසති භාවනාව

2.1. සුසුම් පොදින් නිවන් කරා

ඔබ කලින් ඉගෙන ගත්තා, සිහිය දියුණු කිරීමේදී එය සම්මා සතිය බවට පත්කර ගන්ට පුළුවන් වෙන්නේ සම්මා දිට්ඨියෙන් යුක්තව සතිපට්ඨානය වැඩුවොත් පමණයි කියලා. සම්මා දිට්ඨිය කියලා අපි ඉගෙන ගත්තේ චතුරාර්ය සත්‍යය පිළිබඳ අවබෝධයට. එහෙම නම් ජීවිතාවබෝධය ඉලක්ක කරගෙන තමයි සතිපට්ඨානය වඩන්ට තිබෙන්නේ.

සිහියේ වටිනාකම...

බුදුරජාණන් වහන්සේ මහා කාරුණිකයි. උන්වහන්සේ සතිපට්ඨාන ධර්ම දේශනාව පවත්වා වදාළ වෙලාවේ පැහැදිලිව ම පෙන්වා දුන්නා, සත්වයාගේ සිත පිරිසිදු කිරීම පිණිසත්, ශෝක වැළපීම් නැති කිරීම පිණිසත්, කායික මානසික දුක් බැහැර කිරීම පිණිසත්, ජීවිතාවබෝධය පිණිසත්, නිවන පිණිසත් මේ සතිපට්ඨාන ධර්මය හේතුවන බව.

මේ නිසා බුදුරජාණන් වහන්සේ සතිපට්ඨාන ධර්මය දේශනා කරන්ට කලින්ම සතිපට්ඨානයේ ආනිශංස පැහැදිලිවම වදාළ නිසා අපි ඒ පිළිබඳව අමුතු සැක සංකා තබාගත යුතු නෑ. අපට ඉතාම පැහැදිලියි, මේ ධර්මය ප්‍රගුණ කරගත්තොත්, මේ සිහිය ප්‍රගුණ කරගත්තොත් අපේ ජීවිතවලට විශාල ප්‍රතිලාභ ලබන්න පුළුවන්කම තියෙනවා. සතිපට්ඨානය දියුණු කිරීමේදී අපට ඉස්සෙල්ලාම පුරුදු කරන්ට පුළුවන් වෙන්නේ කායානුපස්සනාව.

සුන්දර ම සුසුම් පොද...

කායානුපස්සනා භාවනාවේදී බුදුරජාණන් වහන්සේ වදාළ පළවෙනි භාවනාව තමයි ආනාපානසතිය. ඒ වගේම ඉරියාපථ, සතිසම්පජඤ්ඤය, අසුභය, ධාතු මනසිකාරය සහ නව සීවථිකය වශයෙන් භාවනා ක්‍රම 14 ක් දේශනා කරලා තිබෙනවා. ආනාපානසති කියලා කියන්නේ ආශ්වාස ප්‍රශ්වාස ගැන සිහිය පිහිටුවා ගැනීම. දැන් ඔබ දන්නවා ඔබ ඉපදුණු දවසේ ඉඳලා හුස්ම ගන්නවා, හෙළනවා. ඉපදුණු දවසේ ඉඳලා ඔබ හුස්ම ගත්තත් හෙලුවත්, මේ ගන්න හුස්ම, හෙළන හුස්ම මුල් කරගෙන සිහිය දියුණු කරලා සිත පිරිසිදු කරන්ට පුළුවන් බව ඔබ දැනගෙන සිටියේ නැතුව ඇති.

නමුත් බුදුරජාණන් වහන්සේ මීට අවුරුදු දෙදහස් හයසිය ගණනකට කලින් ඒ අති සුවිශේෂී ක්‍රමය ලෝකයට හෙළිදරව් කළා. කෝටි සංඛ්‍යාත බුද්ධිමත් දෙව් මිනිස් ප්‍රජාව ඒ ධර්මයෙන් ප්‍රයෝජන ගත්තා. ඵල නෙළාගත්තා. මේ නිසා බුදුරජාණන් වහන්සේ වදාළ ධර්මය කවුරුවත් ප්‍රගුණ කරලා නැති, ප්‍රතිඵල ලබපු නැති දෙයක් නෙවෙයි.

කෝටි සංඛ්‍යාත ජනකායක් මේ ධර්මය ප්‍රගුණ කරලා ප්‍රතිඵල ලබලා තියෙනවා.

නිවන ඇති බුදු සසුන...

බුදුරජාණන් වහන්සේගේ ශාසනය චතුරාර්ය සත්‍යයෙන් බැහැර වූ එකක් නෙවෙයි. අපි ඒක හොඳට මතක තියාගන්න ඕන. ඉතින් බුදුරජාණන් වහන්සේ වදාළේ මේ ආනාපානසති භාවනාව කරන්ට තිබෙන්නේ අරණ්‍යයකට ගිහින්, එහෙම නැත්නම් රුක් සෙවණකට ගිහින්, එහෙම නැත්නම් හිස් තැනකට ගිහින්. මේකේ තේරුම හුදෙකලා ස්ථානයකට යන්න කියන එකයි. ඔබට පුළුවනි, ඔබ සිටින කාමරයේ ම වුණත් හුදෙකලා වෙන්න.

අපි කියමු ඔබ සිටින කාමරයේ තුන් දෙනෙක් භාවනා කරනවා කියලා. එතකොට තුන් දෙනා තුන් තැනක වාඩිවෙලා ඇස් වහගෙන භාවනාවට සුදුසු විදිහට ඉරියව්ව සකස් කරගන්න කොට එයා හුදෙකලා වෙලා. මේ විදිහට හුදෙකලා භාවයක් ඇතිකරන්න පුළුවන්. එහෙම නැත්නම්, ඔබට බෝ මළුවක භාවනා කරන්න සුදුසු විදිහක් හරිගස්ස ගන්න පුළුවන්. ඒ වගේ නිදහස් තැනක් තෝරා ගැනීම ගොඩාක් උපකාරී වෙනවා.

පූර්ව කෘත්‍යයන්...

ඊට පස්සේ බුදුරජාණන් වහන්සේ වදාළා, ඒ කෙනා **(නිසීදති පල්ලංකං ආභුජිත්වා)** පළඟක් බැඳගෙන වාඩි වෙනවා. පළඟක් බැඳගෙන වාඩිවෙනවා කියලා කියන්නේ කකුල් දෙක නවාගෙන බිම වාඩිවෙන එකයි. හැබැයි, ඒකෙ තියෙනවා, **(උජුං කායං පණිධාය)** කියලා. පළඟක්

බැඳගෙන වාඩිවුණාට පස්සේ කොන්ද කෙලින් කරගන්න ඕන. '**උජුං කායං පණිධාය**' කියලා කියන්නේ ඒකටයි.

බොහෝ දෙනෙකුට පළඟක් බැඳගෙන, ඒ කියන්නේ කකුල් දෙක නවාගෙන බිම වාඩිවෙන්න අමාරුයි. මෙය අපේ රටේ බොහෝ දෙනෙකුට තිබෙන ගැටලුවක්. එහෙම පළඟක් බැඳගෙන බිම වාඩිවුණත් සමහරුන්ට කොන්ද කෙලින් කරගන්න අමාරුයි. මේකට අපි කොහොමද විසඳුමක් හොයාගන්නේ? මොකද, අපේ ඉලක්කය සිත දියුණු කර ගැනීම, සමාධිය දියුණු කරගැනීම, ප්‍රඥාව දියුණු කර ගැනීම. මේකට වුවමනා කරන ආකාරයට අපේ වාඩිවෙන ඉරියව්ව සකස් කරගන්නේ කොහොමද? මේකෙදී ඔබට විශේෂයෙන් ම ප්‍රයෝජනවත් වේවි වාඩිවෙන ආසනය ගැන කල්පනාවෙන් සිටීම.

වාඩිවීම අපහසු නම්...

දැන් ඔබට පළඟක් බැඳගෙන වාඩිවීම තමයි ටිකක් අමාරු කාරණාව. මොකද අපේ රටේ බොහෝ දෙනෙකුට පළඟක් බැඳගෙන වාඩිවුණාට පස්සේ කොන්ද කෙලින් කරගන්න අමාරුයි. මේකට පොඩි උපක්‍රමයක් තියෙනවා. උපක්‍රමය තමයි, ඔබට පුළුවනි, අඟල් තුන හතරක් විතර උසට පුංචි මෙට්ටයක් (රබර් මෙට්ට නෙවෙයි, රබර් මෙට්ට අමාරුයි. කොහු මෙට්ටයක් වගේ පොඩි මෙට්ටයක්) හරිගස්ස ගන්න. එහෙම නැත්නම් ඔබට පුළුවනි, අඟල් කීපයක් උසට පුංචි බංකුවක් හරිගස්ස ගන්න.

ඊට පස්සේ ඒකේ වාඩිවෙලා කකුල් දෙක පහළට දාගෙන කොන්ද කෙළින් කරගන්න පුළුවන්. ඉතින් ඔබ ඒකෙදි සැලකිලිමත් වෙන්න, හේත්තු වෙන්න පුරුදු

වෙන්න එපා. හේත්තු නොවී ආසනයක වාඩිවෙලා කොන්ද කෙලින් කරගන්න පුරුදු වෙන්න. සමහරුන්ට බොහොම ලස්සනට බිම වාඩිවෙලා එරමිණිය ගොතාගෙන හොඳට කොන්ද කෙලින් කරගන්න පුළුවනි. ඔබට ඒ විදිහට බැරිවුණා කියලා පසුබට වෙන්න එපා. මම කලින් කියපු ක්‍රමයට වාඩිවෙලා කොන්ද කෙළින් කරගන්න ඔබට පුළුවන්කම තියෙනවා. එතකොට ඔබගේ මූලික කරුණ හරි.

භාවනාව පටන් ගන්න...

දැන් (පරිමුඛං සතිං උපට්ඨපෙත්වා) භාවනා කරන අරමුණේ සිහිය පිහිටුවාගන්න ඕනෙ. භාවනා කරන්න දැන් ඔබට නිමිත්තක් තියෙනවා. නිමිත්ත තමයි ආනාපානසතිය. ආනාපානසතිය හැර වෙන නිමිති හොයන්න යන්න එපා. මොකක්ද මේ ආනාපානසති නිමිත්ත? බුදුරජාණන් වහන්සේ වදාළා, (**සො සතො'ව අස්සසති**) එයා සිහියෙන් ම හුස්ම ගනියි. (**සතො'ව පස්සසති**) සිහියෙන් ම හුස්ම හෙළයි. ඕක තමයි ඔබටත් කරන්න තියෙන්නේ. සිහියෙන් ම හුස්ම ගන්නවා. සිහියෙන් ම හුස්ම හෙළනවා.

ඔබ මතක තියාගන්න, එතකොට අපි අවධානය යොමු කරගන්නේ හුස්ම ගැන. දැන් ඔබ සිහියෙන්ම හුස්ම ගන්නවා, සිහියෙන් හුස්ම හෙළනවා. ඔබ ඒ සඳහා මූලික සුදුසුකමක් හැටියට භාවනාවට වාඩිවෙලා කය ඍජු කරගෙන වාඩිවුණා.

ආනාපානසතියට පෙර...

හැබැයි, මේකෙදි ආරම්භයක් ලෙස ඔබ ටිකක් වෙලා බුදු ගුණ වඩන්න. ආනාපානසති භාවනාව වඩන්න ඉස්සර

වෙලා බුදුරජාණන් වහන්සේගේ ගුණ ගැන සිහිකරන්න. උන්වහන්සේට අරහං කියන්නේ මොකද? **සම්මා සම්බුද්ධ** කියන්නේ මොකද? **විජ්ජා චරණ සම්පන්න** කියන්නේ මොකද? **සුගත** ගුණය මොකක්ද? **ලෝකවිදූ, අනුත්තරෝ පුරිසදම්ම සාරථී, සත්ථා දේවමනුස්සානං, බුද්ධ, භගවා** කියන මේ බුදු ගුණ සිහි කරලා ඔබේ සිතේ ප්‍රසන්න පැහැදීමක් ඇතිකර ගන්න.

බුදුරජාණන් වහන්සේගේ ගුණ සිහිකරද්දී, ඔබේ සිත බොර වූ වතුරක් තැන්පත් වෙනවා වගේ තැන්පත් වෙනවා. සැනසීමට ලක් වෙනවා. සතුටක් ඇතිවෙනවා. මෙන්න මේක ඔබට ආනාපානසති භාවනාව දියුණු කිරීමට ලොකු රුකුලක් වෙනවා. ඊළඟට ඔබ සිහියෙන් හුස්ම ගන්නවා, සිහියෙන් හුස්ම හෙළනවා. ඔබට මේ ආනාපානසති භාවනාවේ ආරම්භයේම කරන්ට තිබෙන්නේ ඔච්චරයි.

සාමාන්‍ය සිතේ ස්වභාවය...

මේක අමාරු එකක් නෙවෙයි. බලන්න, කොච්චර සරල ප්‍රවේශයක් ද තියෙන්නේ කියලා. හැබැයි, මේකෙදි ඔබ සිහියෙන් හුස්ම ගන්න, සිහියෙන් හුස්ම හෙළන්න පටන් ගත්තට පස්සේ ඔබට තේරෙන්න ගනීවි, සාමාන්‍ය එදිනෙදා ජීවිතයේ පවත්වපු සිහිය කොච්චර හිතුවක්කාර එකක් ද කියලා. සිහිය ඔබට ඕන හැටියට පවත්වන්න බැරි බව ඔබටම අවබෝධ වෙන්න පටන් ගනීවි.

ඔබට තේරේවි, ඔබ හුස්ම ගැන සිහිය පිහිටුවන්න යන විට ඔබේ සිත එක එක තැන්වල දුවනවා. එක එක අරමුණුවල දුවනවා. එක එක කල්පනාවල දුවනවා. අතීතයට දුවනවා. අනාගතය මවනවා. බාහිර ශබ්දවලට

යනවා. එතකොට ඔබට තේරේවි, මෙවැනි ආකාරයේ සිතකින් යුතු සිහියක් ද මං පැවැත්තුවේ කියලා. ඔබට ඔබේ සිහිය ගැන එහිදී හොඳ අවබෝධයක් ලබාගන්න පුළුවන්.

ඇලීම් ගැටීම් දුරලමින්...

ඊට පස්සේ ඔබට කරන්ට තිබෙන්නේ හොඳින් වීරිය ඇතිකර ගැනීමයි. සිත විසිරෙනකොට නැවත නැවතත් ආනාපානසතියේ සිහිය පිහිටුවා ගන්න. මේකෙදී ඔබ විශේෂයෙන්ම මතක තියාගන්න ඕන බුදුරජාණන් වහන්සේ වදාළ කරුණක් තියෙනවා. ඒ තමයි 'සතිපට්ඨානය දියුණු කිරීමේදී ඉස්සෙල්ලා ම ඔබ ඇලීම් ගැටීම් දෙක අත්හරින්න ඕන' කියලා. හිතට ඇලෙන අරමුණු එනවිට ඒක ගන්න එපා. ගැටෙන අරමුණු එන විට ඒකත් ගන්න එපා. ඔබ ඒ ඇලීම් ගැටීම් දෙක බැහැර කරන්න ඕන.

ඒ වෙනුවට කුසලතා තුනක් ඔබ තුළ ඇතිකර ගන්ට ඕන. ඒ තමයි, **(ආතාපී)** ඔබේ මානසිකව ගොඩනැගුණු දුර්වලතා බැහැර කරන්ට පුළුවන් හැකියාව දියුණු කරන්න ඕන. දෙවෙනි එක **(සම්පජානෝ)** ඔබ සිහිනුවණින් සිත හසුරුවන්ට ඕන. තුන්වෙනි එක **(සතිමා)** හොඳ කල්පනාවෙන්, අවධානයෙන් සිටින්ට ඕන. සතිපට්ඨානය දියුණු කරගන්ට තිබෙන්නේ මෙන්න මේ කරුණු තුන පදනම් කරගෙන. ඒ තමයි **ආතාපී, සම්පජානෝ, සතිමා.** කෙලෙස් තවන වීර්යයෙන් යුක්තව, මනා නුවණින් යුක්තව, සිහිය ඇතුව.

සිහියේ වටිනාකම...

අන්න එතකොට ඔබ ආවට ගියාට ආනාපානසතිය

කරන කෙනෙක් නෙවෙයි. අවබෝධයෙන් යුක්තව ආනාපානසතිය කරන කෙනෙක්. ඔබ දන්නවා හිත යම් යම් කරුණුවලට ඇලිලා තියෙනවා නම්, කාම අරමුණුවල හිත දුවනවා නම්, ඒ වෙලාවේ ඔබට ආනාපානසතිය කරන්ට බැහැ. ඒ වගේම යම්කිසි ගැටීමක් ඇතිවෙලා තියෙනවා නම් ඒ වෙලාවෙදිත් ඔබට ආනාපානසතිය කරන්ට බෑ.

එහෙනම් ඔබ මේ දෙකෙන් බැහැර වූ වෙලාව තමයි සිත සංසිඳුවන්ට පුළුවන් වෙලාව. අන්න ඒ වෙලාව තමයි නිශ්ශබ්ද පරිසරයක් තුළින් ඔබ හදාගන්නේ. ඊට පස්සේ ඔබට පුළුවනි, සිහියෙන් හුස්ම ගන්න. සිහියෙන් හුස්ම හෙළන්න. මේක තමයි ආනාපානසති භාවනාවේ තියෙන පළවෙනි අභ්‍යාසය.

සිත එකඟ වුණේ නැත්නම්...?

මීළඟට ආනාපානසති භාවනාව ම තවත් දියුණු කරන්න පුළුවන් ආකාර අපි විස්තර කරලා දෙනවා. දැනට ඔබට තියෙන්නේ සිහියෙන් හුස්ම ගැනීම, සිහියෙන් හුස්ම හෙළීම දියුණු කරන්නයි. හැබැයි, ඔබ හිත විසිරෙන්නේ නැතුව පවත්වා ගන්න වුවමනයි.

මතක තියාගන්න, ඒකට වීරිය, නුවණ, සිහිය වුවමනයි. මේ වීරියත්, නුවණත්, සිහියත් පාවිච්චි කරලා තමයි ඔබ සිහියෙන් හුස්ම ගන්න එකත් සිහියෙන් හුස්ම හෙළන එකත් කරන්න ඕන. හැබැයි, මේකට ඔබ පොඩ්ඩක්වත් මානසිකව දුක්වෙන්නේ නැති, පසුබහින්නේ නැති, පසුතැවෙන්නේ නැති පරිසරයක් හදාගන්න ඕන. හිතින් දුක් විඳින්න නම් එපා. අනේ සිත එකඟ වෙන්නේ

නෑ කියලා පසුතැවෙන්න එපා, ශෝක කරන්න එපා. ඔබ කළ යුත්තේ සිහිය පිහිටුවාගෙන ආශ්වාස ප්‍රශ්වාස ගැන සිහිය පිහිටුවීම ම යි. එතකොට ඔබට මේ ආශ්වාස ප්‍රශ්වාසවල සිහිය පිහිටුවාගෙන, ඔබේ සිත දියුණු කරගෙන උදාර මනුෂ්‍ය ජීවිතයක් ලබාගන්ට පුළුවන් වේවි.

2.2. ආනාපානසති භාවනාව තුළ කායානුපස්සනාව වඩන හැටි

ආනාපානසතිය තුළ ඉදිරියට...

දැන් ඔබ ආනාපානසති භාවනාව ටික ටික පුරුදු කරගනිමින් සිටින්නේ. මේ වන විට ආනාපානසති භාවනාවට වාඩි විය යුතු ආකාරය, කොන්ද කෙලින් තබා ගත යුතු ආකාරය, ආශ්වාස ප්‍රශ්වාස ගැන සිහිය පවත්වාගත යුතු ආකාරය ඔබට කියා දීලා තියෙනවා. ඒ වගේම ඔබට තවදුරටත් කියා දුන්නා, සතර සතිපට්ඨානය දියුණු කිරීමේදී ඇලීමටත්, ගැටීමත් ඉඩ නොදී, කෙලෙස් තවන වීර්යයෙන් යුක්තව, නුවණින් යුක්තව, සිහිය පවත්වන්ට පුරුදු වෙන්න කියලා. අන්න එතකොට තමයි සම්මා සතිය ඔබ තුළ දියුණු කරගන්ට පුළුවන්කම ලැබෙන්නේ.

තවදුරටත් ඔබට කියා දුන්නා, මේ සම්මා සතිය තමයි ජීවිතාවබෝධය කරා ඔබව සකස් කරවන්නේ කියලා. ඔබට සම්මා සතිය දියුණු කරගන්ට බැරිවුණොත් ජීවිතාවබෝධය කරා ඔබේ සිත සකස් වෙන්නේ නෑ. එහෙම නම් සම්මා සතිය කියන්නේ ඔබේ ජීවිතයට අතිශයින් ම උපකාරී වන දෙයක්.

ගුරුවරයා හඳුනාගන්න...

ඊළඟට ඔබට තව දෙයක් මතක් කළ යුතුව තිබෙනවා. "භාවනා කිරීමේදී ඔබ විශේෂ ගුරුවරයෙක් ළඟට ගිහින්, ඒ ගුරුවරයාට ඔබේ තොරතුරු කියලා, ඔබට අදාළ කර්මස්ථානයක් ඉගෙන ගන්නට ඕන. එබඳු ගුරු උපදේශයකින් තොරව භාවනා කිරීම අනතුරුදායකයි" කියලා මේ වගේ අදහසක් පසුකාලීනව පැතිරිලා තියෙනවා. බුදුරජාණන් වහන්සේ නම් ඒ වගේ එකක් ප්‍රකාශ කරලා නැහැ. බුදුරජාණන් වහන්සේගේ ධර්මයේ තියෙන්නේ ගුරුවරයා හැටියට අපි තබාගත යුත්තේ පුද්ගලයෙක්ව නොවෙයි. අපි ගුරුවරයා හැටියට, එහෙමත් නැත්නම් අපගේ ශාස්තෘන් වහන්සේ හැටියට තබාගත යුත්තේ බුදුරජාණන් වහන්සේ වදාළ ධර්මයත්, විනයත්.

බුදුරජාණන් වහන්සේ පිරිනිවන් පාන්ට ආසන්න කාලයේදී, ආනන්ද ස්වාමීන් වහන්සේට පැහැදිලිව ප්‍රකාශ කළා, තමන් වහන්සේ පිරිනිවන් පෑවට පස්සේ තථාගතයන් වහන්සේ වදාළ ශ්‍රී සද්ධර්මයත්, පණවන ලද විනයත් ශාස්තෘත්වයෙහි ලා සලකන්න කියලා. මේ අනුව අපට ගුරුවරයෙකුගේ අර්බුදයක් මතුවන්නේ නෑ. පැහැදිලිව ම ශාස්තෘ ශාසනය තිබෙනවා.

සැබෑ ගුරුවරයා කවුද..?

ගුරුවරයෙකුගේ වැදගත්කම තියෙන්නේ මෙන්න මෙතැනයි. ඒ ගුරුවරයා බුදුරජාණන් වහන්සේ වදාළ දේ ඒ අයුරින් කියන කෙනෙක් ද කියන එක බලන්න ඕන. ඒ ගුරුවරයා කියන්නේ බුදුරජාණන් වහන්සේ වදාළ දේ නම්, අන්න එතැන පැහැදිලිව ම බුදුරජාණන්

වහන්සේගේ අදහස, ආකල්පය, ඉලක්කය මේ සෑම දෙයක් ම මතුවෙනවා. ඒකට හේතුව, ඒ ධර්මය කියන කෙනා බුදුරජාණන් වහන්සේ වදාළ දේ ම කීම යි. මීට අමතරව පෞද්ගලිකව රහසේ කැඳවා, රහසේ ම උපදෙස් දී, රහසේ ම භාවනා දියුණුව ගැන කතා කොට, රහසේ ම පිටත් කොට හරින ධර්ම ක්‍රමයක් නම් බුද්ධ ශාසනයේ නෑ.

සැක කළ යුතු ම තැන...

එහෙම ක්‍රමයක් තියෙනවා නම් ඒක සැක කළ යුතු එකක්. මොකද, බුදුරජාණන් වහන්සේ පැහැදිලිවම පෙන්වා දීලා තියෙනවා, "(තථාගතප්පවේදිතෝ ධම්මවිනයෝ විවටෝ විරෝචති නෝ පටිච්ඡන්නෝ) තථාගත බුදුරජාණන් වහන්සේ වදාළ ධර්ම විනය විවෘත වූ විට බබළනවා. සැඟවුණාම බබළන්නේ නෑ" කියලා.

එතකොට ඔබට තවදුරටත් ප්‍රශ්නයක් මතුවේවි, 'භාවනා කරන කොට අපේ පුද්ගලික ආකල්ප, පුද්ගලික දියුණුව ප්‍රසිද්ධියේ හෙළිදරව් කරන්න ගියොත්, ඒක අනිත් අයට බාධාවක් වෙනවා නේද?' කියලා. ඒක එහෙම නම්, ඒ ගැනත් ඉස්සෙල්ලාම දේශනා කළ යුත්තේ බුදුරජාණන් වහන්සේ ම යි.

රහස් බණක් නැත්තේ ම ය
ඒහිපස්සිකයි සදහම්...

බුදුරජාණන් වහන්සේ කාටවත් රහසේ භාවනා උපදෙස් දීලා, රහසේ පිටත් කරපු අවස්ථාවක් නෑ. ඒවා ඔක්කොම වාර්තාගත වෙලා තියෙනවා. ආනන්ද ස්වාමීන් වහන්සේට ප්‍රකාශ කරලා තියෙනවා. සියලු ස්වාමීන්

වහන්සේලා දැනගෙන තියෙනවා. ඒ නිසා බුදුරජාණන් වහන්සේගේ ධර්මය තුළ රහස් බණ නෑ. රහස් බණ නැතිකමට අපි කියනවා (ඒහිපස්සික) ඇවිත් බලන්න කියලා. ඇවිත් බලන්න කියලා ප්‍රකාශ කරන ධර්මයක රහස් උපදෙස් නෑ.

යම් තැනක භාවනාව හැටියට රහස් උපදෙස් දෙනවා නම්, ඔබ සැක කළ යුතු ම යි. එතැන පිරිසිදු බුදු දහම තියෙනවා කියලා ඔබ හිතන්න එපා. බුදුරජාණන් වහන්සේගේ ධර්මය ඕනෑම දෙයක් එළිපිට කතා කරන්න පුළුවන් එකක්. බුදුරජාණන් වහන්සේගේ ධර්මය විවෘත වුණාම බබළන එකක්. සැඟවුණාම බබළන්නේ නැති එකක්. මේ ධර්ම මාර්ගය විවෘත කරන්න කරන්න තමයි මේක බබළන්න පටන් ගන්නේ. එතකොට ධර්මය අනිත් අය අතරත් ප්‍රචලිත වෙනවා.

බුදු සසුන බොහෝ කල් පවතින්ට නම්...

දවසක් බුදුරජාණන් වහන්සේගෙන් ආනන්ද ස්වාමීන් වහන්සේ ඇහුවා, 'මේ බුද්ධ ශාසනය දිගුකල් පවතින්ට හේතු වෙන්නේ මොකක්ද?' කියලා. එවෙලේ උන්වහන්සේ වදාළා බුද්ධ ශාසනය බොහෝ කල් පවතින්න හේතුවෙනවා, සතර සතිපට්ඨානය වැඩීම, සතර සතිපට්ඨානය ගැන කතා බස් කිරීම, සතර සතිපට්ඨානය අනුගමනය කිරීම. මේ කාරණා අනුගමනය නොකිරීමෙන් බුද්ධ ශාසනය අතුරුදහන් වෙනවා කියලා බුදුරජාණන් වහන්සේ වදාළා.

ආනාපානසතියේ පළමු පියවර...

ඉතින් අපි ඔබට දැන් ඉගැන්නුවා ආනාපානසතියේදී

හුස්ම ඉහළ ගන්න හැටිත්, පහළ හෙළන හැටිත් හොඳට සිහියෙන් බලන්න පුරුදු වෙන්න කියලා. එතකොට ඔබේ සිහිය ටිකෙන් ටික ආශ්වාස ප්‍රශ්වාසවල රඳින්න පටන් ගන්නවා. ඒ කියන්නේ බාහිරට ඔබේ සිත විසිරෙන්නේ නැතුව, ඔබ ආශ්වාස කරන කොට ඒ ආශ්වාසය ගැන සිහිය පවත්වාගන්ට පුළුවන් වෙනවා. හුස්ම හෙළනකොට ඒ හුස්ම හෙළීමට ම ඔබේ සිහිය පවත්වා ගන්ට පුළුවන් වෙනවා. ඒක තමයි ආනාපානසති භාවනාවේ තිබෙන පළමුවෙනි පියවර.

හුස්ම රැල්ලේ වෙනස්කම්...

ආනාපානසති භාවනාවේ ඊළඟ පියවර තමයි, ඒ විදිහට සිහියෙන් හුස්ම ගන්නකොට, හෙළනකොට ඔබට මේ හුස්මවල තියෙන වෙනස්කම් දැකගන්ට ලැබීම. හිටපු ගමන් දිග ආශ්වාසයක් කෙරෙනවා. ඒ කියන්නේ ඔබ දිග හුස්මක් ගන්නවා. එතකොට ඔබ සිහියෙන් හිටපු නිසා, ඔබ තේරුම් ගන්නවා 'දැන් දිග හුස්මක් ගන්නවා' කියලා. ඊළඟට දිගට හුස්ම හෙළන අවස්ථා එනවා. ඔබ සිහියෙන් ඉන්න නිසා 'දැන් දිග හුස්මක් හෙළනවා' කියලා තේරුම් ගන්නවා. හිටපු ගමන් මේ ආශ්වාස ප්‍රශ්වාස කෙටි වෙනවා. දැන් ඔබ කෙටියෙන් හුස්ම ගන්න කොට ඔබ සිහියෙන් හිටපු නිසා, ඔබට තේරෙනවා 'දැන් කෙටි ආශ්වාසයක් ඇතිවුණා' කියලා. ඔබ කෙටියෙන් හුස්ම හෙළන කොට ඔබ සිහියෙන් හිටපු නිසා, 'දැන් කෙටි ප්‍රශ්වාසයක්' කියලා තේරුම් ගන්නවා.

යතු කැටයේ උපමාව...

බුදුරජාණන් වහන්සේ මෙතැනදි ලස්සන උපමාවක්

පෙන්වා දෙනවා. උපමාව තමයි, දක්ෂ යතු ගාන මනුස්සයෙක් ඉන්නවා. ඒ කෙනා යතු කැටය අතට අරගෙන අත දිගෑරලා, දිගට යතු ගානවා. දිගට යතු ගාන කොට එයා දන්නවා තමන් දිගට යතු ගාන බව. සමහර අවස්ථාවලදී යතු කැටය අතට අරගෙන කෙටියෙන් යතු ගානවා. එතකොටත් ඒ යතු ගාන මනුස්සයා දන්නවා දැන් කෙටියෙන් යතු ගානවා කියලා. මෙන්න මේ වගේ කියනවා ආනාපානසති භාවනාවෙදිත්. අර යතු ගාන මනුස්සයා දිගට යතු ගාන කොට දැනගන්නවා වගේ, දිගට ආශ්වාස කරන කොට දිග ආශ්වාසයක් කියලා දැනගන්නවා. ඒ වගේම යත්ත ආපහු ගන්න කොට දැනගන්නවා වගේ දිගට ප්‍රශ්වාස කරන කොට දිග ප්‍රශ්වාසයක් කියලා දැනග න්නවා. කෙටියෙන් යතු ගාන කොට ඒක දැනගන්නවා වගේ, කෙටියෙන් ආශ්වාස කරන කොට, කෙටියෙන් ප්‍රශ්වාස කරන කොට ඒක දැනගන්නවා.

ඔබේ උත්සාහය, නුවණ මත ම යි රඳාපවතින්නේ...

දැන් බලන්න, මේක තේරුම් ගැනීමට බුදුරජාණන් වහන්සේ කොච්චර ලස්සන උපමාවක් ද වදාළේ කියලා. මේ විදිහට ආශ්වාස ප්‍රශ්වාසවල වෙනස්කම් ගැන දැන ගන්නකොට දැන් ඔබේ සිහිය ආශ්වාස ප්‍රශ්වාස තුළ හොඳට පිහිටලා තියෙන්නේ. දැන් ඔබට බාහිරට සිත විසිරෙන්නේ නැතුව ආශ්වාස ප්‍රශ්වාසයේ ම රඳවාගන්න පුළුවන්කම තියෙනවා. හැබැයි ඒක දිගටම රඳා පවතින්නේ ඔබේ උත්සාහය මත, ඔබේ නුවණ මත, ඔබේ සිහිය පැවැත්වීම මත.

උත්සාහය අඩු කළොත් ආයෙමත් කලින් හිටපු තත්වයට ම වැටෙනවා. ඒ නිසා දිගින් දිගටම ඒ ආශ්වාස ප්‍රශ්වාසයේ ම සිහිය රඳවාගෙන යන එකයි ඔබ කළ යුත්තේ. දැන් ඔබට ආශ්වාස ප්‍රශ්වාසයේ සිහිය රඳවාගෙන, දිගට හුස්ම ගන්න එක, දිගට හුස්ම හෙළන එක, කෙටියෙන් හුස්ම ගන්න එක, කෙටියෙන් හුස්ම හෙළන එක හොඳට තේරෙන්න පටන් ගන්නකොට, ඔබට පුළුවන්කම ලැබෙනවා සම්පූර්ණ ආශ්වාසය ගැන සිහිය යොමු කරගන්න. ඒ කියන්නේ ආශ්වාසය ඇතුළු වෙන හැටි, ඇතුළු වෙලා ගමන් කරන හැටි, ආශ්වාසය අවසන් වෙන හැටි, ඔබ සම්පූර්ණයෙන් දැනගන්නවා. ප්‍රශ්වාසය ගැනත් ඒ විදිහට ම සම්පූර්ණයෙන් ම දැනගන්නවා. ඒකට කියනවා **(සබ්බකාය පටිසංවේදී)** ඒ කියන්නේ, සියලු ආශ්වාස ප්‍රශ්වාස කය ගැන හොඳට තේරුම් ගනිමින් ආනාපානසතිය වඩනවා.

ආශ්වාස ප්‍රශ්වාස කියන්නෙත් කයක්...

ආශ්වාස ප්‍රශ්වාස එක්තරා කයක් හැටියට ධර්මයේ සඳහන් වෙනවා. ඒකට හේතුව, ඒක කය හා බැඳී පවතින දෙයක් නිසා. ඒකට '**කාය සංඛාර**' කියලත් කියනවා. ඊළඟට ආශ්වාස ප්‍රශ්වාස කෙරෙහි සම්පූර්ණ අවධානය යොමු කරගෙන, ආශ්වාස කිරීමත් ප්‍රශ්වාස කිරීමත් ගැන සම්පූර්ණයෙන් තේරුම් අරගෙන, ආශ්වාස ප්‍රශ්වාසයේ ම සිහිය රඳවන්නකොට, ඔබේ හිත සමාධිමත් වීමත් එක්ක **(පස්සම්භයං කායසංඛාරං)** මේ ආශ්වාස ප්‍රශ්වාස සැහැල්ලු වෙනවා. ආශ්වාස ප්‍රශ්වාස සැහැල්ලු වෙනකොට, ඒ සැහැල්ලු වන ආශ්වාස ප්‍රශ්වාස තේරුම් ගනිමින්, ඔබ ඒ ආශ්වාස ප්‍රශ්වාසයේ ම සිහිය පිහිටුවා ගන්නවා. ඒ

කියන්නේ, ආශ්වාස කරන කොට ඒ ආශ්වාසය සැහැල්ලු වෙනවා. ඒක තේරුම් ගනිමින් ආශ්වාස කරනවා. ප්‍රශ්වාස කරන කොට ඒ ප්‍රශ්වාසය සැහැල්ලු වෙනවා. ඒක තේරුම් ගනිමින් ප්‍රශ්වාස කරනවා.

මේක තමයි ආනාපානසතියේ කායානුපස්සනාවට අදාළ වෙන කොටස. මේ ආනාපානසතිය ම මුල් කරගෙන අනික් සතිපට්ඨාන තුන වඩන ආකාරයත් ධර්මයේ සඳහන් වෙනවා. අපි ඒ පිළිබඳ මෙතැන් සිට ඉගෙන ගනිමු.

2.3. ආනාපානසති භාවනාව තුළ වේදනානුපස්සනාව වඩන හැටි

තේරුම් ගනිමින් ආශ්වාස ප්‍රශ්වාස කරන්න...

තවදුරටත් ආනාපානසතිය දියුණු කරගන්ට ඔබට අවස්ථාව තියෙනවා. ආශ්වාස ප්‍රශ්වාස සංසිඳී යන අවස්ථාව තෙක්ම දැන් ඔබ ඉගෙන ගෙන තියෙනවා. ආශ්වාස ප්‍රශ්වාස සංසිඳීගෙන යනකොට **(පීති පටිසංවේදී)** දැන් ඔබේ සිතට ටික ටික ප්‍රීතිය දැනෙන්ට පුළුවනි. ඒ විදිහට ප්‍රීතිය දැනෙනකොට ඔබ ඒ ප්‍රීතියට ආශා කරලා, ආනාපානසති භාවනාව නවත්වලා, ප්‍රීතිය දිහා බලාගෙන ඉන්ට එපා. එතකොට ඔබේ සමාධිය කැඩෙනවා. එතකොට ඔබට භාවනාව දියුණු කරගන්ට තියෙන අවස්ථාව නැතිවෙලා යනවා. ඔබ කළ යුත්තේ ප්‍රීතිය තේරුම් ගනිමින් ආශ්වාස කිරීම යි, ප්‍රීතිය තේරුම් ගනිමින් ප්‍රශ්වාස කිරීම

යි. ආශ්වාස ප්‍රශ්වාසයේ සිහිය පවත්වන එක ඔබ වෙනස් කරන්නේ නෑ.

බොහෝ දෙනෙකුට සිද්ධවෙන මූලික ගැටලුවක් තමයි, භාවනාව සිදුකරගෙන යනකොට සමාධියක් ඇතිවුණා ම, එයා හිතන්නේ මේ සමාධිය ඉබේ හටගත්තු එකක් කියලයි. සමාධිය ඇතිවුණේ සමාධිය ඇතිවෙන ආකාරයට සිහිය පිහිටපු නිසා, වීර්යය පිහිටපු නිසා, නුවණ පිහිටපු නිසා. හේතු නිසයි ඒ සමාධිය සකස් වුණේ. සමාධියෙන් නැගිටින කොට ඒ සමාධිය නැතිවෙලා යනවා. ඒක ගැන අවබෝධයක් නැති කෙනා හිතනවා 'ආනාපානසතිය පටන් ගන්නකොට ම අර පරණ විදිහටම හිත සමාධිගත වෙන්න ඕනෙ' කියලා. හිතලා ආනාපානසතියට අඩු අවධානයක් යොමු කරලා, ඇති වූ සමාධිය ගැන හිතන්ට පටන් ගන්නවා. එතකොට ආනාපානසතිය හරියට වැඩෙන්නේ නැති නිසා සමාධිය වැඩෙන්නේ නෑ.

සමාධිය නැති වුණා කියලා දුක් වෙන්න එපා...

ඊට පස්සේ එයාට දුකක් ඇතිවෙනවා, "අනේ මම ඉස්සර හොඳට සමාධිය වඩපු කෙනෙක්. ඉස්සර මට හොඳට සමාධියක් තිබුණා. දැන් මට සමාධිය දියුණු වෙන්නේ නෑ" කියලා මානසිකව දොම්නසක් ඇති කරගන්නවා. දොම්නසක් ඇති කරගත්ත ගමන්ම එයාට ප්‍රශ්නයක් තියෙනවා. දොම්නස කියලා කියන්නේ හිතේ ඇතිකරගන්න දුක. ඒ දොම්නස හේතු කරගෙන හිත විසිරෙන්න පටන් ගන්නවා. හිත විසිරෙනකොට හිත සංසිඳෙන්නේ නෑ. හිත සංසිඳෙන්නේ නැති වෙනකොට

ආශ්වාස ප්‍රශ්වාස අරමුණේ සිත පිහිටුවා ගන්ට බැරුව යනවා. ආශ්වාස ප්‍රාශ්වාස අරමුණේ සිත පිහිටුවා ගන්න බැරි වෙන කොට, සිහිය පිහිටන්නේ නැතුව යනවා. සිහිය පිහිටන්නේ නැතිවෙන කොට සිත එකඟ වෙන්නේ නැතුව යනවා. එකඟ වෙන්නේ නැති වෙනකොට සමාධිය තවදුරටත් නැතිවෙලා යනවා. එතකොට එයා තවදුරටත් අසහනයට පත්වෙනවා. ඒ නිසා ඒ ක්‍රමය අනුගමනය කළ යුතු ක්‍රමයක් නොවෙයි.

සමාධියක් ඇති වෙන්නෙ හේතු නිසයි...

භාවනාවේදී ඔබ බොහෝ විට මතක තබා ගත යුතු එකක් තමයි, ඔබට සමාධියක් ඇතිවෙනවා නම් ඇතිවෙන්නේ හේතු සහිතව. ඒ හේතු නැතිවීමෙන් සමාධිය නැතිවෙලා යනවා. ඒ නිසා කෙනෙක් ආශ්වාස ප්‍රශ්වාසයේ ම හිත රඳවන්ට දක්ෂ වුණොත්, අන්න ඒ කෙනාට සමාධිය කැඩෙන්නේ නැතුව, බොහෝ වේලාවක් එය පවත්වා ගන්ට පුළුවන් වෙනවා.

මේ විදිහට ආනාපානසති භාවනාව කරලා සිත එකඟ වෙන කොට, ඒ කෙනාට ප්‍රීතිය දැනෙන්න පටන් ගන්නවා. ඒ ප්‍රීතිය සාමාන්‍ය ප්‍රීතියක් නෙවෙයි. දැන් අපි දන්නවා, අපට සිංදුවක් අහලා, විනෝද ගමනක් ගිහිල්ලා, රසවත් කෑමක් කාලා, අපව තෘප්තිමත් කරන, සතුටු වෙන දෙයක් බලලා, අපි ප්‍රීති වෙනවා. මේක හරිම ගොරෝසු එකක්. සමාධිය තුළ ඇතිවෙන ප්‍රීතිය ඒ වගේ එකක් නෙවෙයි. හිත නිවුණ, සංසිඳුණ, සැහැල්ලු බවට පත් වූ සැනසිලිදායක ප්‍රීතියක්. මෙන්න මේ ප්‍රීතියට ඇලෙන්නේ නැතුව එයා ආශ්වාස කරනවා, ප්‍රශ්වාස කරනවා.

දැන් සැපයත් තේරුම් ගන්න...

ඒ විදිහට ආශ්වාස, ප්‍රශ්වාසයේ ම සිහිය පිහිටුවා ගන්න කොට හිත උද්දාමයට පත්වෙන ප්‍රීතිමත් ස්වභාවය ටික ටික සංසිඳිලා සැපය දැනෙන්න පටන් ගන්නවා. සැපය දැනෙන කොට එයා කායිකවත් සැපයක් විඳිනවා, මානසිකවත් සැපයක් විඳිනවා. අපි කලින් සඳහන් කළා හොඳට සිහිය පිහිටනකොට ආශ්වාස ප්‍රශ්වාස සැහැල්ලුවට දැනෙනවා කියලා. මේකෙන් කියන්නේ නෑ, ආශ්වාස ප්‍රශ්වාස එකපාරටම නැතුව යනවා කියලා. ආශ්වාස ප්‍රශ්වාස තේරුණේ නැත්නම් එයාට ආශ්වාස ප්‍රශ්වාසයේ සිහිය පිහිටුවා ගන්න බැරුව යනවා.

දිගටම සිහිය පවත්වාගන්න...

අපි දන්නවා සමහර පින්වතුන් ඉන්නවා, ආනාපානසති භාවනාව කරගෙන යනකොට, ටික ටික සමාධිය දියුණු වේගෙන යනකොට එයා ආශ්වාස ප්‍රශ්වාස සිහිකරන එක අතහරිනවා. අත්ඇරලා ආශ්වාස ප්‍රශ්වාස දිහා බලාගෙන ඉන්න පුරුදු වෙනවා. ටික ටික මෙයාගේ හිත එකඟ වෙලා ආශ්වාස ප්‍රශ්වාස නොදැනී යන මට්ටමට එන අය ඉන්නවා. ආශ්වාස ප්‍රශ්වාස නොදැනී ගියොත් එයාට තමන් කරන භාවනාව මොකක්ද...? මම මොකක්ද කරන්නේ...? කියන කල්පනාව නැතුව යනවා. මේ නිසා හොඳම දේ තමයි, ආශ්වාස ප්‍රශ්වාස නොදැනී යන්ට නොදී පැවැත්වීම. පැය ගණනක් වුණත් දිගටම ආශ්වාස ප්‍රශ්වාස සිහිකරන්ට පුළුවන්කම තිබීම. ඒකට අපි 'ආශ්වාසයක්... ප්‍රශ්වාසයක්... ආශ්වාසයක්... ප්‍රශ්වාසයක්...' කියලා මනසිකාරයේ යෙදෙන්ට ඕන. අන්න එහෙම මනසිකාරයේ යෙදීමෙන්

තමයි ආශ්වාස ප්‍රශ්වාස සමාධිය දියුණු කරන්ට තියෙන්නේ.

සමහර කෙනෙකුට ටික වෙලාවක් ආනාපානසති භාවනාව කරද්දි, ආශ්වාස ප්‍රශ්වාස නොදැනී යනවා. ඒ කෙනා භාවනාව කරන්න පටන් ගන්නකොට ම හිතට අධිෂ්ඨානයක් ඇති කරගන්න ඕන, 'මම දිගටම ආශ්වාසයත් ප්‍රශ්වාසයත් මෙනෙහි කරනවා... මේක නොදැනී යන්න දෙන්නෙ නෑ...' කියලා. එතකොට නොදැනී යන්නේ නැතුව ආශ්වාස ප්‍රශ්වාස දිගටම පවත්වන්න පුළුවන්. ආශ්වාස ප්‍රශ්වාස එහෙම පවත්වද්දිත් නොදැනී ගියොත්, ඔබ හිතන්න 'මේ ආශ්වාස ප්‍රශ්වාස නොදැනී ගියාට, මේ ආශ්වාස ප්‍රශ්වාස නිරුද්ධ වෙලා නොවෙයි. ආශ්වාස ප්‍රශ්වාස තියෙනවා. ඒ නිසා මම තවදුරටත් සිහියෙන් විමසනවා..' කියලා. ඒ විදිහට ආයෙමත් නුවණින් බලාගෙන ඉන්නකොට හිමිහිට තේරුම් යනවා, ආශ්වාසයක්, ප්‍රශ්වාසයක්, හුස්ම ගැනීම හුස්ම හෙලීම ඔබ තුළ තියෙන බව. මේ විදිහට ආශ්වාස ප්‍රශ්වාස දෙක හැමතිස්සෙ ම සිහියෙන් පැවැත්වීම තමයි ආනාපානසති භාවනාවේදී පුරුදු වෙන්න තියෙන්නේ.

චිත්ත සංඛාරත් තේරුම් ගන්න...

ඒ විදිහට ආශ්වාස ප්‍රශ්වාස භාවනාව පුරුදු කරගෙන යනකොට, සිතේ එකඟවීමත් සමග සැප විඳීමක් ඇති වෙනවා. **(සුඛ පටිසංවේදී)** එයා ඒ සැප විඳීම හොඳට තේරුම් ගනිමින් ආශ්වාස ප්‍රශ්වාස කරනවා. එයා ආශ්වාස ප්‍රශ්වාස හොඳට හඳුනා ගන්නවා. ආශ්වාස කරන කොට 'මේක ආශ්වාසයක්' කියලා හොඳට හඳුනා ගන්නවා. ප්‍රශ්වාස කරන කොට 'මේක ප්‍රශ්වාසයක්' කියලා හොඳට

හඳුනා ගන්නවා. මෙහෙම හඳුනා ගනිමින්, ප්‍රීතිය සහ සැපය විඳිමින්, ඒ හඳුනාගැනීමත් විඳීමත් හොඳට තේරුම් ගනිමින් ආශ්වාස කරනවා, ප්‍රශ්වාස කරනවා. ඒකට කියනවා **චිත්ත සංඛාර පටිසංවේදී** කියලා. චිත්ත සංඛාර කියලා කියන්නේ විඳීමටයි, හඳුනා ගැනීමටයි. ඒවාට චිත්ත සංඛාර කියන වචනය පාවිච්චි කරන්නේ සිත හා බැඳී තිබෙන නිසා.

දැන ගැනීමයි - පුහුණු වීමයි...

මේ සිත හා බැඳී පවතින 'විඳීමත් - හඳුනාගැනීමත්' තේරුම් ගනිමින් ආශ්වාස කරන කොට, ප්‍රශ්වාස කරන කොට, මේ විඳින එකයි, හඳුනාගන්න එකයි පවා සැහැල්લු වෙන්න පටන් ගන්නවා. සැහැල්ලු වෙද්දිත් ඒ සැහැල්ලු වීමට නෙවෙයි අවධානය යොමු කළ යුත්තේ. ඒක හොඳට තේරුම් ගනිමින් ආශ්වාස කිරීමත් ප්‍රශ්වාස කිරීමත්. බුදුරජාණන් වහන්සේගේ දේශනාවේ විශේෂත්වයක් තමයි, උන්වහන්සේ ආනාපානසතිය මුලින්ම පටන් ගන්න කොට උන්වහන්සේ දේශනා කරන්නේ '**පජානාති**' කියලයි. '**පජානාති**' කියන්නේ හොඳට තේරුම් ගන්නවා කියන එක. දීර්ඝ ආශ්වාස ප්‍රශ්වාස ගැනත් උන්වහන්සේ පාවිච්චි කරන්නේ '**පජානාති**' කියන වචනය.

ඊළඟට පාවිච්චි කරන්නේ පජානාති කියලා නෙවෙයි, '**සික්ඛති**' කියලා. '**සික්ඛති**' කියන්නේ පුහුණු වෙනවා, හික්මෙනවා කියන එක. පුහුණු වෙන්න නම් අර හිතට දැනෙන දේවල් පස්සේ යන්නේ නැතුව, ආශ්වාස ප්‍රශ්වාසයේම සිහිය පවත්වන්න දක්ෂ වෙන්න ඕන. අන්න ඒ දක්ෂතාවයෙන් තමයි ඒ පුහුණුව, ඒ හික්මීම ලැබෙන්නේ.

මේ විදිහට ඔබ ආශ්වාස ප්‍රශ්වාස දෙක සම්පූර්ණයෙන්ම දැනගනිමින් ආශ්වාස ප්‍රශ්වාස කරන්න පුහුණු වෙන්න ඕන. ආශ්වාස ප්‍රශ්වාසයේ සංසිඳීම දැනගනිමින් ආශ්වාස ප්‍රශ්වාසයේ සිහිය පවත්වන්ට පුහුණු වෙන්න ඕන, හික්මෙන්න ඕන.

චිත්ත සංඛාරත් සංසිඳෙනවා...

ඊට පස්සේ ඒ සංසිඳීම නිසා ඇතිවන ප්‍රීතිය දැනගනිමින් ආශ්වාසයේ ප්‍රශ්වාසයේ සිහිය පිහිටුවන්ට පුහුණු වෙන්න ඕන. ඒ ප්‍රීතිය නිසා කායික මානසික සැහැල්ලු බව (පස්සද්ධිය) ඇතිවෙනවා. ඒ සැහැල්ලු බවත් එක්ක තමයි සැපය ඇතිවෙන්නේ. ඒ සැපය දැනගනිමින් ආශ්වාස ප්‍රශ්වාසයේ සිහිය පවත්වන්ට ඔබ පුහුණු වෙන්න ඕන. ඊළඟට මේ ආශ්වාස ප්‍රශ්වාස මුල් කරගෙන ඇතිවෙන විඳීමත්, හඳුනාගැනීමත් හොඳට තේරුම් ගනිමින් ආශ්වාසය තුළත්, ප්‍රශ්වාසය තුළත් සිහිය පවත්වන්ට ඔබ හොඳට පුරුදු වෙන්න ඕන. ඊළඟට මේ ආශ්වාස ප්‍රශ්වාස තුළ ඒ විඳීම, හඳුනාගැනීම සංසිඳෙනවා. ඒ සංසිඳීමත් තේරුම් ගනිමින් ආශ්වාසයේ, ප්‍රශ්වාසයේ ම සිහිය පවත්වන්ට ඔබ පුහුණු වෙන්ට ඕන, හික්මෙන්ට ඕන.

2.4. ආනාපානසති භාවනාව තුළ චිත්තානුපස්සනාව වඩන හැටි

ඊළඟට ඔබ සිත ගැන හොඳට තේරුම් ගනිමින් (චිත්ත පටිසංවේදී) ආශ්වාස ප්‍රශ්වාසයේ සිහිය පිහිටුවා ගන්ට පුහුණු වෙන්න ඕනෙ. දැන් ඔබේ හිත ප්‍රමුදිත

භාවයට පත්වෙනවා. **(අභිප්පමෝදයං චිත්තං)** ප්‍රමුදිත භාවයට පත්වෙන කොටත් ආශ්වාස, ප්‍රශ්වාසයේ ම සිහිය පිහිටුවා ගන්ට පුහුණු වෙන්න ඕන. එතකොට සිත වඩ වඩාත් එකඟ වෙනවා. **(සමාදහං චිත්තං)** වඩ වඩාත් එකඟ වෙනකොටත් ආශ්වාස, ප්‍රශ්වාසයේ ම සිහිය පිහිටුවා ගන්ට පුහුණු වෙන්න ඕන. ඒ වෙනකොට ඔබේ සිතේ තියෙන පංච නීවරණ සම්පූර්ණයෙන් ම යටපත් වෙලා, පංච නීවරණයන්ගෙන් නිදහස් වී **(විමෝචයං චිත්තං)** ඔබේ සිත ධ්‍යාන තත්වයට පත්වෙනවා.

සිත ධ්‍යාන තත්වයට පත්වෙනවා...

ආනාපානසතියෙන් කෙනෙකුට පළමුවෙනි ධ්‍යානය ඇතිකර ගන්ට පුළුවන් වෙන්නේ මේ ක්‍රමයට යි. පළවෙනි ධ්‍යානය බොහෝ වෙලාවක් පුරුදු පුහුණු කරන්ට පුළුවන් වූ කෙනෙකුට මනසිකාරයක් නැතුව සමාධිය විතරක් පවත්වන්ට පුළුවන්. එතකොට එයාට පුළුවනි දෙවෙනි ධ්‍යානයට හිත දියුණු කරන්න. දෙවෙනි ධ්‍යානයේ බොහෝ වෙලාවක් පුරුදු කරගත් කෙනෙකුට තුන්වෙනි ධ්‍යානය පුරුදු කරන්ට පුළුවන්. තුන්වෙනි ධ්‍යානය බොහෝ වෙලාවක් පුරුදු කරගත් කෙනෙකුට හතරවෙනි ධ්‍යානය පුරුදු කරන්න පුළුවන්.

මේ ධ්‍යාන කියන වචනය ඇහෙන කොට සමහර විට ඔබ තැති ගන්න පුළුවන්, භය වෙන්න පුළුවන් 'අපි මේ ගිහි ගෙවල්වල ගතකරන අය. අපි කොහොමද මේ ධ්‍යාන වඩන්නේ?' කියලා. ඒක වෙන්නේ ඔබට අත්දැකීම් නැති නිසාත්, ඔබේ වටපිටාවේ නියම ධර්මය කතා කරන පිරිසක් නැති නිසාත්, ධර්මය පිළිබඳ ඔබේ විශ්වාසය දුරු

කරලා තියෙන නිසාත්, ධර්මය කෙරෙහි ඔබේ ශ්‍රද්ධාව නැති නිසාත්, ධර්මය ප්‍රායෝගිකව පුරුදු කරන ආකාරය ඔබ නොදන්නා නිසාත් මිසක් ධර්මයේ ඇති දුර්වලකමක් නිසා නොවේ. ඊළඟට බොහෝ අය හොඳටම දන්නවා මේ රටේ දහස් සංඛ්‍යාත පිරිසක් සමාධිය වඩනවා, ධ්‍යාන වඩනවා. ගිහි ගෙවල්වල ගත කරමින් කරනවා. ඒ නිසා ඔබ ඒ වගේ සැකයක් සංකාවක් ඇති කරගන්ට එපා. විශ්වාස කළ යුත්තේ බුදුරජාණන් වහන්සේගේ ධර්මය ම යි. ඒ නිසා ඔබට සමාධියක් දියුණු කරගන්ට පුළුවන් වෙනකොට, ඒ සමාධිය ඔබ නිතර නිතර පවත්වන්න.

වැරදි ක්‍රමවලට අහුවෙන්න එපා..!

තවම අපි මේ ඔබට මේ උගන්වන්නේ සමථ භාවනාව දියුණු කරගන්නා ආකාරය. මේ විදිහට ඔබ දියුණු කරගත්තොත් සමථය දියුණු කරගන්ට පුළුවනි. හැබැයි මේකෙදි සමාධිය දියුණු වෙන්නේ නැතිවෙන කොට මේ රටේ විවිධ ක්‍රම තියෙනවා, ඔබ ඒවට අහුවෙන්න එපා. සමහරු කියන්ට පුළුවනි 'අයියෝ සුළු දෙයක්නේ ඕක. මගේ ළඟට එන්න... මම විනාඩි දහයෙන් ධ්‍යානයට දාලා දෙන්නම්' කියලා. සමහරු කියන්ට පුළුවන් ' ඔබට විනාඩි තිහක් සමාධියෙන් ඉන්න පුළුවන් නම් මම ඔබව පළවෙනි ධ්‍යානයට තල්ලු කරලා දාන්නම්' කියලා. මේවා කියන්නේ ඔබේ හදිස්සිය තේරුම් ගන්නයි. නමුත් ඒකෙන් ප්‍රකට වෙන්නේ ඒ කෙනාගේ නොදැනුවත්කම ම යි. මේ නිසා සමාධියේදී පංච නීවරණ යටපත් වීම විය යුතු දෙයක්. පංච නීවරණ යටපත් වෙන තාක් සමාධිය දියුණු කරන්න බෑ. පංච නීවරණ යටපත් වෙනකොට සමාධිය ඇතිවෙනවා, සිහිය දියුණු වෙනවා ය කීමත් විය යුතු දෙයක්.

2.5. ආනාපානසති භාවනාව තුළ ධම්මානුපස්සනාව වඩන හැටි

භාවනා නිමිත්ත කියන්නේ මොකක්ද..?

දැන් ඔබ සතිපට්ඨාන භාවනාව ගැන ටිකෙන් ටික ඉගෙන ගනිමින් සිටිනවා. මේ වන විට ඔබ ආනාපානසති භාවනාව සම්පූර්ණයෙන්ම සමාධිය දක්වා දියුණු කරගන්න හැටි ඉගෙන ගෙන තිබෙනවා. දැන් ඔබ දන්නවා ආනාපානසති භාවනාවේදී සන්සුන්ව, නිදහස්ව, හුදෙකලා තැනක වාඩිවෙලා, එරමිණිය ගොතාගෙන, කොන්ද කෙලින් තියාගෙන, ආශ්වාස ප්‍රශ්වාස නමැති භාවනා අරමුණේ සිහිය පිහිටුවා ගන්න හැටි. මේ ආශ්වාස ප්‍රශ්වාස තමයි භාවනා නිමිත්ත. භාවනා නිමිත්ත කියලා කියන්නේ සිහිය පිහිටුවා ගන්න මූලික කරුණ. එනම් ආශ්වාස ප්‍රශ්වාසයයි. දැන් ආශ්වාස ප්‍රශ්වාස තුළ තමයි ඔබ සම්පූර්ණයෙන්ම සිහිය දියුණු කරන්නේ. ඒක තමයි ඒකට භාවනා නිමිත්ත කියලා කියන්නේ. එහෙම නැතුව වෙන නිමිත්තක් ඔබ ආශ්වාස ප්‍රශ්වාස තුළින් අපේක්ෂා කරන්ට එපා.

තවදුරටත් ඉගෙන ගන්න කැමති නම්...

ආශ්වාස ප්‍රශ්වාස තුළ ම සිහිය පවත්වන්න පුරුදු වුණහම කෙමෙන් කෙමෙන් සමාධිය දියුණු කරගන්න පුළුවන්කම ලැබෙනවා. සතිපට්ඨාන සූත්‍රයට අමතරව ආනාපානසතිය ගැන තවදුරටත් ඉගෙන ගන්න ඕන කරන කරුණු අංගුත්තර නිකායේ දහවැනි නිපාතයේ තියෙන

ගිරිමානන්ද සූත්‍රයේ තියෙනවා. ඊට අමතරව සංයුත්ත නිකායේ පස්වෙනි කොටසේ සතිපට්ඨාන සංයුත්තයේ සහ ආනාපාන සංයුත්තයේ ඇතුළත් දේශනා කියවීමෙන් ආනාපානසතිය ගැන ඔබට සම්පූර්ණයෙන් ම ඉගෙන ගන්න පුළුවන්කම තියෙනවා. ඒවා වෙනත් කෙනෙකුගේ පෞද්ගලික අදහස් නෙවෙයි. බුදුරජාණන් වහන්සේගේ ම වචන.

ආනාපානසතිය මුල් වූ ධම්මානුපස්සනාව...

ආනාපානසතිය තුළ ධම්මානුපස්සනාව වඩන ආකාරය ගැන ඒ බුද්ධ දේශනාවල විස්තර වෙන්නේ මේ විදිහට යි. **(අනිච්චානුපස්සී අස්සසිස්සාමීති සික්ඛති)** අනිත්‍ය අනුව දකිමින් හුස්ම ගන්නෙමි යි කියලා හික්මෙනවා. අනිත්‍ය අනුව දකිමින් හුස්ම හෙලන්නෙමි යි කියලා හික්මෙනවා. **(විරාගානුපස්සී)** නොඇල්ම අනුව දකිමින් හුස්ම ගන්නෙමි, හුස්ම හෙලන්නෙමි යි කියලා හික්මෙනවා. **(නිරෝධානුපස්සී)** ඇල්ම නිරුද්ධ වීම අනුව දකිමින් ආශ්වාස ප්‍රශ්වාස කරන්නෙමි යි කියලා හික්මෙනවා. **(පටිනිස්සග්ගානුපස්සී)** ඇල්ම දුරින් ම දුරුවීම අනුව දකිමින් හුස්ම ගන්නෙමි, හුස්ම හෙලන්නෙමි යි කියලා පුරුදු වෙනවා.

බුදුරජාණන් වහන්සේ ගැන පැහැදිලි ශ්‍රද්ධාවක් තියෙන්න ඕනෙ...

මේ භාවනාවලදී සම්පූර්ණයෙන්ම ඔබේ ශ්‍රද්ධාව තියෙන්න ඕන, බුදුරජාණන් වහන්සේ ගැන. මොකද හේතුව, ආනාපානසතිය භාවනාවක් වශයෙන් ප්‍රගුණ

කරලා, අරහත්වය දක්වා ම අත්දැකීම් පළමුවෙන්ම ලබාගත්තේ බුදුරජාණන් වහන්සේ විසින්. ඊට පස්සේ තමයි උන්වහන්සේ ශ්‍රාවක ජනතාවට මේ ධර්මය පුරුදු කරන හැටි, ප්‍රගුණ කරන හැටි පෙන්වා වදාළේ. බුදුරජාණන් වහන්සේ, යම් කෙනෙකුට යම් ආකාරයකින් ධර්මය අවබෝධ කරගන්න පුළුවන් නම්, ඒ සෑම ආකාරයකින් ම පෙන්වා වදාළා.

ඒ නිසා සූත්‍ර දේශනාවල සඳහන් නිර්මල ධර්මය බැහැර කරලා වෙනත් කෙටි ක්‍රම, වෙනත් පහසු ක්‍රම සොයන්ට අවශ්‍ය නෑ. මොකද හේතුව, බුදුරජාණන් වහන්සේ තරම් මේ විෂය පිළිබඳ පරිපූර්ණ අවබෝධයක් තියෙන කවුරුවත් මේ ලෝකයේ නෑ. භාවනාව කියන විෂය ගැන, සිත දියුණු කිරීම ගැන උන්වහන්සේ තරම් සම්පූර්ණ අවබෝධයක් තිබුණ වෙන කෙනෙක් ලෝකයේ ඊයේ සිටියේත් නෑ, අදත් නෑ, හෙටත් නෑ. වෙන කෙනෙක්ව සොයනවා නම් ආයෙමත් බුදුරජාණන් වහන්සේ නමක් ම තමයි සොයන්ට වෙන්නේ.

අතිරේක සංස්කරණ අවශ්‍ය නැහැ...

ඒ නිසා මෙවැනි භාවනාවකට අතිරේක සංස්කරණ අපට අවශ්‍ය නෑ. 'මේක මේ විදිහටත් කරන්න පුළුවන්, මේ විදිහටත් කරන්න පුළුවන්' කිය කියා අතින් දාලා දෙන්න අවශ්‍ය නෑ. එහෙම වුණොත් අපි ප්‍රකට කරන්නේ අපේ ශ්‍රද්ධාව නැති බව මිසක්, බුදුරජාණන් වහන්සේට ඉහළින් යන්න දඟලන දැඟලිල්ලක් මිසක්, වෙන එකක් නෙවෙයි. ඒ නිසා මේ ධර්මයේදී එහෙම බෑ. මේකෙදී අපි ශ්‍රාවකයෝ හැටියට තමයි පුරුදු විය යුත්තේ, පුහුණු විය යුත්තේ.

ඉතින් මේ සතිපට්ඨාන සූත්‍රයේදී බුදුරජාණන් වහන්සේ, ආනාපානසති භාවනාව වඩන කෙනා තවදුරටත් සිහිය පිහිටුවාගෙන දැකිය යුතු, තේරුම් ගත යුතු කරුණු කිහිපයක් ගැන මෙහෙම වදාළා.

අනුන් තුළත් මේ විදිහමයි...

(ඉති අජ්ඣත්තං වා කායේ කායානුපස්සී විහරති) දැන් ඔහු තමා තුළ ආශ්වාස ප්‍රශ්වාසයේ සිහිය පිහිටුවාගෙන ඉන්නවා. තමා තුළ ආශ්වාස ප්‍රශ්වාසයේ ක්‍රියාවලිය මේ විදිහයි, මෙන්න මේ විදිහට සිහිය පිහිටුවා ගන්ට පුළුවන් කියලා තේරුම් ගන්නවා. (බහිද්ධා වා කායේ කායානුපස්සී විහරති) ඊළඟට තමන් තුළ යම් ආකාරයකට සිහිය පිහිටුවා ගත්තා ද, බාහිර අයගේ ආශ්වාසය ප්‍රශ්වාසය තුළත් තිබෙන්නේ මෙවැනි ස්වභාවයක් තමයි කියලා බාහිර අය කෙරෙහිත් සිහිය පිහිටනවා. ඒ කියන්නේ, ඔබේ යම් ආකාරයක ස්වභාවයක් තියෙනවා ද, බාහිර ඕනෑම රටක, ඕනෑම පළාතක සිටින හුස්ම ඉහළ පහළ ගන්න ඕනෑම මනුස්සයෙකුගේ ස්වභාවය මේ විදිහමයි කියලා තේරුම් ගන්නවා. (අජ්ඣත්ත බහිද්ධා වා කායේ කායානුපස්සී විහරති) තමා තුළත්, තමාගෙන් බාහිරත් මේ ආශ්වාස ප්‍රශ්වාස ගැනීමේ ස්වභාවය එකයි කියලා හොඳට තේරුම් ගන්නවා.

ඊළඟට බුදුරජාණන් වහන්සේ වදාළා (සමුදය ධම්මානුපස්සී වා කායස්මිං විහරති) ඔන්න විදර්ශනාව තවදුරටත් විස්තර වෙන තැන. එතකොට බලන්න සතිපට්ඨානයේ එක විස්තරයක් කිරීමේදී සමථයත් විදර්ශනාවත් දෙක ම විස්තර වන හැටියටයි බුදුරජාණන්

සිතට සුව දෙන භාවනා 59

වහන්සේ දේශනා කොට වදාළේ. ඉතින් උන්වහන්සේ ප්‍රකාශ කළා ආනාපානසතිය මුල් කරගෙන කායානුපස්සනාව වඩන කෙනා (සමුදය ධම්මානුපස්සී වා) මේ ආශ්වාස ප්‍රශ්වාස හටගන්නා ආකාරය දකිමින් වාසය කරනවා.

හටගැනීම ගැනයි, නැතිවීම ගැනයි අවබෝධය තියෙන්නේ මෙහෙමයි...

ආශ්වාස ප්‍රශ්වාස හටගන්නා ආකාරය දකිනවා කියන එකේ තේරුම තමයි, බුදුරජාණන් වහන්සේ වදාළා, ආහාර ප්‍රත්‍යයෙන් තමයි මේ කය හටගන්නේ. එතකොට මේ කයට යම්කිසි පෝෂණ ක්‍රියාවලියක් අවශ්‍යයි. මුළු සංසාරයට ම යම්කිසි පෝෂණ ක්‍රියාවලියක් තියෙනවා. මේ පෝෂණ ක්‍රියාවලිය සම්පූර්ණයෙන් ම නැතිවුණොත් එයා සංසාරෙන් නිදහස් වෙනවා. දැන් මෙතැන කියන්නේ කය ගැන. ආහාර නිසයි කය සකස් වෙලා තියෙන්නේ. ඒ නිසා ආශ්වාස ප්‍රශ්වාස සකස් වෙලා තියෙන්නේ ආහාර ප්‍රත්‍යයෙන්. මේ ආශ්වාස ප්‍රශ්වාස නිත්‍ය දෙයක් නෙවෙයි. ආශ්වාස ප්‍රශ්වාස හේතූන් නිසා හටගන්න ස්වභාවයට අයිති එකක්. ඒක තමයි '**සමුදය ධම්මානුපස්සී වා**' කියන්නේ.

(වයධම්මානුපස්සී වා කායස්මිං විහරති) ඒ ආශ්වාස ප්‍රශ්වාසවල ස්වභාවය තමයි නැති වී යන ස්වභාවයට අයිති වීම. එහෙනම් ආශ්වාස ප්‍රශ්වාස තුළ හටගැනීමකුත් දකිනවා. ඒ ආශ්වාස ප්‍රශ්වාසය වෙනස්වීමෙන් නැතිවීමකුත් දකිනවා. **(සමුදය වයධම්මානුපස්සී වා කායස්මිං විහරති)** මේ ආශ්වාස ප්‍රශ්වාස දෙකේ හටගැනීමයි, නැතිවීමයි මනාකොට දකිමින් ශ්‍රාවකයා කායානුපස්සනා භාවනාවේ වාසය කරනවා. මේ කියන්නේ විදර්ශනාව. විදර්ශනාව

කියලා කියන්නේ අනිත්‍ය දේ අනිත්‍ය හැටියට, දුක් දේ දුක් හැටියට, අනාත්ම දේ අනාත්ම හැටියට දකින්න පුළුවන් හැකියාව.

ප්‍රඥාව ලැබෙන්නේ කොහොමද..?

මුලින්ම ඔබට කියා දුන්නා විදර්ශනාවෙන් වැඩෙන්නේ ප්‍රඥාව කියලා. ඒ කිව්වේ තමන්ට යමක් අවබෝධ කරන්න පුළුවන් හැකියාව දියුණු වෙනවා. ප්‍රඥාව ඉබේ හටගන්න එකක් නෙවෙයි. ප්‍රඥාව හටගන්න ආකාරය බුදුරජාණන් වහන්සේ පැහැදිලි කරලා තිබෙනවා. දවසක් කෙනෙක් බුදුරජාණන් වහන්සේගෙන් ඇහුවා (**කථංසු ලභතේ පඤ්ඤං**) "ප්‍රඥාව ලැබෙන්නේ කොහොමද?" කියලා. බුදුරජාණන් වහන්සේ වදාළේ "(**සද්දහානෝ අරහතං ධම්මං නිබ්බානපත්තියා**) නිර්වාණයට පමුණුවන රහතුන්ගේ ධර්මය අදහාගෙන (**සුස්සූසා ලභතේ පඤ්ඤං අප්පමත්තෝ විචක්ඛණෝ**) මනාකොට ධර්ම ශ්‍රවණය කරලා, උත්සාහයෙන්, වීර්යයෙන් යුක්තව නුවණින් විමසන කෙනාට තමයි ප්‍රඥාව ලැබෙන්නේ."

එතකොට අපට පැහැදිලිව පේනවා, ප්‍රඥාව ඇතිවීමට රහතුන්ගේ ධර්මය ශ්‍රවණය කිරීම වුවමනයි. ඒ තමයි බුදුරජාණන් වහන්සේ වදාළ ධර්මය. ඉබේ පහළ වෙන දේවල් තියෙනවා නම්, ඒවා ඕනතරම් ඉබේ පහළ වෙන්න පුළුවන්. කෙනෙක් ඔබට කියන්න පුළුවන් "නෑ... නෑ... එහෙම එකක් නෑ. ඔබ භාවනා කරගෙන යන්න. ප්‍රඥාව එකපාරට ම පහළ වෙයි" කියලා. භාවනා කරගෙන යනකොට ප්‍රඥාව පහළ වෙනවා නම්, බුදුරජාණන් වහන්සේලා තවත් කෙනෙකුට ධර්මය කිව යුතු නෑ. ධර්මය

දේශනා කළයුතුත් නෑ. රහතන් වහන්සේලා ඒ ධර්මය කටපාඩමින් දරාගෙන පැමිණිය යුතුත් නෑ.

බුදුරජාණන් වහන්සේ රහතන් වහන්සේලාට ප්‍රකාශ කොට වදාළේ "එක මඟක දෙනමක් වඩින්න එපා. හමුවෙන සියලු දෙනාට ම පැහැදිලිව මේ ධර්මය කියාගෙන යන්න. **(අස්සවණතෝ ධම්මස්ස පරිහායන්ති)** ධර්මය ශ්‍රවණය නොලැබුණොත් පිරිහෙනවා. **(භවිස්සන්ති ධම්මස්ස අඤ්ඤාතාරෝ)** ධර්මය කිව්වොත් අවබෝධ කරන අය ඇතිවෙනවා" කියලයි. එතකොට මේකෙන් අපට පැහැදිලිව පේනවා මේ ධර්මය අවබෝධ කරගන්න පුළුවන්කම ලැබෙන්නේ පැහැදිලිව පිරිසිදුව ධර්මය අසන්ට ලැබීමෙනුයි.

විදර්ශනාව හරියටම තේරුම් ගන්න ඕනෙ...

අනිත්‍ය දේ අනිත්‍ය වශයෙන් නුවණින් විමසන්න පටන් ගන්නකොට, ඔබට දුක අවබෝධ වෙන්න පටන් ගන්නවා. දුක අවබෝධ වෙන්නේ අනිත්‍යය අවබෝධ වෙන කෙනාට මිසක් වෙනත් කෙනෙකුට නෙවෙයි. අනිත්‍යය ගැන නිකම් කියාගෙන ගියා කියලා ඒක අනිත්‍යය අවබෝධයට හේතු වන්නේ නෑ. ඒ සඳහා අපි සිහිය පිහිටුවාගෙන අනිත්‍යය ගැන මනසිකාර කරන්ට ඕන. අන්න එතකොට තමයි 'අනිත්‍ය දේ අනිත්‍යයි' කියලා සිහිය යොමු කරගන්ට පුළුවන් වෙන්නේ.

ආනාපානසතිය තුළ හොඳට අනිත්‍යය වඩන්න පුරුදු වුණු කෙනාට, **(අත්ථි කායෝ'ති වා පනස්ස සති පච්චුපට්ඨිතා හෝති)** අනිත්‍ය වූ ආශ්වාස ප්‍රශ්වාසයෙන් යුක්ත කයක් මේ තියෙන්නේ කියලා එයාගේ සිහි

නුවණ හොඳට පිහිටනවා. **(යාවදේව ඤාණමත්තාය පතිස්සතිමත්තාය)** ඒ නිසා ඒ කෙනාට තවදුරටත් ඤාණය වැඩීම පිණිස ම, තවදුරටත් සිහිය දියුණු කරගැනීම පිණිස ම ඒක හේතු වෙනවා. **(න ච කිඤ්චි ලෝකේ උපාදියති)** ලෝකයේ කිසිවකට බැඳෙන්නේ නෑ. ග්‍රහණය වෙන්නේ නෑ. ඒ කිව්වේ එයා ආශ්වාස ප්‍රශ්වාස මුල්කරගෙන 'මම, මගේ, මගේ ආත්මය' කියලා දෘෂ්ටියකට බැඳෙන්නේ නෑ. එබඳු අදහසකට බැඳෙන්නේ නෑ. එයා නිදහස් මනසකින් ඉන්නවා. මෙන්න මේ විදිහට ආනාපානසති භාවනාව තුළින් බුදුරජාණන් වහන්සේ වදාළ පිළිවෙළට කරනවා නම්, එයාට සම්පූර්ණයෙන් ජීවිතාවබෝධයක් ලබා ගන්නට පුළුවනි.

පැහැදිලි ඉලක්කයක් තියාගන්න...

පින්වතුනි, ඔබ හොඳට මතක තියාගන්න බුදුරජාණන් වහන්සේ වදාළ ධර්මයේ ලාමක ඉලක්ක නෑ. සෞඛ්‍යය, ස්මරණය වගේ දේවල් අපි කතා කරනවා තමයි. 'මතක හිටින්න මේක කරන්න. සෞඛ්‍යයට මේක කරන්න' කියලා. ඒක අපට බටහිරින් ආපු එකක්. මොකද හේතුව, රහතන් වහන්සේලා පහළ වූ පරිසරයක් බටහිර ඉතිහාසයේ ම නෑ. බටහිර රටවල බුදුවරු පහළ වුණේ නෑ. මේ මනුෂ්‍ය වර්ගයාගේ චින්තනීය විප්ලවය සම්පූර්ණයෙන් ම පෙරදිග ඉන්දියාවේ සිදුවූ විප්ලවයක්. ඊට පස්සේ ඒ විප්ලවය සිදුවුණේ මේ ලංකාවේ. ඒ නිසා බුදුරජාණන් වහන්සේගේ ධර්මය සම්බන්ධයෙන් උන්වහන්සේගේ ඉලක්කය ඔබ හඳුනාගෙන තිබෙන්න ඕන. ඒකයි මම ඔබට කිව්වේ, මේ ධර්මය ශ්‍රවණය කිරීමේදී, භාවනා කිරීමේදී 'ජීවිතය අවබෝධ කරගත යුතුයි' කියන අදහසට පැමිණිලා තමයි

මෙය කරන්න තියෙන්නේ කියලා. අන්න එතකොට තමයි ඔබ තුළ අවංක වීර්යයක්, හෘද සාක්ෂියට එකඟ වූ අවශ්‍යතාවයක්, ජීවිතය ගැන අවංක තේරුම් ගැනීමක් ඇතිවන්නේ.

දැන් අපි ආනාපානසති භාවනාව මුල්කරගෙන සමාධිය ඇතිකර ගන්නා ආකාරයත්, ආනාපානසති භාවනාව මුල්කරගෙන ප්‍රඥාව දියුණු කරගන්නා ආකාරයත් සුළු වශයෙන් විස්තර කළා. එතකොට ප්‍රඥාව ඇති කරගන්නා ආකාරය තේරුම් ගැනීමේදී ඔබ තේරුම් ගන්ට ඕන, මෙතැන තියෙන්නේ අනිත්‍ය මනසිකාරයක් බව. ආශ්වාස ප්‍රශ්වාසවල අනිත්‍යය තියෙනවා. එතකොට රූපය අනිත්‍යයි. ඔබ ඒ ආශ්වාස ප්‍රශ්වාස විඳිනවා. ඒ විඳීමත් අනිත්‍යයි. ඔබ ඒ ආශ්වාස ප්‍රශ්වාස හඳුනා ගන්නවා. ඒ හඳුනා ගැනීමත් අනිත්‍යයි. 'ආශ්වාසයක් ප්‍රශ්වාසයක්' කියලා ඔබ චේතනා පහළ කරලා සංස්කාර උපද්දවනවා. ඒවාත් අනිත්‍යයි. මේ ආශ්වාස ප්‍රශ්වාස ඔබ දැනගන්නේ විඤ්ඤාණයෙන්. ඒකත් අනිත්‍යයි. එතකොට ඔබ මේ එකක් ගැන අනිත්‍ය සිහිකරන කොට එතැන අනිත්‍ය වූ සියලු දේ ම තියෙනවා. මේ විදිහට අනිත්‍යය නුවණින් විමසද්දි, විමසද්දි අනිත්‍ය දේ අනිත්‍ය හැටියට ම බලන්න පුළුවන් හැකියාව ඔබට ඇතිවෙනවා.

3

කායානුපස්සනාව තුළ ඉරියාපථ භාවනාව

සක්මන් භාවනාව

දැන් මේ වන විට ඔබ ආනාපානසති භාවනාව පිළිබඳව යම්කිසි දැනුමක් ලබාගෙන තියෙනවා. මේ දැනුම ලබා ගත්තේ බුදුරජාණන් වහන්සේගේ ධර්මයෙන්. මේ භාවනාව ඔබ ප්‍රගුණ කරනවා නම්, ඔබේ හදවතේ නිරායාසයෙන් ම මේ භාවනා ක්‍රම ගැන කියා දීපු බුදුරජාණන් වහන්සේ ගැන යම්කිසි ගෞරවයක් ඇතිවෙන්ට පුළුවන්. ඒක තමයි ඔබට මේ ධර්මය දියුණු කරන්ට උපකාර වෙන්නේ.

දැන් ඉගෙන ගන්නේ සක්මන් භාවනාව ගැන. සක්මන් භාවනාව විශේෂයෙන් ම ඔබ දැනගත යුතු එකක්. සක්මන් භාවනාව කියන්නේ සිත දියුණු කිරීමට අතිශයින් ම ප්‍රයෝජනවත් වන එකක්. සමහර කෙනෙකුට සක්මනේදී තමයි ධර්ම කාරණා ගොඩක් අවබෝධ වෙන්නේ. සක්මන් කරද්දී ඔබ තුළ නීවරණ ධර්ම ඇතිවුණොත්, ඔබ ඒකට පසුබට වෙන්නේ නැතුව, දිගටම සක්මන් කරන්න පුරුදු වෙන්ට ඕන.

නොපසුබස්නා වීර්යයක් තියෙන්ට ඕනෙ...

බුදුරජාණන් වහන්සේගේ කාලේ හොඳ සිදුවීමක් සිදුවුණා. එක ස්වාමීන් වහන්සේ නමක් භාවනා කළා. භාවනා කරද්දී උන්වහන්සේට හරි නිදිමතයි. නිදිමත තිබුණා කියලා උත්සාහය අත්හැරියේ නෑ. දැන් අපට නම් බොහෝ විට සිද්ධ වෙන්නේ නිදිමත හැදුණාම භාවනාව කල් දාන එකනේ. 'දැන් බෑ, පස්සේ කරනවා' කියලා අපි ඒක අත්හරිනවා. නමුත් මේ ස්වාමීන් වහන්සේ නිදිමත තියෙද්දි ම, අමාරුවෙන් අමාරුවෙන් සක්මන් කරන්න සක්මන් මළුවට ගොඩවුණා. සක්මන් භාවනාව කරගෙන යන කොට කොච්චර නිදිමත ද කියන්නේ, එහෙම්ම ම මේ ස්වාමීන් වහන්සේ සක්මන් මළුවේ වැටුණා. සාමාන්‍ය කෙනෙකුට එහෙම වුණා නම්, එයා එක්කෝ එතැන ම නිදාගන්නවා. එක්කෝ ආපහු නැගිටලා 'මට නම් බෑ මේක කරන්න' කියලා කුටියට ගිහින් නිදාගන්නවා. අන්න බලන්න වීරියක තියෙන වටිනාකම. මේ ස්වාමීන් වහන්සේ නැගිට්ටා. අත්වල තිබුණු වැලි පිසදැම්මා. හිතට ධෛර්යය ගත්තා. හොඳට සක්මන් කළා. ඉතින් උන්වහන්සේට ඊළඟ මොහොතේ හිත එකඟ කරන්ට පුළුවන් වුණා.

හිත වේගයෙන් වෙනස් වෙනවා...

එතකොට බලන්න, හිතේ ස්වභාවය මොකක්ද කියලා. එක වෙලාවක නිදිමතෙන්, අලස බවෙන් පීඩා විඳපු හිතේ ස්වභාවය, තමන් විසින් උපදවා ගත් වීරියෙන්, සිහියෙන් නැතිකරලා දැම්මා. ඊට පස්සේ හොඳට සිත සකස් වුණා. මේකෙන් අපට පේනවා, මේ හිතේ ස්වභාවය අපි හිතන ආකාරයට, ක්‍රියා කරන ආකාරයට හැදෙනවා. එහෙම නම්

සක්මන් කිරීමේදීත් මේ ස්වභාවය එහෙම ම යි. ඔබ සක්මන් භාවනාව කරනකොට 'වම දකුණ' කිය කියා යන්න ඕන නෑ. සමහරු කකුල ඔසවන කොට තබන කොට 'වම... දකුණ... වම... දකුණ...' කියමින් යනවා. එහෙම නැත්නම් සමහරු 'ඔසවනවා... ගෙනියනවා... තබනවා...' කිය කියා යනවා. නමුත් එබඳු ආකාරයකට සිහි කරන්න කියලා බුද්ධ දේශනාවක නෑ.

සක්මන් භාවනාව නිවැරදිව කරන හැටි...

බුදුරජාණන් වහන්සේ වදාළේ එහෙම නෙවෙයි. **(ගච්ඡන්තෝ වා ගච්ඡාමීති පජානාති)** ගමන් කරද්දී ගමන් කරනවා කියලා හොඳට සිහිය උපද්දවා ගන්නවා. **(නිසින්නෝ වා නිසින්නොම්හීති පජානාති)** ඊළඟට වාඩිවෙලා ඉන්දැද්දී වාඩිවෙලා ඉන්න බව දැන ගන්නවා. **(ඨිතෝ වා ඨිතොම්හීති පජානාති)** හිටගෙන ඉන්දැද්දි හිටගෙන ඉන්න බව දැනගන්නවා. **(සයානෝ වා සයානොම්හීති පජානාති)** හාන්සි වෙලා ඉන්දැද්දි හාන්සිවෙලා ඉන්න බව දැනගන්නවා. මේ සෑම ඉරියව්වක් ම මනාකොට දැනගන්නවා. මේ මනාකොට දැනගන්න එක එහෙම නම් සක්මනට විතරක් අදාළ එකක් නෙවෙයි.

යම් කිසි විදිහකට 'වම... දකුණ...' කියලා සිහිකරගෙන ගියොත්, බාහිර අරමුණක් එන්න නොදී සිහිය පිහිටුවා ගන්ට පුළුවන්කමක් නම් තියෙනවා තමයි. ඒ වුණාට අපට වැදගත් වෙන්නේ අපේ ශාස්තෘන් වහන්සේ වදාළ ක්‍රමය යි. බුදුරජාණන් වහන්සේ පැහැදිලිව පෙන්වා වදාළා, මේ කයේ සිහිය පිහිටුවා ගැනීමේදී තමන් ගමන් කරන බව මනාකොට සිහිකරගන්ට ඕන. ගමන් කරන බව මනාකොට

සිහිකරගෙන ගමන් කරන්ට ඕන. එතකොට පය ඔසවද්දි, පය ගෙනියද්දි, පය තබද්දි 'ඔසවනවා... ගෙනියනවා... තබනවා...' කියලා සිහි කළ යුතු නෑ. තමන් සිහියෙන් ඉන්ට ඕන, තමන්ගේ ශරීර ඉරියව් මේ විදිහට තමන් පවත්වනවා කියලා. අන්න ඒකයි වැදගත් වෙන්නේ.

ඉරියව් ශාන්ත භාවයට පත්වෙනවා...

එක තැනකදි පාරාසරිය කියන රහතන් වහන්සේ වදාළා "සතිපට්ඨානයේ මනාකොට සිහිය පිහිටියාට පස්සේ එයාගේ ඉරියව් හරි ලස්සනයි. හරියට සිනිඳු තෙල් දහරාවක් වගේ" කියලා. ඒ කියන්නේ බොහෝම ශාන්ත, සංයමයට පත් වූ කායික ඉරියව් සමූහයක් එයාගේ ජීවිතය තුළ සකස් වෙනවා. ඒකයි සිනිඳු තෙල් දහරාවක් වගේ කියලා පෙන්වා තියෙන්නේ.

සක්මන් භාවනාව කරන ආකාරය...

සක්මන් භාවනාවේදී අපි හිතමු ඔන්න එයා දැන් 'මම අතනට යනකම් හොඳ සිහියෙන් යනවා' කියලා තීරණය කරගෙන යම්කිසි තැනක හිටගත්තා. දැන් එයා මුළු ශරීරයට ම සිහිය යොමු කරගෙන, පාදය ඔසවන කොට හොඳට සිහියෙන් ඔසවලා, හොඳට සිහියෙන් තබනවා. වම් පාදයත් එහෙම තබනවා, දකුණු පාදයත් එහෙම තබනවා. හැබැයි එයා සිහිකරන්නේ 'වම... දකුණ...' කියලා නෙවෙයි. 'ඔසවනවා... තබනවා...' කියලත් නෙවෙයි. මේකට වචන සිහිකරන්න ඕනෙ ම නෑ. සිහියෙන් කරන්න පුළුවනි.

ඒ විදිහට සක්මන් කරලා එක තැනකදී නවතිනවා. නැවතුනාට පස්සේ අන්න එතැනදි ඔබ දැනගන්නවා

නැවතුන බව. දැනගෙන ඔබ ආපසු හැරෙනවා. හැරිලා ආපහු එනවා. එනකොට ඔබ ආයෙමත් හොඳ සිහියෙන් තමයි සක්මනේ පැමිණෙන්නේ. පැමිණිලා ආයෙත් නවතිනවා. නවතිනකොට ඔබ ආයෙත් දන්නවා නැවතුණු බව. ඊළඟට ආපහු හැරිලා නැවතත් සක්මනේ ගමන් කරනවා.

එදිනෙදා ජීවිතයට සක්මන් භාවනාව...

අපි හිතමු ඔබ භාවනාව හැටියට කරන්නේ මෛත්‍රී භාවනාව කියලා. එතකොට ඔබට පුළුවනි සක්මන් කරද්දි, හිටගෙන ඉන්දෙද්දි, වාඩිවෙලා ඉන්දෙද්දි, හාන්සි වෙලා ඉන්දෙද්දි කියන මේ සතර ඉරියව්වේදී ම මෛත්‍රී භාවනාව ම කරන්න. 'සියලු සත්වයෝ වෛර නැත්තෝ වෙත්වා! තරහ නැත්තෝ වෙත්වා! ඊර්ෂ්‍යා නැත්තෝ වෙත්වා! දුක් පීඩා නැත්තෝ වෙත්වා! සුවසේ ජීවත් වෙත්වා! ශාන්ත සුවයට පත්වෙත්වා!' කියලා සක්මන් කරද්දිත් ඔබට පුළුවනි මෛත්‍රී භාවනාව ම කරන්න. ඔබ අධිෂ්ඨාන කරගත්තොත් 'මං සුමානයක් මෛත්‍රී භාවනාවෙන් කල් ගෙවනවා' කියලා ඔබට පුළුවනි.

දැන් අපි කියමු ඔබ ගමනක් ගිහින් පයින් ඇවිදගෙන නැවත ගෙදර එනවා කියලා. ඔබට පුළුවනි මේක සක්මන් භාවනාව බවට පත්කරගන්න. එතකොට ඔබ ඒ වෙලාවට අකුසල් සිතන්නේ නෑ. ඔබ හොඳට සිහිය පිහිටුවාගෙ නයි ඉන්නේ. අපි හිතමු ඔබ අසුභ භාවනාව වඩන්න පුරුදු වෙලා හිටියා කියලා, එතකොට ඒ එන ගමනේදී ඔබ ඒ තුළ සිහිය පිහිටුවාගෙන වඩන්න පටන් ගන්නවා. ඒ විදිහට මේ භාවනාව තුළ හොඳට සිහිය පිහිටුවන්න

පුළුවන්කම තියෙනවා. ආනාපානසතිය හැර අනෙක් ඕනෑම භාවනාවක් සක්මන් කරමින් වඩන්ට පුළුවන්.

බොහෝ වේලාවක් පැවැත්විය හැකි සමාධියක්...

බුදුරජාණන් වහන්සේ වදාළා "කෙනෙක් සක්මන් භාවනාවේදී සිත එකඟ කරගන්ට දක්ෂ වුණොත්, ඒ සක්මනේදි ඇතිකරගන්න සමාධිය බොහෝ වේලාවක් පවත්වන්න පුළුවන්" කියලා. එහෙම නම් අපට පේනවා, යම්කිසි කෙනෙකුට සමාධිය වඩන්ට දුෂ්කරතාවයක් තියෙනවා නම්, සමාධිය දියුණු කරගන්ට යම්කිසි ප්‍රමාදයක් තියෙනවා නම්, අන්න ඒ කෙනා තවදුරටත් එයාගේ භාවනාවට සක්මන් භාවනාව තෝරගන්නට ඕන.

ඔබේ නිවසටත් සක්මන් මළුවක්...

ඔබට කැමති නම් තමන්ගේ ම නිවසේ සක්මන් මළුවක් හදාගන්ට පුළුවනි. මම හිතනවා ඒක සෑම බෞද්ධ නිවසකට ම ලස්සන දෙයක් කියලා. අඩි දෙකහමාරක් තුනක් විතර පළලට, අඩි තිහක් තිස්පහක් විතර දිගට, වැලි දාලා සක්මන් මළුවක් හදාගන්ට පුළුවනි. එහෙම හදාගත්තොත් දවල් කාලේ හෝ වැස්ස පින්න නැති වෙලාවට ලස්සනට සක්මන් කරන්න පුළුවන්කම තියෙනවා. එහෙම නැත්නම් ගේ ඇතුළෙ ම ඉඩකඩ තියෙන තැනක් තෝරාගෙන 'මෙන්න මේ කොටසේ මම සක්මන් කරනවා' කියලා සක්මන් භාවනාවට පිළිවෙළක් හදාගන්න පුළුවන්. එතකොට ඔබට පුළුවනි තමන්ගේ ජීවිතයේ ඉරියව් පිළිබඳ හොඳ සිහියෙන් යුක්තව සක්මන් කිරීමේ හැකියාව ඇතිකරගැනීමට.

සිහිය පවත්වන නිසා අකුසල් නැහැ...

මේ විදිහට ඔබ සක්මන් භාවනාව පුරුදු කිරීමේ වාසි ගොඩක් තියෙනවා. ඔබ දන්නේ නැතිවුණාට, ඔබ ගමන් කරන කොට, ඔබ සිහියෙන් තොරව යන නිසා ඔබේ සිතට බොහෝ අකුසල් ඇතිවෙනවා. ඔබ සිහියෙන් තොරව ගමන් බිමන් කරන නිසා ඔබේ සිත ගොඩක් නොමග යනවා. ඔබ සිහියෙන් තොරව වාඩිවෙලා ඉන්න නිසා, සිහියෙන් තොරව නිදාගන්න නිසා, සිහියෙන් තොරව ඉරියව් පවත්වන නිසා ඔබේ හිත බොහොම නොමඟ යනවා. නමුත් සිහිය පවත්වන්නෙ නැති නිසා සිත නොමඟ ගිය බව ඔබ දන්නේ නෑ. ඒ නිසා සෑම ඉරියව්වක ම සිහිය පවත්වන්න පුරුදු වෙන්ට ඕන.

අනඳ තෙරුන් අරහත්වයට පත්වූ අයුරු...

බලන්න මේ සක්මනේ තියෙන වටිනාකම. ඔබට මතක ඇති අපගේ බුදුරජාණන් වහන්සේට උපස්ථාන කරපු ආනන්ද ස්වාමීන් වහන්සේ. උන්වහන්සේ බුදුරජාණන් වහන්සේට උපස්ථාන කරන කාලේ සෝතාපන්න වෙලයි හිටියේ. බුදුරජාණන් වහන්සේ පිරිනිවන් පෑවට පස්සේ පැවති ධර්ම සංගායනාවට ආනන්ද ස්වාමීන් වහන්සේට රහතන් වහන්සේ නමක් හැටියටයි සහභාගී වෙන්න තිබුණේ.

ඉතින් ආනන්ද ස්වාමීන් වහන්සේ ඊට කලින් දවසේ රාත්‍රියේ සක්මනේ කායානුපස්සනා භාවනාවේ යෙදුණා. සක්මන් භාවනාවේ යෙදිලා ඒ සක්මන් භාවනාව තුළ ම, භාවනාව අත් නොහැර ම, (මොකද, භාවනාවට ඉරියව් හතර

ම තියෙනවනෙ, ඉරියව් හතරේදී ම සතිපට්ඨානය වැඩිය යුතුයි) සක්මනේ ම වැඩම කරලා, සැතපෙන්න හිතාගෙන, ඇඳේ වාඩිවෙලා කකුල් දෙක උඩට ඔසවනකොට ම, තමන්ගේ හිස කොට්ටයේ තබලා නැතුව තිබියදී උන්වහන්සේගේ හිත නිකෙලෙස් වුණා කියලා ධර්මයේ සඳහන් වෙනවා. ඒ කියන්නේ එක ඉරියව්වකිනුත් තොරව. නමුත් ඒ ඉරියව්වලින් තොර වුණාට උන්වහන්සේ හිටියේ භාවනාවේ. එතකොට බලන්න, සක්මන් භාවනාවේදී ඇතිවූ දියුණුව කොච්චර ප්‍රයෝජනවත් වුණාද? මේ නිසා ඔබටත් සක්මන් භාවනාව හොඳට දියුණු කරගෙන ඔබේ ජීවිතයට ආලෝකය උදාකර ගන්ට අවස්ථාව තියෙනවා.

4

කායානුපස්සනාව තුළ සම්පජඤ්ඤ භාවනාව

මේ වනවිට ඔබ ආනාපානසති භාවනාව පිළිබඳවත්, සක්මන් භාවනාව ගැනත් ඉගෙන ගෙන තියෙනවා. දැන් ඔබ තවත් භාවනාවක් අලුතින් ඉගෙන ගන්නවා. මේ භාවනාවට කියන්නේ සතිසම්පජඤ්ඤය කියලා. 'සම්පජානකාරී හෝති' කියලා වචනයක් බුදුරජාණන් වහන්සේ අපට හඳුන්වා දී වදාළා. 'සම්පජානකාරී හෝති' කියලා කියන්නේ හොඳ සිහි නුවණින් යුක්තව, හොඳ සිහි කල්පනාවෙන් යුක්තව වාසය කිරීම.

අගේ ඇති සිහි නුවණ...

කුමක් පිණිස ද සිහි නුවණින් යුක්තව වාසය කරන්නේ? අකුසල ධර්මයන් එන්න නොදී කුසලයේ සිත පිහිටුවා ගැනීමට යි. සාමාන්‍යයෙන් භාවනා කරන කෙනෙකුගේ ස්වභාවය ගත්තොත් එයා නරක කෙනෙක් නෙවෙයි, බොහෝ විට හොඳ කෙනෙක්. අකුසල් කියලා අපි මෙතනදි තේරුම් ගත යුත්තේ පංච නීවරණ පිළිබඳවයි. භාවනාව දියුණු කිරීමේදී, භාවනාවට තියෙන මේ බාධක කරුණු හඳුනාගෙන තිබෙන්ට ඕන.

හඳුනාගන්න නීවරණ...

පළවෙනි නීවරණය තමයි **(කාමච්ඡන්ද)** රූප, ශබ්ද, ගන්ධ, රස, ස්පර්ශ කියන මේවාට ආසා කරලා, ඒවාට ම සිත ඇදී යාම. ඊළඟට **(ව්‍යාපාද)** ගැටෙන අරමුණුවලට හිත ගැටී ගැටී පවතින එක. **(ථීනමිද්ධ)** කියන්නේ කම්මැලිකම, අලසකම, නිදිමත, 'කරන්න බෑ' කියලා මනසින් පසුබාන ගතිය. **(උද්ධච්ච කුක්කුච්ච)** කිච්චේ පසුතැවීම හා හිත විසිරීම. **(විචිකිච්ඡා)** මේ වැඩපිළිවෙළ ගැන තමන්ට විශ්වාසයක් නැතිවීම. එතකොට මේක තමන්ට ප්‍රගුණ කරන්න හිතෙන්නේ නෑ. මෙන්න මේවා හැම තිස්සේම අපේ සාමාන්‍ය ජීවිතය තුළ බල පවත්වනවා.

සිහිය උපදවා ගන්න...

නමුත් මේ භාවනාව දියුණු කරගන්ට කැමති කෙනා, සිහිය දියුණු කරගන්ට කැමති කෙනා හොඳ නුවණින් ඉන්ට ඕන. අන්න ඒකට තමයි බුදුරජාණන් වහන්සේ වදාළේ, වටපිට බලද්දී හොඳ සිහි කල්පනාවෙන් ඉන්න කියලා. වටපිට බැලීම හේතු කරගෙන පංච නීවරණයන් හිතට ඇතුල් වෙන්න නොදී, කාමච්ඡන්දයට හිත යන්න නොදී, තරහවට හිත යන්න නොදී, නිදිමත අලසබවට හිත යන්න නොදී, පසුතැවිල්ලකට, සැකයකට හිත යන්න නොදී හොඳට සිත රැකගෙන තමයි එයා වටපිට බැලිය යුත්තේ. ඒකට කියනවා **(ආලෝකිතේ විලෝකිතේ සම්පජානකාරී හෝති)** කියලා.

ඒ වගේ ම බුදුරජාණන් වහන්සේ වදාළා එයා අත පය හසුරුවනකොට හොඳ සිහියෙන් ඉන්නවා. සිහියෙන් අත පය හකුලනවා, දිග හරිනවා. මේ ක්‍රියාවලිය තුළත්

නීවරණ ධර්මයන් එන්නෙ නැතිවෙන්න හොඳ සිහියෙන් පවත්වගන්න කියනවා. ඊළඟට බුදුරජාණන් වහන්සේ වදාළා ඇවිදිනකොට, යනකොට එනකොට හොඳ සිහි කල්පනාවෙන් ඉන්න කියලා තමන්ගේ හිත පිරිහෙන්ට නොදී.

යමක් කරන්නේ නම් සිහියෙන් ම යි...

ඊළඟට ඇඳුම් පැළඳුම් අඳින කොට, පළඳින කොටත් ඒ විදිහ ම යි. ඒකට ධර්මයේ කියෙන්නේ **(සංඝාටිපත්ත චීවර ධාරණේ)** කියලා. සිවුරු ආදිය පෙරවීමේදී එහි අර්ථය දැනගන්ට ඕන. ඒකට තමයි සිහියෙන් සිටීම කියන්නේ. ඇඳුමක් අඳිනකොට ඒකේ අර්ථය තමයි විළි වසා ගැනීම, මැසි මදුරුවන්ගෙන් වන පීඩාවලින් වැළකීම, ශීත උෂ්ණ දෙකෙන් වැළකීම. මේ විදිහට මේ ශරීරයේ ස්වාභාවික රැකවරණයට රැකුල් දෙන දෙයක් මේ ඇඳුමෙන් සිදුවෙනවා. ඇඳුම් අඳින වෙලාවට අන්න ඒ අර්ථයට සිහිය පිහිටුවා ගන්ට ඕන.

කෑමට බීමට ඔබේ සිහිය...

ඊළඟ එක තමයි කන බොන වෙලාව. ආහාර පාන ගැනීම සම්බන්ධයෙන් බුදුරජාණන් වහන්සේ ඉතාම ලස්සන විස්තරයක් අපට පෙන්වා දී තිබෙනවා. ඒකට කියනවා 'ප්‍රත්‍යවේක්ෂාව' කියලා. ප්‍රත්‍යවේක්ෂණයේ යෙදෙනවා කියන්නේ යළි යළිත් යම්කිසි කාරණයක අර්ථය පිළිබඳව සිහිකිරීම. මේ ධර්මය ප්‍රගුණ කරන කෙනා කෑම පස්සේ දුවන්නේ නෑ. එයා කෑම දාසයෙක් නෙවෙයි. එයා ජීවිතය අවබෝධ කර ගැනීම පිණිස පහසුවක් හැටියට විතරක් ආහාරය පාවිච්චි කරන කෙනෙක්.

බුදුරජාණන් වහන්සේ ලස්සනට තෝරලා දෙනවා ආහාර ගනිද්දි හිතන්න ඕනෙ විදිහ. "මේ ආහාරය ගන්නේ ජවය ඇති කරගන්ට නෙවෙයි. ශක්තිය ඇතිකර ගන්ට නෙවෙයි. ඇඟේ අඩුතැන් පුරවගන්ට නෙවෙයි. ඇඟ සෝභාසම්පන්න කරගන්ට නෙවෙයි. මේ ශරීරයට ඇතිවෙන බඩගිනි වේදනා පීඩා නැති කරගන්නයි. ආයෙමත් පීඩාවක් ඇති නොවී සුවසේ බණ භාවනාව පවත්වා ගන්නයි. මේ ජීවිත යාත්‍රාව පවත්වා ගෙන යන්නයි මේ ආහාර පාන ගන්නේ" කියලා සිහිකරන්න කියනවා.

ශරීර කෘත්‍යයේදී පවා ඔබේ සිහිය...

ඊළඟට බුදුරජාණන් වහන්සේ වදාළා වැසිකිළි කැසිකිළි කරද්දී පවා සිහියෙන් ඉන්න කියලා. එතැනදිත් අපේ හිත නොමග යන්න ඉඩක් තිබීම නිසයි වැසිකිළි කැසිකිළි කරද්දී පවා සිහියෙන් ඉන්න කිව්වේ. ඒ වගේම **(ගතේ ඨීතේ නිසින්නේ සුත්තේ ජාගරිතේ භාසිතේ තුණ්හීභාවේ)** ගමන් කරනකොට, හිටගෙන ඉන්නකොට, ඉඳගෙන ඉන්නකොට, හාන්සි වෙලා ඉන්නකොට, නොනිදා ඇහැරගෙන ඉන්නකොට, කතාබස් කරනකොට, නිහඬව ඉන්නකොට හොඳ සිහියෙන් ඉන්න කියනවා පංච නීවරණයන් හිතට ඇතුල් වෙන්න ඉඩ නොදී. මේ විදිහට නුවණින් යුක්තව සිහිය පිහිටුවා ගැනීම තුළ හොඳ රැකවරණයක් මේ ජීවිතය තුළදී ලැබෙනවා.

බුදු පියාණන් ඇසුරේ වසමු...

සිහිය ගැන බුදුරජාණන් වහන්සේ බොහොම ලස්සන උපමාවක් දේශනා කරලා තියෙනවා. ඒක තියෙන්නේ **'සකුණග්ඝි'** කියන සූත්‍රයේ. එහි සඳහන් වෙනවා, චූටි

කැට කිරිල්ලියක් ආකාසේ පියාසර කරමින් සිටියදී ගිජුලිහිණියෙක් ඇවිත් ඒ කැට කිරිල්ලිව අල්ලා ගත්තා. අල්ලගත්තම කැට කිරිල්ලී කෑ ගහන්න පටන් ගත්තා "අයියෝ! මං මේ උඩ ආකාසේ පියාඹන්න ගිහිල්ලයි මේ විපත සිද්ධ වුණේ. මට පිය උරුමයෙන් ආපු තැනක් තියෙනවා. එතැන හිටියා නම් නුඹට මාව කවදාවත් අල්ල ගන්න බෑ" කියලා. එතකොට ගිජුලිහිණියා 'මොකක්ද මේ කැට කිරිල්ලි කියන කතාවේ තේරුම?' කියලා කල්පනා කරලා කැටකිරිල්ලගෙන් ඇහුවා "එම්බා කැටකිරිල්ල, නුඹ මොකක්ද මේ කියන්නේ? මොකක්ද නුඹට පිය උරුමයෙන් ආපු තැන?"

අපේ පිය උරුමය...

ඉතින් අර කැට කිරිල්ලි කිව්වා "මට පිය උරුමයෙන් ආපු තැන තමයි, කුඹුර හාද්දි පස් පෙරලනකොට, ඒ පස් පිඩැල්ල යට කොටසේ ඇති චූටි ගුහාව වගේ තැන" කියලා. මේක අර ගිජුලිහිණියාට මහ සිනහා උපදවන කතාවක්. ගිජුලිහිණියා මේක ගණන් ගත්තේ නැහැ. ගිජුලිහිණියා කැට කිරිල්ලිට කිව්වා "එම්බා කැට කිරිල්ල, මං දැන් නුඹව අත්හරිනවා. නුඹ ඔච්චර අභිමානවත්ව කියනවා නම් මේක පිය උරුමයෙන් ආපු තැනක් ය කියලා, පුළුවන් නම් ගිහිල්ලා ඔය පස් පිඩැල්ල යට හැංගියං. ඒත් මං නුඹව අල්ල ගන්නවා" කියලා අර කැට කිරිල්ලව අත්හැරියා.

කැට කිරිල්ලි කෙලින් ම කුඹුරට ගිහිල්ලා පස් පිඩැල්ල උඩ හිටගෙන කෑ ගහලා කිව්වා "ගිජුලිහිණිය, දැන් වර... ගිජුලිහිණිය, දැන් වර..." කියලා. එතකොට ගිජුලිහිණියා ගානට තටු දෙක හදාගෙන, වේගයෙන් ඊතලයක් වගේ

පල්ලෙහාට ආවා කැටකිරිල්ලව ඩැහැ ගන්ට. එනකොට ම කැට කිරිල්ලි එකපාරට ම පස් පිඩැල්ල යටට රිංගුවා. ගිජුලිහිණියාගේ පපුව පස් කණ්ඩියේ වැදුණා.

මේක බුදුරජාණන් වහන්සේගේ උපමාවක්. ඒකෙන් උන්වහන්සේ පෙන්වා වදාළේ, "සිහිය නැති ජීවිතය බාහිර අරමුණුවලට හසුවෙලා විනාශ වෙනවා. සිහිය තිබීම තමයි පිය උරුමයෙන් ලැබෙන දේ. පින්වත් මහණෙනි, තථාගතයන් වහන්සේ තමයි ඔබේ පියාණන්. තථාගතයන් වහන්සේගේ උරුමය තමයි සතර සතිපට්ඨානය. මේ සතර සතිපට්ඨානය තුළ සිහිය පිහිටුවා ගන්න" කියලා.

මේ ධර්මය වඳ බැහැපු එකක් නෙවෙයි...

බුදුරජාණන් වහන්සේ අපට දේශනා කළ යුතු සියල්ල දේශනා කරලයි තියෙන්නේ. මේ ධර්මය අනුගමනය නොකිරීම නිසා ප්‍රතිඵල නැතුවා මිසක්, මෙතැන වඳ බැහැපු ධර්මයක් නැහැ. වඳ බහිනවා කියන්නේ ප්‍රතිඵල නැති කියන එකයි. නමුත් මේ ධර්මය ප්‍රතිඵල නැති දහමක් නෙවෙයි. අපි මේ අනුගමනය කරන ධර්මය හොඳට ප්‍රතිඵල ලැබෙන ධර්මයක්. අනුගමනය කිරීමෙන් ප්‍රතිඵල ලැබෙන එකක්.

නිතර සිහියෙන්ම ඉන්න නම්...

ඉතින් මේ සතිසම්පජඤ්ඤයේ සඳහන් වන විදිහට මනාකොට සිහිය පිහිටුවා ගෙන ඉන්න කොට, වටපිට බලද්දී, අතපය දිගහරිද්දි හකුළද්දි, එහාට මෙහාට යද්දී එද්දී, වස්ත්‍ර අඳිද්දී, ආහාර ගනිද්දී මේ හැම අවස්ථාවකදී ම නීවරණ ධර්මයන් හිතට එන්නේ නැති විදිහට සිහියෙන්

ඉන්න ඕනෙ. සිහියෙන් ඉන්න නම් එයාට සිහිය පවත්වන්න පුළුවන් යම්කිසි දෙයක් අවශ්‍යයි. අන්න ඒක තමයි, එතන තියෙන අනිත්‍යය මෙනෙහි කිරීම. මේ ඉරියව් පැවැත්වීමේදී හොඳට අනිත්‍යය මෙනෙහි කරන්ට පුළුවන්.

අමුතු භාවනා... අමුතු සිහිය පිහිටුවීම්...

සමහරු හිතාගෙන ඉන්නවා මේකෙදි, වැඩක් පලක් කරනකොට ඒ වැඩපල කරන එක ගැන හිතන්න ඕනෙ කියලා. එහෙම එකක් බුද්ධ දේශනාවල නැහැ. අපි ගත්තොත් කෙනෙක් ඔන්න මැල්ලුමක් කපනවා. එයා සිහිය පිහිටුවනවා කියලා හිතුවොත් එහෙම "ආ... මැල්ලුමක්... මැල්ලුමක්... කපනවා... කපනවා... කපනවා..." කියලා, ඒක එයාගේ ජීවිතේ ප්‍රඥාව වැඩෙන්න අදාළ කාරණයක් නෙවෙයි. අපි හිතමු කෙනෙක් හාල් ගරනවා. එයා "මං දැන් හාල් ගරනවා... ගරනවා... ගරනවා..." කියලා හිත හිත හිටියා කියලා එයාගේ ජීවිතේට ප්‍රඥාව වැඩෙන්න හෝ සිහිය පිහිටුවන්න ඒක උපකාර වෙන්නෙ නෑ.

නුවණ ම යි පිටුවහල...

මෙතන කියන්නේ එහෙම නෙවෙයි. එයා හොඳට අනිත්‍ය මනසිකාරයේ යෙදිලා, හොඳ සිහියෙන් යුක්තව, නීවරණ ධර්මයන් හිතට ඇතුලු වෙන්න නොදී හිටියා නම්, අන්න එයා තුළ නුවණත් තියෙනවා, සතියත් තියෙනවා, කෙලෙස් තවන වීර්යයත් තියෙනවා. මේ විදිහට එයාට නුවණයි, සිහියයි, කෙලෙස් තවන වීර්යයයි මේ සෑම දෙයක් ම දියුණු කරන්ට පුළුවන්කම තියෙනවා.

5

කායානුපස්සනාව තුළ අසුභ භාවනාව

දැන් ඔබ ටිකෙන් ටික ජීවිතයට වුවමනා කරන මූලික දේවල් ලබා ගන්නවා. ඒ තමයි සිහිය දියුණු කරන ආකාරය, වීරිය දියුණු කරන ආකාරය, නුවණ දියුණු කරන ආකාරය. ඔබ මේ දේවල් ලබාගන්නේ බුදුරජාණන් වහන්සේගේ ධර්මය තුළින්. එහෙම නම් ඔබට මේ කියා දෙන්නේ අපි සොයාගත් දෙයක් නෙවෙයි. බුදුරජාණන් වහන්සේ සොයාගත් දෙයක්. එතකොට බුදුරජාණන් වහන්සේගේ ශ්‍රාවකයෙක් හැටියට ඉඳගෙනයි ඔබට මේ කියාදෙන්නේ. එහෙම නම් මේ ධර්මයේ ගෞරවය සම්පූර්ණයෙන් ම හිමි වන්නේ බුදුරජාණන් වහන්සේටයි.

ධාන්‍ය ගොඩෙන් ගත් ධාන්‍ය ටික...

දවසක් උත්තර කියන රහතන් වහන්සේගෙන් සක් දෙවිඳු ඇවිල්ලා ඇහුවා, "ඔබවහන්සේ ලස්සනට ධර්මය දේශනා කරනවා, මේ ධර්මය ඔබවහන්සේ තුළ ඇතිවුණ එකක් ද? එහෙම නැත්නම් ඔබවහන්සේ කාගෙන්වත් අහල ද මේවා කියන්නේ?" කියලා. ඉතින් උත්තර කියන රහතන් වහන්සේ ප්‍රකාශ කළා, "දේවේන්ද්‍රය, මේ ලෝකයේ

සුභාෂිත වූ යමක් ඇද්ද, ඒ සියල්ල භාග්‍යවත් බුදුරජාණන් වහන්සේගේ වචන යි. අප කරන්නේ ඒවා උපුටා දක්වලා කතාබස් කරන එකයි" කියලා. ඉතින් ඒ උත්තර රහතන් වහන්සේ මේ කාරණය තවදුරටත් තේරුම් ගැනීමට උපමාවක් කිව්වා, "ඔන්න ධාන්‍ය ගොඩක් තියෙනවා. මේ ධාන්‍ය ගොඩෙන් ඕනෙ කෙනෙකුට ඕනෙ ප්‍රමාණයක් අරගෙන යන්ට පුළුවන්. ඉතින් එක එක්කෙනා තම තමන් ගෙනියන භාජනවල ප්‍රමාණයට අනුවයි එතැනින් ධාන්‍ය අරගෙන යන්නේ. ඒ වගේ තමයි එක එක්කෙනාගේ දක්ෂතාවය මත, හැකියාව මත තම තම නැණ පමණින් බුදුරජාණන් වහන්සේගේ ධර්මය ඉගෙන ගන්නවා.

ගිහි අයට අසුභය අකැප ද..?

දැන් අපි ඔබට උගන්වන්න යන දේට සමහර විට ඔබ අකැමති වේවි. මේකට කියන්නේ 'අසුභ භාවනාව' කියලා. ඔබ අකැමති වුණාට කරන්න දෙයක් නෑ. මේ ගැන පොඩ්ඩක් හිතුවොත් ඔබට ලොකු දියුණුවක් ලබා ගන්ට පුළුවන්. අසුභ භාවනාව කරන්න ඉස්සෙල්ලා අපි කාරණා කිහිපයක් දැන ගත යුතුයි. මේ රටේ අසුභ භාවනාව ගැන වැරදි ආකල්ප ටිකක් තියෙනවා. ඒවා තමයි "මේ අසුභ භාවනාව ගිහි අය කළ යුතු නෑ. ගිහි අය ඒ විදිහට කල්පනා කළ යුතු නෑ. අසුභ භාවනාව ගිහි අයට අදාළ නෑ. ඒකෙන් ගිහි ජීවිතය කඩාකප්පල් වෙනවා" කියලා කියනවා.

මේක සත්‍යයක් නම්, ඔබ චුට්ටක් හිතලා බලන්න වෛද්‍යවරු, හෙද හෙදියන් කොයිතරම් රෝගීන් අතපත ගානවද? කොයිතරම් අසුභ දර්ශන දකින්න ලැබෙනවද? නොයෙක් ආකාරයේ අනතුරුවලට ලක්වෙච්ච මිනිස්සු ඉස්පිරිතාලෙට ගෙනාවා ම කොයි තරම් අසුභ කොටස්

දකිනවද? ඊළඟට මිනී කපන මිනිස්සු කොච්චර මේවා දකිනවාද? එහෙම නම් ඒ සියලු දෙනාගේ ජීවිත කඩාකප්පල් විය යුතුයි, අසාර්ථක විය යුතුයි. මේ වගේ වැරදි ආකල්ප සමාජගත වෙන්න හේතුව තමයි, කාමයට වසඟ වූ සිත් ඇති, කාමයෙන් උන්මාදයට පත් වූ උදවිය අසුභ කියන වචනයට තරහයි. ඔවුන් බුදුරජාණන් වහන්සේගේ ධර්මයට ද්වේෂ කරනවා. **(ධම්මදෙස්සී පරාභවෝ)** ධර්මයට ද්වේෂ කරන කෙනා පිරිහෙනවා. කවදාවත් ධර්මයට කැමති කෙනා පිරිහෙන්නේ නෑ. දියුණුවට පත්වෙනවා. **(ධම්මකාමෝ භවං හෝති)**

අසුභ භාවනාවට ප්‍රවේශ වෙන්නේ මෙහෙමයි...

මේ නිසා අසුභ භාවනාව ගැන එක එක්කෙනා කියන දේවල් අපට වැදගත් වෙන්නේ නෑ. වැදගත් වෙන්නේ, මේ ජීවිතයේ තියෙන ඇත්ත දකින්ට, ඇත්ත අවබෝධ කරන්ට ඔබ සූදානම් ද කියන එකයි. හැබැයි මේ භාවනාවට ප්‍රවේශ වීමට ඔබ මේ පිළිබඳව යම්කිසි දැනුමක් ලබාගන්ට ඕන. අසුභ භාවනාව කියන්නේ මේ ශරීරයේ තිබෙන කුණප කොටස් ගැන ඒ විදිහට ම බැලීම යි.

උදාහරණයක් විදිහට අපි ගනිමු කොණ්ඩය. කොණ්ඩෙ දිග කෙනෙක් ඉන්නවා. මෙයා ඒ කොණ්ඩෙට ආදරෙයි. මෙයා ඒ කොණ්ඩෙ අතට අරගෙන අතගානවා. කොණ්ඩෙ පීරනකොට කෙස් ගහක් ගැලවිලා ආවොත්, ඒ කෙස් ගහ ගලවලා අරන් තියනවා. අපි ගමු නියපොතු. නියපොතුවලට කෙනෙක් කැමතියි. එයා නියපොතු වැවෙන්න ඇරලා ලස්සනට හැඩේට කපලා පාට ගාලා

සතුටක් ලබනවා. අපි ගමු දත්. දත් හොඳට මැදලා, පිරිසිදු කරලා කණ්ණාඩිය ළඟට ගිහිල්ලා හිනාවෙලා, දත් දිහා බලලා සතුටක් ලබනවා. අපි ගමු සම. එයා හමේ සුන්දරත්වය දිහා බල බල සතුටක් ලබනවා. එබඳු ජීවිතයක් ගෙවන කෙනෙකුට මේ කුණප කොටස් බලනවා කිව්වම ඒක අමුතු එකක් තමයි.

හැමදාම ලස්සනට ඉන්නට පුළුවන්ද..?

නමුත් අපට වැදගත් වෙන්නේ ඒක නෙවෙයි. බුදුරජාණන් වහන්සේ මක් නිසා ද මේක වදාළේ කියන එකයි. බුදුරජාණන් වහන්සේ මේ අසුභ භාවනාව වදාළේ මේක අපි පැටළුණු තැනක් නිසයි. අපට හැමදාම කොණ්ඩෙ ලස්සනට තියාගන්ට පුළුවන් නම්, නියපොතු හැමදාම ලස්සනට තියාගන්ට පුළුවන් නම්, හැමදාම ලස්සනට මේ ජීවිතය පවත්වන්ට පුළුවන් නම් ප්‍රශ්නයක් නෑ. නමුත් පින්වතුනි, අපි ජරා ජීර්ණ වෙන කාලයක් එනවා. අන්න එතකොට අපට මේ ජීවිතය පිළිබඳ අවබෝධය අවශ්‍යයි. ඒ අවබෝධය අපි මේ ජීවිතය තුළ මේ දැන් ලබාගෙන තිබෙන්ට ඕන. ඒ සඳහා මේ අසුභ භාවනාව බොහෝ උපකාර වෙනවා.

කුකුල් පිහාටුව පිච්චුවා වගේ...

බුදුරජාණන් වහන්සේ වදාළා, නියම විදිහට අසුභ භාවනාව වැඩුණා නම්, කුකුල් පිහාටුව පිච්චුවා වගේ කියලා. කුකුල් පිහාටුවක් අරගෙන ඉටිපන්දමකට ඇල්លුවොත්, ඒ කුකුල් පිහාටුව ඇකිලිලා ඇකිලිලා පිච්චිලා යනවා. ඊට පස්සේ ඒ පිහාටුව පරණ විදිහට දිගඅරින්ට බෑ. බුදුරජාණන් වහන්සේ වදාළා, අසුභ භාවනාව නියම විදිහට

වැඩුණොත්, එයා තුළ සම්පූර්ණයෙන් ම නිෂ්කාමී හිතක් ඇති වෙනවා. එහෙම නැත්නම් එයා හොඳ උපේක්ෂාවක් දියුණු කරගන්නවා.

සුභ සඤ්ඤාවෙන් අසුභය වැඩුවොත්...

මේ භාවනාව සමාධියක් වඩන්න ගොඩක් ප්‍රයෝජනවත් වෙන එකක්. හැබැයි අසුභ භාවනාව වඩාගෙන යද්දි ඔබට අප්පිරියාවක් ඇතිවුණොත්, ඇත්තෙන්ම ඔබ අසුභය වඩලා නෑ. ඔබ වඩලා තියෙන්නේ සුභ සඤ්ඤාවක් ම යි. ඒ නිසා අසුභයේදී ඔබට කරන්න තියෙන්නේ මෙහෙමයි.

බුදුරජාණන් වහන්සේ ඒ සඳහා උපමාවක් පෙන්නුවා. ඔන්න දෙපැත්තේ ම කට තිබෙන, නොයෙක් වර්ගයේ ධාන්‍ය පිරුණු මල්ලක් තියෙනවා. හොඳට ඇස් පේන කෙනෙක් මේ ධාන්‍ය මල්ල ලෙහනවා. ලෙහලා ධාන්‍ය ටික සේරම හලලා වෙන් කරනවා 'මේවා හාල්, මේවා කඩල, මේවා මෑ, මේවා මුං ඇට, මේවා කව්පි...' ආදී වශයෙන්. මෙන්න මේ විදිහට යටි පතුලෙන් උඩ, කෙස් රොදෙන් යට, හමකින් ආවරණය වූ, නොයෙක් ආකාරයේ කුණප කොටස් පිරුණ මේ කය දිහා අර ධාන්‍ය මල්ල ලෙහල වෙන් කර කර බලනවා වගේ නුවණැති කෙනා බලන්න පටන් ගන්නවා.

කයෙහි තිබෙන ඇත්ත ගැන ම - පවතීවා නිතර සිහිය...

එයා නිශ්ශබ්දව, ශාන්ත තැනකට වෙලා හිතනවා 'මේ කයේ තියෙන කෙස් කුණප කොටසක්. මේ කයේ තියෙනවා ලොම්...' මේ ආදී වශයෙන් වෙන් වශයෙන්

බලනවා, එකට නෙවෙයි. ඊළඟට එයා බලනවා 'මේ කයේ තියෙනවා නියපොතු. මේ කයේ තියෙනවා දත්. මේ කයේ තියෙනවා සම. මේ කයේ තියෙනවා මස්. මේ කයේ තියෙනවා නහරවැල්. මේ කයේ තියෙනවා ඇට. මේ කයේ තියෙනවා ඇටමිදුළු. මේ කයේ තියෙනවා වකුගඩු. මේ කයේ තියෙනවා හදවත. මේ කයේ තියෙනවා අක්මාව. මේ කයේ තියෙනවා දලබුව. මේ කයේ තියෙනවා බඩදිව. මේ කයේ තියෙනවා පෙණහලු. මේ කයේ තියෙනවා කුඩා බඩවැල්. මේ කයේ තියෙනවා මහා බඩවැල. මේ කයේ තියෙනවා ආමාශය. මේ කයේ තියෙනවා අසූචි.' ඔන්න ඔය විදිහට තමන්ගේ ශරීරයේ කොටස් බලනවා.

ඒ වගේම මේ කයේ තවත් කුණුප කොටස් තියෙනවා. 'මේ කයේ තියෙනවා පිත. මේ ශරීරයේ තියෙනවා සෙම. මේ ශරීරයේ හටගන්නවා සැරව. මේ කයේ තියෙනවා ලේ. මේ කයේ තියෙනවා දහඩිය. මේ ශරීරයේ දහඩියත් එක්ක ම ගලන තෙල් ගතියක් තියෙනවා. ඒකට කියන්නේ තෙල්මන්ද කියලා. මේ කයේ තියෙනවා කඳුළු. මේ කයේ තියෙනවා වුරුණු තෙල්. ඒ වගේම මේ කයේ තියෙනවා කෙළ. මේ කයේ තියෙනවා සොටු. මේ කයේ තියෙනවා සඳමිදුළු. මේ කයේ තියෙනවා මුත්‍රා.' මේවා සම්පූර්ණයෙන් ම වෙන් කර කර, වෙන් කර කර බලනවා. බලන්නේ දෙපැත්තේ කට තියෙන ධාන්‍ය මල්ලක් ලෙහලා බලනවා වගේ.

ජීවිතය සුන්දර කරගන්ට නම් අසුභය වඩන්න...

දැන් ඔබට මේකෙන් තේරුම් ගන්න පුළුවනි,

බුදුරජාණන් වහන්සේ නිකෙලෙස් භාවයට පත්වුණේ කොයි විදිහට ජීවිතය දිහා බලලද කියලා. ඔබටත් ඔබේ ජීවිතයේ නිදහස් මනසක් ඇති බව අත්දකින්ට නම්, ජීවිතය දිහා බැලිය යුත්තේ මේ ආකාරයටයි. මොකද, ජීවිතය සුන්දරත්වයට පත්වෙන්නේ බැඳීමකින් නෙවෙයි. බැඳීම්වලින් නිදහස් වීමෙන් ම යි ජීවිතය සුන්දරත්වයට පත්වෙන්නේ. ඒ සඳහා උපකාර වන ධර්මයක් තමයි මේ කුණප කොටස් බැලීම. ඔබ තනිකරම මනසින් මවාගෙනයි මේක කරන්නේ. මනසින් මවාගත්තා කියලා ඔබේ ජීවිතය කඩාකප්පල් වෙන්නේ නෑ. එහෙම නම් ඔබේ ජීවිතයේ ඔබ වැසිකිළි කැසිකිළි ගිය වෙලාවට, ඔබ මලපහ කරපු වෙලාවට, ඔබේ ජීවිතය කඩාකප්පල් වෙන්ට ඕන. ඔබේ ජීවිතය එහෙම කඩාකප්පල් වෙන්නේ නෑ.

ආනාපානසතියට පෙර...

හැමදේකම තියෙන ස්වාභාවික දේ මේ ශරීරය තුළත් තියෙනවා කියලා ඔබ අවබෝධ කරගන්නවා, ඔබ දැක ගන්නවා, ඔබ තේරුම් ගන්නවා. ඒ නිසා අසුභ භාවනාව ටිකෙන් ටික ඔබේ ජීවිතයට පුරුදු පුහුණු කරගන්න. සාමාන්‍යයෙන් භාවනාව වැඩෙන්නේ නැති කෙනෙකුට වුණත්, අසුභ භාවනාව කිරීම තුළ ආනාපානසතිය කරන්න සුදුසුකම් ලැබෙනවා.

ආනාපානසතිය සියලු දෙනා ම කරන්න කියලා බුදුරජාණන් වහන්සේ දේශනා කරලා නෑ. සමහර අය ඉන්නවා ස්වාභාවිකව ම හොඳට සිහිය පිහිටන අය. අන්න ඒ කෙනා ආනාපානසතිය කරන්න ඕන. එහෙම නැත්නම් ඒකට ප්‍රවේශ වෙන්ට ඉස්සෙල්ල වුණත් අසුභ

භාවනාව බොහොම හොඳයි. අඩුගානෙ විනාඩි විස්සක් තිහක් කෙනෙකුට කරන්න පුළුවන් නම්, එයාට ජීවිතයේ ලොකු දියුණුවක් ලබාගන්ට පුළුවන්. ඒ නිසා තමයි මේ බුදු සසුනේ පැවිදි වෙන අයට මුල් ම භාවනාව හැටියට අසුභ භාවනාව උගන්වන්නේ.

අසුභ භාවනාව

1. මේ කයේ තිබෙන්නා වූ 'කෙස්' කුණු වී යන හෙයින් ද, දුගඳ හමන හෙයින් ද, පිළිකුල් ශරීරයක පිහිටි හෙයින් ද, දිරා යන හෙයින් ද, දැකීම් වශයෙන් ද, ස්පර්ශ කිරීම් වශයෙන් ද, සටහනින් ද පිළිකුලයි... පිළිකුලයි... පිළිකුලයි...

2. මේ කයේ තිබෙන්නා වූ ලොම් ...

3. මේ කයේ තිබෙන්නා වූ නියපොතු ...

4. මේ කයේ තිබෙන්නා වූ දත් ...

5. මේ කයේ තිබෙන්නා වූ සම ...

6. මේ කයේ තිබෙන්නා වූ මස් ...

7. මේ කයේ තිබෙන්නා වූ නහරවැල් ...

8. මේ කයේ තිබෙන්නා වූ ඇට ...

9. මේ කයේ තිබෙන්නා වූ ඇටමිදුළු ...

10. මේ කයේ තිබෙන්නා වූ වකුගඩු ...

11. මේ කයේ තිබෙන්නා වූ හදවත ...

12. මේ කයේ තිබෙන්නා වූ අක්මාව ...

13. මේ කයේ තිබෙන්නා වූ දළබුව ...

14. මේ කයේ තිබෙන්නා වූ බඩදිව ...
15. මේ කයේ තිබෙන්නා වූ පෙණහලු ...
16. මේ කයේ තිබෙන්නා වූ කුඩා බඩවැල ...
17. මේ කයේ තිබෙන්නා වූ මහා බඩවැල ...
18. මේ කයේ තිබෙන්නා වූ නොදිරූ ආහාර ...
19. මේ කයේ තිබෙන්නා වූ අසූචි ...
20. මේ කයේ තිබෙන්නා වූ හිස්මොළ ...
21. මේ කයේ තිබෙන්නා වූ පිත ...
22. මේ කයේ තිබෙන්නා වූ සෙම ...
23. මේ කයේ තිබෙන්නා වූ සැරව ...
24. මේ කයේ තිබෙන්නා වූ ලේ ...
25. මේ කයේ තිබෙන්නා වූ ඩහදිය ...
26. මේ කයේ තිබෙන්නා වූ තෙල්මන්ද ...
27. මේ කයේ තිබෙන්නා වූ කඳුළු ...
28. මේ කයේ තිබෙන්නා වූ වුරුණු තෙල් ...
29. මේ කයේ තිබෙන්නා වූ කෙළ ...
30. මේ කයේ තිබෙන්නා වූ සොටු ...
31. මේ කයේ තිබෙන්නා වූ සඳමිදුළු ...
32. මේ කයේ තිබෙන්නා වූ මුත්‍රා ...

සාදු! සාදු!! සාදු!!!

6

කායානුපස්සනාව තුළ ධාතු මනසිකාර භාවනාව

දැන් ඔබ බුදුරජාණන් වහන්සේ වදාළ සතිපට්ඨාන භාවනාව ගැන සෑහෙන්න ඉගෙන ගනිමින් සිටිනවා. දැන් ඔබ මේ වෙන කොට භාවනා ක්‍රම කීපයක් ඉගෙන ගෙන තියෙනවා. ඒ තමයි ආනාපානසති භාවනාව කරන හැටි. සක්මන් භාවනාව කරන හැටි. ඒ වගේම සති සම්පජඤ්ඤ භාවනාව කරන හැටි. අසුභ භාවනාව කරන හැටි දැන් ඔබ ඉගෙන ගෙන තියෙනවා. ඒ වගේම සතිපට්ඨානය තුළ තවත් භාවනාවක් තියෙනවා. ඒ භාවනාවට බුදුරජාණන් වහන්සේ වදාළේ 'ධාතු මනසිකාර භාවනාව' කියලා.

ආනාපානසතිය වඩන්ට අපහසු නම්...

ආනාපානසති භාවනාව වගේ එකක් ප්‍රගුණ වෙන්නේ නැති කෙනෙකුට ධාතු මනසිකාරය හොඳ භාවනාවක්. ඒ වගේම අසුභ භාවනාවත් හොඳයි. මෛත්‍රී භාවනාව වගේ ඒවා ඔබ කොහොමත් පුරුදු කරලා තිබිය යුතුයි.

වරක් පුංචි රාහුල ස්වාමීන් වහන්සේට සාරිපුත්ත මහරහතන් වහන්සේ වදාළා, "රාහුලය, ආනාපානසති

භාවනාව වඩන්න" කියලා. එතකොට රාහුල ස්වාමීන් වහන්සේ ආනාපානසතිය දන්නේ නෑ. ඉතින් රාහුල ස්වාමීන් වහන්සේ බුදුරජාණන් වහන්සේ ළඟට ගිහින් වන්දනා කරල බුදුරජාණන් වහන්සේගෙන් ඇහුවා,

"ස්වාමීනී, භාග්‍යවතුන් වහන්ස, ආනාපානසතිය වඩන්නේ කොහොමද?"

අන්න ඒ මොහොතේ බුදුරජාණන් වහන්සේ පළමුවෙන් වදාළේ ධාතු මනසිකාරය ගැනයි. ඊට පස්සෙයි රාහුලයන් වහන්සේට ආනාපානසතිය ගැන වදාළේ.

ධාතු මනසිකාරය කියන්නෙ මේකටයි...

ධාතු මනසිකාරය කියලා කියන්නේ ජීවිතය බොහොම වේගයෙන් අවබෝධය කරා ගෙනියන භාවනාවක්. 'ධාතු' කියලා කියන්නේ ස්වභාවයට. ධාතු මනසිකාරය කියලා කියන්නේ, '**පඨවි**' ධාතුව, '**ආපෝ**' ධාතුව, '**තේජෝ**' ධාතුව, '**වායෝ**' ධාතුව කියන මේ සතර මහා ධාතූන් පිළිබඳව නුවණින් විමසීම. පඨවි ධාතුව ගැන බුදුරජාණන් වහන්සේ වදාළේ පොළොව හා සමකොට පඨවි ධාතුව දකින්න කියලයි. එතකොට අපි තේරුම් ගන්න ඕන, මේ කියන්නේ බාහිර ලෝකයේ තියෙන ධාතු කොටස් බැලීම නෙවෙයි, ශරීරය ගැන බලන්න කියලයි.

ඉතින් ඊළඟට බුදුරජාණන් වහන්සේ වදාළා, ආපෝ ධාතුව ජලය හා සමාන කරලා දකින්න කියලා. තේජෝ ධාතුව ගින්දර හා සමාන කරලා දකින්න කිව්වා. වායෝ ධාතුව දකින්න කිව්වේ සුළඟ හා සමාන කරලයි. මේ සෑම දේකින් ම බුදුරජාණන් වහන්සේ

අපේක්ෂා කළේ ජීවිතාවබෝධයක් ලබාදීම මිසක් ඔබව රැවටීම හෝ ඔබව තාවකාලික සුන්දරත්වයක් තුළ මංමුලා කිරීම හෝ නොවෙයි. ජීවිතය අවබෝධය කරා රැගෙන යාම ම යි.

හරකද..? මස්ද..?

බුදුරජාණන් වහන්සේ ධාතු මනසිකාරය සඳහා උපමාවකුත් වදාළා. ඔන්න හරක් මරන මනුස්සයෙක් ඉන්නවා. මේ හරක් මරන මනුස්සයා හරකෙක් මරලා, මේ හරකාගේ මස් ටික වෙන් කරලා, හතරමං හන්දියක විකුණන්න තියාගෙන ඉන්නවා. එතකොට ඒ හරක් මස් විකුණන පුද්ගලයා තුළ හරකා විකුණනවා කියන අදහසක් නෑ. මස් ගන්න යන මිනිස්සු තුළත් හරකා ගන්නවා කියන අදහසක් නෑ. එතකොට 'හරකා' කියන සම්මුතිය ඉක්මවා ගිහිල්ලා, 'මස්' කියලා වෙන ව්‍යවහාරයකට ඇවිල්ලා. මෙන්න මේ වගේ කියනවා ධාතු මනසිකාරය වඩන්න ඕන. ඒකට පඨවි, ආපෝ, තේජෝ, වායෝ කියන ධාතු හතර ගැන පැහැදිලිව තේරුම් ගන්න ඕන.

පොළොවට පස්වෙලා යන ස්වභාවයට අයිති දේ පඨවි ධාතුවයි. වැගිරී යන ස්වභාවයට අයිති දේ ආපෝ ධාතුවයි. උණුසුම් ස්වභාවයට අයිති දේ තේජෝ ධාතුවයි. හමා යන සුළඟට අයිති දේ වායෝ ධාතුවයි. මෙන්න මේ පස්වෙලා යන ස්වභාවයට අයිති දේ ඔබ තුළ තියෙනවා. වැගිරිලා යන ස්වභාවයට අයිති දේත් ඔබ තුළ තියෙනවා. උණුසුම් ස්වභාවයට අයිති දේත් ඔබ තුළ තියෙනවා. හමා යන සුළඟට අයිති දේත් ඔබ තුළ තියෙනවා. අර හරක් මරන මනුස්සයා හරකා මරලා හිට, මස් ටික වෙන්කරලා

තැබුවා වගේ 'මේ සිරුරේ පස් වෙලා යන කොටස් මේවා... දිය වෙලා යන කොටස් මේවා... උණුසුම් කොටස් මේවා... හුළඟේ හමාගෙන යන කොටස් මේවා..' කියලා වෙන් වෙන් වශයෙන් බලන්න කිව්වා.

කපපු කොණ්ඩෙට මොකද වුණේ..?

මේ ශරීරයේ තියෙනවා පඨවි ධාතුව. මොනවද මේ ශරීරයේ තියෙන පඨවි ධාතුව? මොනවද පස්වෙලා යන දේ? බුදුරජාණන් වහන්සේ වදාළා, කෙස් පස් වෙලා යන දෙයක්. දැන් ඔබට පුළුවන් කෙස් දිහා හොඳට සිහිය පිහිටුවාගෙන බලන්න. මේ කෙස්වල අවසානය පස්වෙලා යෑමයි. දැන් මොහොතක් හිතන්න, ඔබ කොණ්ඩෙ වැවුනා ම කපනවනෙ. ඒ කපපු කොණ්ඩෙ දැන් කෝ? මේ වෙනකොට පස්වෙලා ගිහිල්ලා. ඔබ ජීවත් වෙලා ඉන්දැද්දිම ඔබේ ජීවිතයේ කොටසක් පස් වෙලා යනවා. ඒ වගේම ලොම් පස්වෙලා යන දෙයක් හැටියට බලන්න කිව්වා. ඊළඟට ඔබ නියපොතු කපලා තියෙනවා. කැපුව නියපොතු කෝ? දැන් ඒවා මහපොළොවට එකතු වෙලා ඉවරයි. අන්න පස් වෙලා යන දෙයක් විදිහට නියපොතු බලන්න කිව්වා.

මුතු ඇට වන් දත් දෙපළක්...

ඊළඟට දත්. සමහර විට මේ පොත කියවන ඔබේ කටේ එක දතක්වත් නැතුව ඇති. ඒ දත් ඔක්කොම සමහරවිට මේ වෙනකොටත් පස් වෙලා ගිහිල්ල ඇති. අන්න දතුත් පස්වෙලා යන දෙයක් හැටියට බලන්න කිව්වා. ඒ වගේම සම පස් වෙලා යන දෙයක් හැටියට බලන්න

කිව්වා. මස් පස් වෙලා යන දෙයක් හැටියට බලන්න කිව්වා. නහර වැල් පස් වෙලා යන දෙයක් හැටියට බලන්න කිව්වා. ඇට පස් වෙලා යන ස්වභාවයට අයිති දෙයක් හැටියට බලන්න කිව්වා.

මේ ඇට ඇතුළේ තියෙනවා ඇට මිදුළු කියලා මස් ජාතියක්. ඒවා පස් වෙලා යන දෙයක් හැටියට බලන්න කිව්වා. ඒ වගේම වකුගඩු පස් වෙලා යන ස්වභාවයට අයිති දෙයක්. හෘද මාංසය පස් වෙලා යන ස්වභාවයට අයිති දෙයක්. පෙණහලු පස් වෙලා යන ස්වභාවයට අයිති දෙයක්. දලබුව, බඩදිව, ආමාශය, අක්මාව පස් වෙලා යන ස්වභාවයට අයිති දේවල්. ඒ වගේම කුඩා බඩවැල පස් වෙලා යන ස්වභාවයට අයිති දෙයක්. මහ බඩවැල පස් වෙලා යන ස්වභාවයට අයිති දෙයක්. අසූචි පස් වෙලා යන ස්වභාවයට අයිති දෙයක්. මේවාට කියනවා පඨවි ධාතුව කියලා.

ධාතු මනසිකාරය වඩන්නේ ජීවිතාවබෝධයට ම යි...

එතකොට බලන්න පින්වතුනි, බුදුරජාණන් වහන්සේ මේ ධාතු මනසිකාරය වඩන්න කියලා වදාළේ, මේ මහපොළොවේ හෝ වෙනත් ලෝකවල හෝ තොරතුරු හොයන්ට නෙවෙයි. අභ්‍යන්තරික වශයෙන් අපි දුක් විඳිනවා කායිකවත්, මානසිකවත්. එහෙම දුක් විඳින්නේ සැප පත පතා, සැප හොය හොයා, සැප ම පරියේෂණය කර කර. නමුත් ආයෙ ආයෙමත් දුක ම යි විඳින්නේ. මෙන්න මේ නිසා බුදුරජාණන් වහන්සේ වදාළා සදාකාලික සැපයක් ඕන නම්, දුකෙන් නිදහස් වෙන්ට ඕන නම් දුක

හැඳුණු තැන බලන්න කියලා. අන්න ඒක තමයි මේ ධාතු මනසිකාරයෙන් කරන්නේ.

ගුණධර්ම දියුණු වෙනවා...

මේ විදිහට පස් වෙලා යන දේවල් දිහා බලනකොට ඔබේ ජීවිතය තුළ මනුෂ්‍ය ධර්ම දියුණු වෙනවා. ඔබ දන්නවා, මීට කලින් රජවරු හිටියා. සිටුවරු හිටියා. ඔවුන් රජකම ගන්ට මිනිස්සු මැරුවා. පාලනය කරන්ට මිනිස්සු මැරුවා. බලයේ දිගටම රැඳී ඉන්ට නොයෙක් විධිවිධාන යෙදුවා. නමුත් සියලු දෙනා මැරිලා පොළවට පස් වෙලා ගියා. මෙයින් අපට පැහැදිලි වෙනවා මේ ලෝකය බදාගෙන සිටිය යුතු දෙයක් නෙවෙයි, අපට තියෙන්නේ පස් වෙලා යන දේවල් කියලා. මේ අවබෝධයට එන කෙනා නිදහස් සිතකින්, ලෝභ නැති සිතකින්, කරුණාවන්ත සිතකින්, මෛත්‍රී සහගත සිතකින් ජීවත් වෙනවා. අන්න එයා ඊර්ෂ්‍යා කරන්නේ නෑ. පළිගන්ට යන්නේ නෑ. එකට එක කරන්ට යන්නේ නෑ. මොකද, එයා දන්නවා මේ ජීවිතය තුළ තියෙන්නේ පස් වෙලා යන දේවල් කියලා. දැන් බලන්න මේ ධාතු මනසිකාරය පුරුදු කරගත්තොත් අපේ ජීවිතවලට කොයිතරම් වටිනවාද!

මෙන්න දිය වෙලා යන දේ...

ඊළඟට බුදුරජාණන් වහන්සේ වදාළා, මේ ශරීරයේ තියෙන දිය වෙලා යන දේවල්, වැගිරිලා යන දේවල් ගැන. පිත කියන්නේ වැගිරිලා යන, වතුරේ දියවෙලා යන ජාතියක්. ඒක ආපෝ ධාතුව. මේ ශරීරයේ හැදෙනවා සෙම කියලා පෙණ සහිත දියරයක්. ඒකත් ආපෝ ධාතුව.

වැගිරිලා යනවා. මේ ශරීරයේ තුවාලවල ලේ නරක් වුණාම හැදෙනවා සැරව. ඒකත් ආපෝ ධාතුව. වතුරෙන් හෝදලා දාන්න පුළුවන්. දිය වෙලා යන දෙයක්. මේ ශරීරයේ තිබෙන ලේ ආපෝ ධාතුව. ඒ වගේම මේ ශරීරයෙන් දහඩිය වැක්කෙරෙනවා. ඒකත් වතුරෙ දියවෙලා යන දෙයක්.

ඒ වගේම ඔබට දැනිලා ඇති දහඩියත් එක්කම ඇලෙන ගතියක් මේ ශරීරයේ තියෙනවා. සමට යටින් තියෙන තෙල්මන්ද රත්වීමෙන් තමයි ඒ ඇලෙන ගතිය එන්නේ. ඒවට කියනවා වුරුණුතෙල් කියලා. ඒ තෙල් මන්ද සහ වුරුණු තෙල් වතුරෙ දියවෙලා යනවා. ඊළඟට මේ ශරීරයේ තිබෙන කඳුලු වතුරේ දියවෙලා යනවා. සොටු වතුරේ දියවෙලා යනවා. කෙළ දිය වෙලා යනවා. මේ අත පය නැවෙන තැන්වල තියෙනවා ඉස්ම ජාතියක්. ඒවට කියන්නේ සඳමිදුළු කියලා. ඒවා දියවෙලා යනවා. මේ ශරීරයේ හැදෙනවා මුත්‍රා කියලා ජාතියක්. ඒවාත් ජලයේ දියවෙලා යනවා. ඒ ඔක්කොම ආපෝ ධාතු.

උණුසුමට අයිති දේ...

ඒ වගේම පින්වතුනි, මේ ශරීරයේ තියෙනවා උණුසුම් ජාති. ඒ තමයි මේ ශරීරයේ තියෙනවා ස්වාභාවික උණුසුමක්. මේ ස්වාභාවික උණුසුම හැදිලා තියෙන්නේ තේජෝ ධාතුවෙන්. ඇතැම් වෙලාවට මේ ස්වාභාවික උණුසුම කිපෙනවා. එතකොට ශරීරයේ ලොකු දැවිල්ලක්, දාහයක්, උණ ගතියක් හටගන්නවා. ඒක හැදෙන්නෙ තේජෝ ධාතුවෙන්. ඊළඟට ඔබ කන බොන දේවල්, රස විඳින දේවල්, අනුභව කරන දේවල් මේ ශරීරයට වැටුණට පස්සේ ශරීරය ඇතුළේ ජීර්ණත්වයට පත්වෙනවා. අන්න

ඒක වෙන්නෙත් තේජෝ ධාතුවෙන්. ඊළඟට ඔබ දිර දිරා යන්නෙත් තේජෝ ධාතුවෙන්. මේ දිහා බලන්න කියලා බුදුරජාණන් වහන්සේ වදාළා.

හමාගෙන යන දේ...

ඊළඟට මේ ශරීරයේ තියෙනවා හුළඟට අයිති දේවල්. ඒකට කියන්නේ වායෝ ධාතු කියලා. මේ ශරීරය ඇතුළේ හැදෙනවා වාතය. උගුරෙන් උඩට එනවා. ඒකට කියනවා උඩට එන වාතය කියලා. මේ බඩවැල් ඇතුළේ හැදෙනවා වාතය. ඒක පසුපසින් පිටවෙනවා. ඒකට කියනවා අධෝගමනීය වාතය කියලා. ඊළඟට මේ කුස ඇතුළේ වාතය පිරෙනවා. ඒකට කියනවා කුස ඇතුළේ තියෙන වාතය කියලා. ශරීරයේ අවයව පුරා සැරිසරන වාතයක් තියෙනවා. ඒකට කියනවා අංගමංගානුසාරී වාතය කියලා. ඒ වගේම අපි ආශ්වාස කරන, ප්‍රශ්වාස කරන වාතය තියෙනවා. මේවා තමයි වායෝ ධාතුව. හමා ගෙන යන ස්වභාවයට අයිති දේ.

ඉතින් මේ භාවනා කොටස පුරුදු කළොත්, ඔබ වයසින් මුහුකුරා යන විට කොයිතරම් ජීවිතය අවබෝධ කරගත්ත කෙනෙක් වේවිද! ඒ වාසනාව ඔබට ලබා දෙන්නේ බුදුරජාණන් වහන්සේගේ ධර්මය. ඒ නිසා මේ ධාතු මනසිකාරය හොඳට පුරුදු කරන්න. කිසිම බයක් වෙන්න එපා. ජීවිතය අවබෝධයක් කරා ම යි යන්නේ.

ධාතු මනසිකාර භාවනාව

පඨවි ධාතුව

හොඳට අවධානය යොමු කරන්න තමන්ගේ ශරීරය ගැන. මේ ශරීරයේ ඔලුවේ තියෙන්නේ කෙස්. මේ කෙස් ඔක්කොම ගස්වල කොළ වගේ. ඉදුණාම ගැලවෙනවා. ඉදිලා තිබිල වැටිලා යනවා. ඉතින් මේ කෙස් ටික ඔක්කොම ගැලවුණොත් පොළොවට වැටෙනවා. අපි කියමු මේ කෙස් ඔක්කොම ගැලවිලා තමන්ගේ අතට ආවා කියල. අපි ළඟ තියාගන්නෙ නෑ. වීසි කරනවා. විසි කළාට පස්සේ ඒ කෙස් පොළොවට වැටිලා පොළොවේ ම පරණ වෙලා ගිහිල්ලා දිරලා... දිරලා... ගිහිල්ල පස්වෙනවා. එහෙම නම් කෙස් කිව්වෙ පස් වෙලා යන ස්වභාවයට අයිති දෙයක්. පඨවි ධාතුව.

ලොම්, මේ ශරීරයේ තියෙන ලොම් කෙස් වගේ ම තමයි. ඉදිලා ගැලවිලා යනවා. ඒ ලොම් ඔක්කොම ගැලවිලා ගිහිල්ලා පොළොවට වැටුණට පස්සේ ඒ වැටිච්ච ලොම් අර ගස්වල කොළ වැටිලා පොළොවට එහෙම්ම ම එකතු වෙලා දිරල යනවා වගේ පොළොවත් එක්ක එකතු වෙලා දිරල... දිරල... පස්වෙලා යනවා.

ඊළඟට මේ අත්වලත්, පාදවලත් ඇඟිලිතුඩු කෙළවරේ තිබෙන නියපොතු දිගට වැවෙද්දී... වැවෙද්දී... කැපුවා. වීසි කළා. පොළොවට වැටිච්ච වැටිච්ච තැන්වල පස් වෙලා ගියා දන්නෙම නැතුව. ඒ වගේ මේ ඇඟිලිවල තියෙන නියපොතු ඔක්කොම පොළොවට පස් වෙලා නැත්තටම නැතිවෙලා යනවා.

ඊළඟට දත්, දත් කියන්නේ පොළොවට පස් වෙලා යන දෙයක්. මේ කට ඇතුළේ තියෙද්දි ම මේ දත් දිරනවා නෙව. මේ දත් කුණු වෙනවා. දත් දිරලා ගිහින් ගිහින් කුඩුවෙලා යනවා. දත් ගැලවුණාට පස්සේ, ඒවා පොළොවට වැටුණට පස්සේ ඔක්කොම පස්වෙලා යනවා. කී කෝටියකගේ දත් මේ පොළොවේ පස් බවට පත්වුණා ද? දත් කියලා කියන්නේ පස්වෙලා යන ස්වභාවයට අයිති එකක්.

මේ සම. සමත් එහෙමයි. මේ සම සීරෙනවා, තුවාල හැදෙනවා, හොරි හැදෙනවා, දද හැදෙනවා, වයසට යන්න යන්න මේ හම ඇක්ලෙනවා. පතුරු යනවා. මේ හම කවදාහරි පොළොවට වැටුණට පස්සේ පස් එක්ක එකතු වෙලා, පස් බවට පත්වෙලා අවසන් වෙලා යනවා.

ඒ වගේම මේ ශරීරය පුරා තිබෙන මස් පවා අන්තිමේදී කුණු වෙලා, දිරලා, වේලිලා ගිහින් පොළොවට පස් වෙලා පස් චුට්ටකින් නිමා වෙනවා. මස් කියන්නේ පස් වෙලා යන ස්වභාවයට අයිති දෙයක්. පඨවී ධාතු.

ඊළඟට නහරවැල්. නහරවැලුත් එහෙමයි. දැන් මේ නහරවැල් තිබුණාට මේවා ඔක්කොම කුණු වෙලා ගිහිල්ලා පොළොවට පස් වෙලා නැත්තටම නැතිවෙලා යන ජාතියක්.

ඊළඟට අපි සෑම කෙනෙකුගේ ම ශරීරය ඇතුලේ ඇටසැකිල්ලක් තියෙනවා. මේ ඇට සැකිල්ලටත් අර ඉරණම ම යි අයිති වන්නේ. මේ වගේ ඇටසැකිලි කී කෝටියක් අපට තියෙන්න ඇද්ද? ඉපදිච්ච ඉපදිච්ච ජීවිතේදී මේ ජාතියෙ ඇටසැකිලි අපි මගේ කියල හිතාගෙන හිටියනෙ.

මේ ජීවිතේදිත් ඔන්න අපට හම්බවෙලා ආයෙමත් ඇටසැකිල්ලක්. ඔළුව අස්සේ තිබෙන්නේ හිස් කබලක්. බෙල්ල අස්සෙ තිබෙන්නේ බෙල්ලෙ ඇට. උරහිස් ඇතුලෙ තිබෙන්නේ උරහිස් ඇට. අත් ඇතුලේ තිබෙන්නේ අත් ඇට. ඇඟිලි ඇතුලෙ තිබෙන්නේ ඇඟිලි ඇට. පපුව අස්සේ තිබෙන්නේ ඉල ඇට. පිටේ තිබෙන්නේ කොඳු ඇට. ඒ වගේ ම කොඳු ඇටවලට පහළින් උකුල් ඇට. එයටත් පහළින් කලවා ඇට. එයටත් පහළින් දණිස් ඇට. ඊටත් පහළින් කෙණ්ඩා ඇට. පා ඇට. පා ඇඟිලි ඇට. කොච්චර නම් ඇට තොගයක් ද මේ ශරීරයේ තියෙන්නේ. මරණින් පස්සේ අන්තිමට ම මේ ඇට තමයි ඉතුරු වන්නේ. මේ ඇට දිර දිරා ගිහින් පොළොවේ පස් බවට පත්වෙලා නොපෙනී යන දවසක් එනවනෙ.

ඒ වගේ ම මේ ශරීරයේ ඇට ඇතුළේ තිබෙනවා මස් ජාතියක්. ඒවාට කියන්නේ ඇටමිදුළු කියලා. ඒ ඇටමිදුළුත් ඇටත් සමඟ ම දිර දිරා ගිහින් පස් වෙලා යනවා. ඇටමිදුළු පඨවි ධාතුව.

ඊළඟට මේ ශරීරයේ තියෙන වකුගඩු. නරක් වෙලා පොළොවට වැටුණට පස්සේ කුණු වෙලා ගිහින් පස්වෙලා යනවා.

ඊළඟට මේ ශරීරයේ තිබෙන හෘද මාංශයත් කුණු වෙලා ගිහිල්ලා පස් බවට පත්වෙනවා.

ඒ වගේම මේ ශරීරයේ තිබෙනවා අක්මාව. අක්මාව දිරා යන ස්වභාවයට අයිති කුණු වෙලා යන දෙයක්. අන්තිමට පොළොවට පස් වෙලා නොපෙනී යනවා.

ඊළඟට මේ ශරීරයේ තිබෙන පෙණහලු අපි හුස්ම

ගනිද්දි දිග ඇරෙනවා. හුස්ම හෙළද්දී ඇකිලෙනවා. අන්තිමට මේ පෙණහලු ක්‍රියා විරහිත වෙලා අභ්‍යන්තරය තුළ ම කුණු වෙන්ට පටන් අරගෙන, දිරාගෙන ගිහින් පොළොවට පස් වෙලා නොපෙනී යනවා. පෙණහලු කියන්නේ පඨවි ධාතු.

ඊළඟට මේ ශරීරයේ තියෙනවා කුඩා බඩවැලක්. ලොකු කඹයක් ගුලි කරලා ඔතලා තියෙනවා වගේ දිග බඩවැලක් තියෙනවා. එව්වා ඔක්කොම කුණු වෙලා ගිහිල්ලා පොළොවේ පස් එක්ක එකතු වෙලා ගිහිල්ලා පස් බවට පත්වෙනවා.

ඒ වගේ ම මේ ශරීරයේ තිබෙනවා මහබඩවැලක්. ඒකත් පස් බවට පත්වෙලා නොපෙනී යන දෙයක්. මහබඩවැලත් පඨවී ධාතු.

ඊළඟට අපි කන බොන දේවල් මුලින් ම ගිහිල්ලා එකතු වෙන්නේ මේ ශරීරයේ තිබෙන ආමාශයට. ඒ ආමාශයත් පොළොවට පස් වෙලා යන පඨවී ධාතුවටයි අයිති.

ඒ කාපු බීපු දේවල් දිරවලා දිරවලා මේ ශරීරයේ අන්තිමට ඉතුරු වෙනවා අසූචි හැටියට. ඒවාත් ඔක්කොම පොළොවට පස්වෙලා යනවා. මේ ඔක්කොම මේ ශරීරයේ තිබෙන පොළොවට පස් වෙලා යන පඨවි ධාතුවට අයිති දේවල්.

ආපෝ ධාතුව

ඒ වගේ ම මේ ශරීරයේ තිබෙනවා ජලයේ දියවෙලා යන දේවල්. ඒවට කියන්නේ ආපෝ ධාතු.

මේ ශරීරයේ තිබෙනවා පිත කියලා කහ පාට දියරයක්. ඒවා වතුරේ දිය වෙලා යන නිසා ආපෝ ධාතුව.

මේ ශරීරයේ තිබෙනවා සෙම කියලා පෙණ සහිත දියරයක්. ඒවත් වතුරේ දියවෙලා යනවා. ආපෝ ධාතුව.

ඒ වගේ ම මේ ශරීරයේ තිබෙනවා ලේ කුණු වීමෙන් හැදෙන දියරයක්. ඒවාට කියන්නේ සැරව කියලා. එය වතුරේ දිය වී යන නිසා ආපෝ ධාතු.

මේ ශරීරයේ තියෙනවා ලේ කියලා ජාතියක්. ඒවත් වතුරේ දියවෙලා ගිහින් නොපෙනී යනවා. ලේ ආපෝ ධාතුව.

මේ ශරීරයේ හිස් මුදුනේ ඉඳලා යටි පතුලට යනකම් ම ගලන ජාතියක් තියෙනවා. ඒවාට කියන්නේ ඩහදිය. ඒවා වතුරේ දිය වී යන නිසා ආපෝ ධාතු.

ඊළඟට මේ ශරීරයේ මසටත් සමටත් අතරේ තියෙනවා තෙල් තට්ටුවක්. ඒවට කියන්නේ තෙල්මන්ද කියලා. ඒ තෙල්මන්ද වතුරේ දිය වී යන නිසා ආපෝ ධාතු.

ඒ වගේම මේ ඇස්වල හටගන්නවා කඳුළු. මේ කඳුළු වතුරේ සේදී යන නිසා කඳුළුත් ආපෝ ධාතු.

මේ ඩහදියත් එක්ක ම සමෙන් උඩට මතුවෙන තෙල් ගතියක් තියෙනවා. ඒවට කියනවා වුරුණු තෙල් කියලා. වතුරේ දියවී යන නිසා ඒවත් ආපෝ ධාතුව.

ඒ වගේම මේ කට ඇතුලේ තියෙනවා කෙළ. මේ කෙළ වතුරේ දිය වී යන දෙයක් නිසා ආපෝ ධාතු.

ඊළඟට මේ නාසයේ ඇති වෙනවා දියර ජාතියක්. හිටපු ගමන් සොටු ගලනවා. බිංදු බිංදු වැක්කෙරෙනවා. ඒ ගලන්නා වූ සොටු දියවෙලා යනවා. ඒවා අයිති ආපෝ ධාතුවට.

ඒ වගේ ම මේ ශරීරයේ අපද්‍රව්‍යයක් හැටියට බැහැර වෙන දියර ජාතියක් තියෙනවා. ඒවා වතුරත් එක්ක මිශ්‍ර වෙනවා. දිය වෙලා යනවා. ඒවට කියන්නේ මුත්‍රා. මුත්‍රා අයිති ආපෝ ධාතුවට.

තේජෝ ධාතුව

ඒ වගේම මේ ශරීරයේ තියෙනවා උණුසුම් දේවල්. ඒවා තමයි මේ ශරීරයේ තියෙනවා ස්වාභාවික රස්නයක්. ස්වාභාවික රස්නෙ හැදිලා තියෙන්නේ තේජෝ ධාතුවෙන්.

මේ රස්නෙ කිපෙන අවස්ථා එනවා. එතකොට ලොකු උණුසුමක්, දාහයක්, දැවිල්ලක් හටගන්නවා. ඒ දැවිල්ල හටගන්නේ තේජෝ ධාතුවෙන්.

ඒ වගේම කාපු බීපු දේවල්, අනුභව කරපු දේවල්, රස විඳපු දේවල් මේ සියල්ල මේ බඩ ඇතුලේ තැම්බිලා ජීර්ණ වෙන්නේ තේජෝ ධාතුවෙන්.

ඊළඟට මේ ශරීරය සම්පූර්ණයෙන් ම ජීර්ණත්වයට පත් වෙන්නෙත් තේජෝ ධාතුවෙන්.

වායෝ ධාතුව

ඒ වගේ ම මේ ශරීරයේ තිබෙනවා වායෝ ධාතු. වායෝ ධාතු කියලා කියන්නේ හුළඟේ ගහගෙන යන දේවල්.

මේ බඩ ඇතුලේ හටගන්න වාතය උගුර දිගේ ඇවිල්ලා කටින් පිටවෙනවා. ඒකට කියනවා උඩට එන වාතය කියලා.

මේ බඩ ඇතුලේ හටගන්න වාතය අධෝ මාර්ගයෙන් පිටවෙනවා. ඒකට කියනවා යටට යන වාතය කියලා.

ඒ වගේම මේ බඩ ඇතුලේ වාතය තියෙනවා. ඒවාට කියනවා කුසේ ඇති වාතය කියලා.

ඊළඟට මේ ශරීරය පුරා ම වායෝ ධාතුව සැරිසරනවා. එයට කියන්නේ අඟපසඟ පුරා සැරිසරා යන වාතය කියලා.

ඒ වගේ ම මේ ආශ්වාස වාතයත්, ප්‍රශ්වාස වාතයත් අයිති වායෝ ධාතුවට.

එහෙමනම් මේ ශරීරයේ තියෙන්නේ පස් වෙලා යන ස්වභාවයට අයිති දේ, දිය වෙලා යන ස්වභාවයට අයිති දේ, රස්නෙ ස්වභාවයට අයිති දේ, වායු ස්වභායට අයිති දේ. ඉතින් මේ ආකාරයේ දෙයක් මේ ශරීරයේ තියෙන්නේ කියල විමසලා බලන්න හොඳට. හරියට මස් විකුණන ළමයෙක් හරකෙක් මරලා හිට, හන්දියක කෑලි කෑලි වෙන් කරලා තියාගෙන ඉන්නවා වගේ. එහෙම බලනකොට තමයි මේ කයේ ඇත්ත පේන්නේ. එතකොට මේ හිතේ තියෙන බැඳීම මධ්‍යස්ථ වෙනවා.

7

කායානුපස්සනාව තුළ නව සීවථික භාවනාව

ධාතු මනසිකාරය ගැන තවදුරටත්...

කලින් ඔබ ඉගෙන ගත්තේ ධාතු මනසිකාර භාවනාව ගැනයි. එහිදී අපි ඔබට කියා දුන්නා, පොළොවේ පස් වෙලා යන ස්වභාවයට අයිති දේවල් ගැන. ඒ කිව්වේ පඨවි ධාතුව ගැන. දිය වෙලා යන දේවල් ගැන. ඒ කිව්වෙ ආපෝ ධාතුව ගැන. උණුසුම් දේවල් ගැන. ඒ කිව්වෙ තේජෝ ධාතුව ගැන. හමාගෙන යන දේවල් ගැන. ඒ කිව්වෙ වායෝ ධාතුව ගැන. මේ සතර මහා ධාතූන් ගැන ධාතු මනසිකාර භාවනාවේ යෙදීමටත්, ඉතාම හොඳයි ඔබ හුදෙකලා තැනකට වෙලා, භාවනා ඉරියව්වෙන් වාඩිවෙලා, දෑස පියාගෙන මනසිකාරයේ යෙදෙන්ට ඕනෙ, මේ කෙස් පස්වෙලා යනවා.... පස්වෙලා යනවා.... මේ ශරීරයේ ලොම් පස්වෙලා යනවා.... පස්වෙලා යනවා.... මේ ශරීරයේ නියපොතු පස්වෙලා යනවා... පස්වෙලා යනවා... කියලා. මේ විදිහට පස්වෙලා යන දේවල් පස්වෙලා යන දේවල් හැටියට දකින්ට ඔබ උත්සාහ කරන්ට ඕන.

සැබෑ ස්වභාවය දකින්න මහන්සි ගන්න...

ඒ වගේම දියවෙලා යන දේවල් දියවෙලා යන දේවල් හැටියට දකින්නට ඔබ උත්සාහ කරන්නට ඕන. ඒ වගේම උණුසුම් දේවල් උණුසුම් දේ හැටියට දකින්නට ඔබ උත්සාහ කරන්නට ඕන. ඒ වගේම හමාගෙන යන දේවල් වායෝ ධාතුව හැටියට දකින්නට උත්සාහ කරන්නට ඕන. මේ විදිහට සතර මහා ධාතු පිළිබඳව මනසිකාරයේ යෙදෙනකොට යෙදෙනකොට, ඔබේ සිහි නුවණ වැඩෙන්න පටන් ගන්නවා, ඔබේ අවබෝධය දියුණු වෙන්න පටන් ගන්නවා. ඒ වගේම සමථ විදර්ශනා තුළින් යථාර්ථය දකින විදිහට ඔබේ ජීවිතය සකස් වෙනවා.

සම්මතය ඉක්මවා ගොස්...

දැන් අපි ඔබට පැහැදිලි කරලා දෙන්නේ කායානුපස්සනාවට අයත් විශේෂ භාවනාවක් ගැනයි. මේ භාවනාවට බුදුරජාණන් වහන්සේ වදාළේ නව සීවථිකය කියලා. සාමාන්‍යයෙන් මනුෂ්‍යයන් හැම තිස්සේ ම සම්මත කරගෙන ඉන්නෙ සතුටක් උපදවන දේ, ලස්සන දේවල් විතරයි. ඒවා ම යි අගය කර කර ඉන්නේ. දැන් මෙතන කරන්නේ ඊට වෙනස් එකක්. යථාර්ථයක් දකින දෙයක් ජීවිතයට පුරුදු කරන එක. යථාර්ථය කටුක වෙන්නට පුළුවනි. නමුත් ඒක තමයි දැක්ක යුතු දේ. ඉතින් මේ නව සීවථිකය තුළත් ඒ වගේ දෙයක් තමයි අපට දකින්නට තියෙන්නේ.

අමුසොහොනක නව ආකාරයකට...

බුදුරජාණන් වහන්සේගේ කාලේ කෙනෙක් මැරුණට පස්සේ ඒ මළකුණ අමු සොහොනට ගෙනිහින් දානවා.

සිතට සුව දෙන භාවනා 105

දැම්මට පස්සේ කවුරුත් අමුසොහොනට යන්නේ නෑ. අමුසොහොනෙදි ඒ මෘතශරීරය ඉදිමිලා ඉදිමිලා යද්දි, සත්තු ඇවිත් කනවා. ඊට පස්සේ ටික ටික විනාශ වෙලා යනවා. මෙන්න මේ කාරණය තමන්ගේ ජීවිතයත් එක්ක ගලපා බලන්න කියලා බුදුරජාණන් වහන්සේ අපට පෙන්වා වදාළා. ඒකට තමයි නව සීවථිකය කියලා කියන්නේ. නව සීවථිකය කියන්නේ ආකාර නවයකින්, නැතුව මෙතන 'නව' කියන්නේ අලුත් කියන එක නෙමෙයි. පොළොවට පස්වෙලා යන තුරා අවස්ථා නවයකදී මළකුණකට වෙන දේ, නුවණින් විමස විමස තමන්ගේ ජීවිතයට ගලපා බැලීම තමයි නව සීවථිකය වශයෙන් හඳුන්වා තිබෙන්නේ.

පළමු සීවථිකය...

නවසීවථිකයේ පළවෙනි භාවනාව හැටියට බුදුරජාණන් වහන්සේ පෙන්වා වදාළේ, ඔන්න කෙනෙක් මැරුණට පස්සේ අමුසොහොනට ගිහින් දානවා. දැම්මට පස්සේ ඒ මළකුණ ඉදිමෙනවා. පාට වෙනස් වෙලා නිල්වෙනවා. නිල්වුණාට පස්සේ ඒ මළකුණින් ඉස්ම ගලන්න පටන් ගන්නවා. මෙන්න මේ විදිහේ මළකුණක් සිතින් සිහිකරගෙන, මෙවැනි ස්වභාවයට තමන්ගේ මේ ශරීරයත් අයිති වෙනවා, මේ ස්වභාවය ඉක්මවා ගිහිල්ල නෑ කියලා තමන්ගේ ජීවිතයට ගලපා බැලීම තමයි නව සීවථිකයේ පළමුවෙනි භාවනාව.

මේ විදිහට කෙනෙක් කරනකොට එයාගේ හිත නිෂ්කාමී, නිදහස්, ශාන්ත සිතක් බවට පත්වෙනවා. විශේෂයෙන් ම සමාධියක් වඩන කෙනෙකුට බොහොම ප්‍රයෝජනයි. මේ නවසීවථික භාවනාව පුරුදු කිරීම තුළ ඉක්මනින් සිත එකඟකරන්න ඒක හේතුවෙනවා.

දෙවන සීවථිකය...

ඊළඟට බුදුරජාණන් වහන්සේ වදාළා මේ නව සීවථික භාවනාවේ දෙවැනි පියවර. අමුසොහොනේ තිබෙන මළකුණ ඉදිමෙනකොට ඒකට ඉව අල්ලගෙන සත්තු එනවා. කාක්කෝ එනවා, උකුස්සෝ එනවා, සුනඛයෝ එනවා, හිවල්ලු එනවා. ඇවිදින් මේ මළකුණේ අතපය අදිමින් මස් කඩාගෙන කන්න පටන් ගන්නවා. ඒ කියන්නේ සත්තුන්ට ආහාර බවට පත්වෙනවා. මෙන්න මේක සිහිකරන්න කියනවා, මේ ඉරණමට මේ ශරීරය අයිති වෙලා තියෙන්නේ. මේ ඉරණමින් නිදහස් වෙලා නෑ. මැරුණට පස්සේ මේ ශරීරය අමුසොහොනකට දැම්මා ම, මේ ශරීරයටත් මේ සිදුවීම ම සිදුවෙනවා කියල නුවණින් බලන්න කියනවා.

ජීවිතය ගැන නොදුටු පැත්තක්...

දැන් බලන්න, අපි කවුරුත් ජීවිතය ගැන හිතපු නැති පැත්තක්, අපි කවුරුවත් ජීවිතය ගැන කල්පනා නොකළ පැත්තක්, අපි කවුරුත් ජීවිතේ ගැන සිහිනෙන්වත් සිතන්න අකැමති පැත්තක් තමයි අපට මේ මනසිකාර කරන්න කියලා බුදුරජාණන් වහන්සේ පෙන්වා දෙන්නේ. සමහර විට මේක ඔබට අමාරුයි වගේ පේන්න පුළුවනි. ඔබට මේක අසාධාරණ දෙයක් වගේ හිතෙන්න පුළුවනි. "ඇයි අපට මේ වගේ ඒවා බලන්න කියන්නේ, ඇයි මේ විදිහට ම කරන්න කියන්නේ?" කියලා. අපි අර ලස්සන විදිහට ම බැලුවා කියලා අපේ ජීවිතයේ යථාර්ථය අවබෝධ වුනේ නෑ. අපේ ජීවිත තුළ ගොඩනැගුණු ඉරිසියාව, තරහ, බද්ධ වෛරය, පලිගැනීම ආදී අකුසල ධර්මයන් ප්‍රහාණය වුණේ

නෑ. එහෙම නම් අපට පේනවා, ජීවිතය තුළ මවාගත් ලස්සනක් තුළ හිටියා කියලා, අපේ අභ්‍යන්තර ජීවිතය පිරිසිදු වුණේ නෑ. එහෙම නම් බුදුරජාණන් වහන්සේ මේ දේශනා කරන ධර්මයේ විශේෂත්වයක් තියෙන්නට ඕනෙ ම යි. ඒ තමයි, මේ ජීවිතය අවබෝධ කරවන්නට, ජීවිතය යථාර්ථයක් කරා රැගෙන යන්නට මේ ධර්මයට පුළුවන්කමක් තිබෙන බව.

අවබෝධය කරා ජීවිතයක් සකස් වෙද්දි සිදුවන අනිවාර්ය දේ තමයි, එයා ගුණවන්ත කෙනෙක් බවට පත්වෙන එක. එයා ඉවසිලිවන්ත කෙනෙක් බවට පත්වෙන එක. එයා ඉරිසියා කරන්නේ නැති, ක්‍රෝධ කරන්නේ නැති, වෛර කරන්නෙ නැති, පළිගන්නේ නැති, නිදහස් කෙනෙක් බවට පත්වෙන එක. මේවා තමයි ගුණවන්ත ජීවිතයක ලක්ෂණ. මෙන්න මේවා ඔබ තුළ දියුණු වෙන්න පටන් ගන්නවා මේ නවසීවථික භාවනාව පුරුදු කිරීමෙන්.

තෙවන සීවථිකය...

ඉතින් සත්තු මළකුණ කන්න පටන් ගත්තට පස්සේ මේ මළකුණ වෙනස් වෙනවා. විශාල විකෘතියකට භාජනය වෙනවා. ඔන්න ටික ටික ඇට පෑදෙන්න පටන් ගන්නවා. මළකුණ සත්තු කන නිසා මළකුණේ ලේ වැගිරිලා තියෙනවා. තැනින් තැන මස් තියෙනවා. දැන් ඔන්න ඔය කොටස දිහා බලාගෙන ඉන්න ඕනෙ හිතෙන්. ඊට පස්සෙ තමන්ගේ ජීවිතයට ගලපන්න ඕනෙ, 'අනේ මේ ශරීරයත් මැරුණට පස්සේ අමුසොහොනක දැම්මොත්, මේ විදිහට සත්තු කාලා ගියාට පස්සේ මේ ස්වභාවයට ම පත්වෙනවා නේද? මේ ස්වභාවය ඉක්මවා යන්න බෑ නේද? මේ ඉරණමට ම මේ ශරීරයත් ගොදුරු වෙනවා නේද?'

කියලා අන්න නුවණින් විමසා බලන්න පටන් ගන්නවා.

කෙමෙන් කෙමෙන් ජීවිතාවබෝධය කරා...

ඒ විදිහට නුවණින් විමසලා බලනකොට, බලනකොට ජීවිතාවබෝධය ඇතිවෙන විදිහට ටික ටික හිත සකස් වෙනවා. අමුසොහොනේ මළකුණක් දැමීම පිළිබඳ භාවනාව හුරුකර ගැනීමේදී විශේෂයෙන් ම අපට වුවමනයි සිහිය, නුවණ පිහිටුවා ගැනීම. ඔබ දන්නවා අපේ මනසේ ස්වභාවය හරිම තැති ගන්නා සුළුයි. අපේ මනසේ ස්වභාවය හරි බොළඳයි. ළාමකයි. බැරිවෙලාවත් සිහිනෙන්වත් මළකුණක් දැක්කොත් අපට ඇහැරෙනවා. අපි භයවෙනවා. අපි තැති ගන්නවා. සිහිනෙන්වත් දකින්න අකැමති දෙයක් අපි ජීවිතයට පුරුදු කරගන්නෙ කොහොමද? කියලා ඔබ ගැටලු ඇති කරගන්න එපා. ඔබට වුවමනා මේක යථාර්ථයක් කියලා තේරුම් ගැනීමයි. යථාර්ථය අපි සිහිනෙන්වත් දකින්නට අකැමති වෙන්න පුළුවනි. නමුත් අපි ඒක පුරුදු කරගත්තොත් මේ ජීවිතයේ අපට ඕනෙම දේකට මුහුණ දෙන්න ශක්තිය ලැබෙනවා.

තාදි ගුණැති රහතුන්...

මේ ජීවිතය අවබෝධ කරපු රහතන් වහන්සේලාට කියන නමක් තියෙනවා, 'තාදී' කියලා. තාදී කියන්නේ ලාභ, අලාභ, අයස, යස, නින්දා, ප්‍රශංසා, සැප, දුක කියන අෂ්ට ලෝක ධර්මයට කම්පා වෙන්නේ නැති විදිහට ජීවත් වෙන කෙනා. අෂ්ට ලෝක ධර්මයට කම්පා වෙන්නේ නැති විදිහට ජීවත් වෙන්නේ රහතන් වහන්සේ. රහතන් වහන්සේ තුළ තියෙන ඔය තාදී ගුණ දියුණු වෙලා තියෙන්නේ මේ භාවනා ක්‍රම ප්‍රගුණ කිරීම නිසා. වෙන

දෙයක් නිසා නොවේ. ජීවිතය පිළිබඳව ඔය විදිහට දැකල දැකල අවබෝධ කරගෙන.

හතරවෙනි සීවථිකය...

ඊළඟට තවදුරටත් අමුසොහොනේ තිබෙන ඒ මළකුණ දිහා බලනකොට එයාට පේන්න පටන් ගන්නවා 'දැන් මේ මළකුණේ මස් නෑ. ඒ වගේම ලේ යන්තම් තැවරිලා තියෙන්නේ. නහරවැල් වලින් බැඳිලා තියෙන ඇටසැකිල්ල විතරයි දැන් තියෙන්නේ' කියලා දකින්න ලැබෙනවා.

මේ තත්වය පේන්න පටන් ගන්නකොට එයා නුවණින් කල්පනා කරනවා, 'මේ ශරීරයටත් මේ දේ වෙනවා නේද? මේ ශරීරයේ තිබුණ මූලික ස්වභාවය සම්පූර්ණයෙන් ම වෙනස් වෙලා, ඉදිමිලා ගිහින්, සත්තුන්ට ආහාර බවට පත්වෙලා, ලේ මස් ඔක්කොම නැතිවෙලා ඇටසැකිල්ලක් බවට පත්වෙන ස්වභාවයට මේ ශරීරයත් පත්වෙයි නේද?' කියලා තමන්ගේ ජීවිතය මළකුණත් එක්ක ගලපා බලන්න පටන් ගන්නවා. මේ විදිහට ගලපා බලනකොට බලනකොට තමන්ගේ ජීවිතය තුළ හොඳට සිහිය පිහිටනවා. මේකේ තියෙන වාසිය ඒකයි. අකුසල ධර්මයන් හිතේ රැඳෙන්නේ නැති වෙන්න හිත සකස් වෙනවා.

ක්‍රමානුකූල වැඩපිළිවෙළක හික්මෙමු...

දැන් බලන්න මේ හිත විරාගී කරවන්නට වුවමනා කරන විදිහට හිත පුහුණු කළයුතු ආකාරය. මෙයින් අපට පැහැදිලිව පේනවා මාර්ගයක්, ප්‍රතිපදාවක්, වැඩපිළිවෙළක්, ක්‍රියාකාරකමක් තුළින් තමයි අභ්‍යන්තර

ජීවිතය සම්පූර්ණයෙන් ම පිරිසිදු වෙන්නේ. ඒ වගේම යම්කිසි ක්‍රියාකාරීත්වයකින්, වැඩපිළිවෙළකින් තමයි අභ්‍යන්තර ජීවිතය අපිරිසිදු වෙන්නෙත්. මේ සතිපට්ඨානය තුළින් අභ්‍යන්තර ජීවිතය සම්පූර්ණයෙන් ම පිරිසිදු වෙන ආකාරයට මනස සකස් කිරීම කරනු ලබනවා.

මළ සිරුර ගැන තවදුරටත් විමසමු...

ඉතින් බුදුරජාණන් වහන්සේ වදාළා, අමු සොහොනේදි මළසිරුරකට අත්වන ඉරණම ගැන තවදුරටත් මේ විදහට නුවණින් විමසා බලන්න කියලා. දැන් ඔන්න ඒ මළකුණේ ලේත් නැතුව ගිහිල්ලා, මසුත් නැතුව ගිහිල්ලා, දිරාගිය, වේලුණ නහර වැල් විතරක් තියෙන ඇටසැකිල්ල පෑදෙනවා. මෙන්න මේ ඇට සැකිල්ල දිහා එයා නුවණින් බලලා, තමන්ගේ ජීවිතයට ගලපා බලන්න පටන් ගන්නවා. 'මේ ශරීරය තුළත් තියෙන්නේ මේ ස්වභාවය ම නේ. මේ ශරීරය මේ ස්වභාවය ඉක්මවා ගිහින් නෑ නේ. මේක නේද මේ ජීවිතයේ යථාර්ථය!' කියලා. එතකොට එයාගේ සිහිය තවදුරටත් දියුණු වෙනවා. නුවණ තවදුරටත් දියුණු වෙනවා.

ඊට පස්සේ තවත් කල් ගතවෙන්න ගතවෙන්න ඒ ඇට සැකිල්ලට සිදුවන දේ එයා දකිනවා. කලින් එකට බැඳිලා තිබුණ ඒ ඇටසැකිල්ලේ දැන් හිස් කබල එක පැත්තක. ඉල ඇට තව පැත්තක. උරහිස් ඇට තව පැත්තක. අත්වල ඇට තව පැත්තක. බෙල්ලේ ඇට තව පැත්තක. උකුල් ඇට තව පැත්තක. කලවා ඇට තව පැත්තක. කෙණ්ඩා ඇට තව පැත්තක. ඊළඟට දත් ඇට තව පැත්තක. මේ වගේ සී සී කඩ ගිය ඇට කැබලි දකින්න ලැබෙනවා. මේ වෙනකොට තැන තැන විසිරුණු ඇට කැබලි ටිකක් බවට ඒ ශරීරය

පත්වෙලා තියෙන්නේ. එයා මේක නුවණින් දැකලා, සිහිය පිහිටුවාගෙන, තමන්ගේ ජීවිතයට ගලපා බලනවා 'මේ ශරීරයත් ඒ ස්වභාවයට ම පත්වෙනවා නේද?' කියලා.

මළකුණක් අමු සොහොනට දැම්මට පස්සේ ඒ මළකුණ ඇටසැකිල්ල දක්වා කොයිතරම් පරිණාමයකට ලක්වුණාද? කොයිතරම් වෙනසකට ලක්වුණාද? කොයි තරම් පරිවර්තනයකට ලක්වුණාද? එහෙම නම් මේ ඉරණම මේ ශරීරය පුරා තියෙනවා. මේ ඉරණමට මේ ශරීරය ගොදුරු වෙලා තියෙන්නේ. මේ ඉරණම ඉක්මවා ගිහින් නෑ කියලා ඔන්න ඒක ගලපා බලනවා.

හක්ගෙඩියේ පැහැය ගත් ඇට කැබලි...

තවදුරටත් නුවණින් විමසද්දි, විමසද්දි ඔන්න එයාට මේ ඇට කැබලිවල පාට වෙනස් වෙනවා පේන්න පටන් ගන්නවා. බුදුරජාණන් වහන්සේ වදාළා ඒවා හක් ගෙඩියේ පැහැයට හැරෙනවා කියලා. ඔබ දැකලා ඇති සුදු පාට වගේ ගතියක් තමයි හක්ගෙඩියේ තියෙන්නේ. හක් ගෙඩියේ පැහැයට හැරුණු විසිරුණු ඇටකැබලි දිහා බලලා එයා කල්පනා කරනවා 'දැන් මේ ඇට කැබලිවල හක්ගෙඩියේ පාට ඇතිවුණා. මේ ඇට කැබලි හක් ගෙඩියේ වර්ණයෙන් යුක්ත වුණා. එහෙනම් මේ ඇට කැබලි යම් ස්වභාවයකට පත්වුණා ද, මේ ස්වභාවයට මගේ මේ ශරීරයත් පත්වෙනවා නේද? මේ ශරීරය තුළ තියෙන ඇටසැකිල්ලත් හක්ගෙඩියේ පැහැයට හැරිලා නිමා වන දෙයක් නේද? මෙබඳු ජීවිතයකට ද 'මම' කිය කියා, 'මගේ' කිය කියා, 'මගේ ආත්මය' කිය කියා බැඳිලා ඉන්නේ?' කියලා නුවණින් විමසන්න පටන් ගන්නවා.

හිත කෙමෙන් කෙමෙන් වීතරාගී වෙනවා...

එහෙම නුවණින් හිතනකොට එයාගේ හිත විරාගී වෙන්න පටන් ගන්නවා. එයාගේ හිත සංසුන් වෙන්න පටන් ගන්නවා. ශාන්ත වෙන්න පටන් ගන්නවා. ජීවිතාවබෝධය පිණිස සකස් වෙන්න පටන් ගන්නවා. මේක ජීවිතයට තියෙන ලොකු දෙයක්.

ඊළඟට එයා තවදුරටත් නුවණින් සිහිකරනවා. මේ ඇට කැබලි අවුරුදු ගණන් සොහොනේ පරණ වෙනවා. සමහර විට ඔබ දැකලත් ඇති සොහොන්වල අවුරුදු ගාණක් පරණ ඇට කැබලි. ඒ ඇට කැබලි දිහා එයා බලලා නුවණින් සිහිකරනවා, 'මේ ඇට කැබලි අවුරුදු ගාණක් පරණ වෙලා ගියා. එහෙනම් මගේ ශරීරයේ තිබෙන ඇට සැකිල්ලත් මේ විදිහට ම පරණ වෙලා යනවා නේද?' කියලා.

ඇටසැකිලි ගොඩගැහුවොත්...

පින්වතුනි, එක තැනකදි බුදුරජාණන් වහන්සේ වදාළා, "එක කල්පයක එක් කෙනෙක් මැරෙන වාර ගණන අනුව, එයාගේ ඇටසැකිල්ල පොළොවට පස් වුණේ නැත්නම්, ඒ ඇටසැකිළි එකතු කරල විශාල කන්දක් හදන්න පුළුවන්" කියලා. මේකෙන් අපට පේනවා, අපි ආපු ගමන කොයිතරම් දුර ද කියලා. නමුත් බලන්න අපේ අවිද්‍යා සහගත කල්පනාවේ හැටි.

අපට හිතෙන්නේ අපි මේ අලුතින් පටන්ගන්නවා කියලයි. මේ අවුරුදු පනහ හැට අපි මේ ගෙවන ජීවිතය අපට මහා ලොකු දෙයක් වගේ. අපට මීට වඩා දෙයක් නෑ

වගේ. අපි මේ සුළු කාල පරිච්ඡේදයේදි විශාල දැඟලිල්ලක් දඟලනවා මේක පවත්වන්න අවබෝධයකින් තොරව. නුවණ තියෙන කෙනා එහෙම නෙවෙයි කරන්නේ. අවබෝධයකින් යුක්තව මේ ජීවිතය පවත්වන්න කල්පනා කරනවා.

මළ සිරුරේ අවසානය...

ඊට පස්සේ බුදුරජාණන් වහන්සේගේ ශ්‍රාවකයා තවදුරටත් දකිනවා, දැන් ඒ අවුරුදු ගාණක් පරණ වුණු ඇට කැබලි පුපුරල පුපුරල ගිහිල්ලා, කෑලිවලට කැඩිලා, කුඩු බවට පත්වෙලා, හුණු බවට පත්වෙලා. තමන්ගේ ශරීරයටත් අත්වන අවසාන ඉරණම මේක නේද කියලා එයා නුවණින් කල්පනා කරනවා. දැන් එතකොට බලන්න කෙනෙක් මැරුණට පස්සේ අමුසොහොනට ගෙනිහින් දාපු ඒ මළකුණ කුණු වෙලා, සත්තු කාලා, ඇට සැකිල්ලක් බවට පත් වෙලා, ඒ ඇට ටිකත් පස් වෙලා යනකම් ම ජීවිතය දිහා බලන ආකාරය තමයි මේ නව සීවථිකය කියලා කියන්නේ. කායානුපස්සනා භාවනාව ඔපමණකින් සම්පූර්ණ වෙනවා.

භාවනා ක්‍රම දහ හතරක්...

එතකොට කායානුපස්සනාවේ ඇතුළත් වෙනවා භාවනා ක්‍රම දහ හතරක්. පළවෙනි එක ආනාපානසති භාවනාව. දෙවෙනි එක ඉරියව් භාවනාව. තුන්වෙනි එක සති සම්පජඤ්ඤ භාවනාව. හතරවෙනි එක අසුභ භාවනාව. පස්වෙනි එක ධාතු මනසිකාර භාවනාව. ඊළඟට අමුසොහොනේ මළකුණකට සිදුවන වෙනස්කම ආකාර නවයකින් බැලීම. ඒ ඔක්කොම එකතු කළාම දාහතරයි.

කායානුපස්සනා භාවනාව දහ හතර ආකාරයකින් දියුණු කිරීම ගැන බුදුරජාණන් වහන්සේ වදාළ දේශනාව තමයි සතිපට්ඨාන සූත්‍රයේ තියෙන කායානුපස්සනාව.

මේ කායානුපස්සනාවට තව වචනයක් කියනවා 'කායගතාසති' කියලා. කායගතාසති කියන්නේ කය අනුව දියුණු කරන සිහිය. අපි ඉස්සෙල්ලම පටන් ගත්තේ ආශ්වාස ප්‍රශ්වාසවලින්. ආශ්වාස ප්‍රශ්වාස කියන්නේ කය හා බැඳුණු දෙයක්. කය හා බැඳුණු ආශ්වාස ප්‍රශ්වාස වලින්, ආනාපානසතියෙන් පටන් අරගෙන මේ භාවනාව අවසන් වුණේ ජීවිතය ගැන කොයිතරම් පළල් දැක්මක් ඇති කරගෙන ද?

දුක් දොම්නස් නැති ජීවිතයක් ප්‍රාර්ථනාවකින් ලබන්න බැහැ...

මේ තුළින් ඔබට තේරුම් ගන්නට පුළුවනි ධර්මාවබෝධ කරනවා කියන එක, නිවන් අවබෝධ කරනවා කියන එක ප්‍රාර්ථනාවකින් ලබන්න පුළුවන් එකක් නෙවෙයි. ඔබ මුළු ජීවිත කාලෙම ප්‍රාර්ථනා කළත් ලබන්නට බැහැ. අභ්‍යන්තර පිරිසිදු බව කියන එක ප්‍රාර්ථනා කරලා ලබන්න බැහැ. මුළු ජීවිත කාලයම පැතුවත් ලබන්න බැහැ. දුක් දොම්නස් නැති ජීවිතයක් කවදාවත් ප්‍රාර්ථනා කරලා ලබන්න බැහැ. ජරා මරණ නැති ජීවිතයක් කවදාවත් ප්‍රාර්ථනා කරලා ලබන්න බැහැ. ලැබෙන්නෙත් නෑ.

එහෙම නම් අපේ ජීවිතවල තියෙනවා, අපට මගහැරලා යන්න බැරි, මුහුණ දෙන්න ම වෙන යථාර්ථයක්. අන්න ඒ යථාර්ථය දැකීමට තමයි බුදුරජාණන් වහන්සේගේ

ධර්මයේ පුරුදු කරන්නේ. අන්න ඒ යථාර්ථය දකින විදිහට ජීවිතය සකස් වෙච්ච එක්කෙනා දුක් දොම්නස් නැති, ශෝක පීඩා නැති, තැවුල් නැති, අවබෝධයක් ඇති ජීවිතයක් ගොඩ නගා ගන්නවා. අන්න ඒකට තමයි මේ කායානුපස්සනාව උපකාරී වෙන්නේ.

මේ ධර්මය මටත් හොඳයි...

ඇත්ත වශයෙන්ම බුදුරජාණන් වහන්සේ වදාළ ධර්මය කොයිතරම් ප්‍රායෝගිකව දකින එකක් ද, ජීවිතයට කොයිතරම් උපකාර වන දෙයක් ද කියලා තේරෙන්නේ උන්වහන්සේගේ ධර්මය අපට තේරෙන භාෂාවෙන් ඉගෙන ගන්නකොට යි. බුදුරජාණන් වහන්සේගේ ධර්මය තුළ තිබෙන අකාලික බව, ඒ කියන්නේ ඕනෑම කාලයක දකින්න පුළුවන් හැකියාව ඒ ධර්මය තුළ තියෙන බව හොඳට ප්‍රත්‍යක්ෂ වෙන්නේ ටිකෙන් ටික ඒ ධර්මය ප්‍රගුණ කරන්න අවංකව ම මහන්සි ගන්නකොට යි. ඒ දුර්ලභ අවස්ථාව ඔබට දැන් තියෙනවා. ඒ නිසා ඔබ මේ ඉගෙන ගන්න ධර්මය අහක දාන්න එපා. අපතේ යවන්න එපා. ඔබ ශක්ති පමණින් මේ ධර්මය පුරුදු කරන්න. මේ ධර්මය පුරුදු කරගෙන යද්දි ඔබේ ජීවිතයේ සිදුවන දියුණුව ඔබට ම අත්දකින්න පුළුවන් වෙනවා.

හඳුනාගනිමු සදහම් ගුණ...

අන්න එතකොට ඔබ තේරුම් ගනීවි, බුදුරජාණන් වහන්සේ මේ ධර්මය මනාකොට දේශනා කරලා තියෙනවා කියලා. ඒක තමයි ස්වාක්ඛාතයි කියන්නේ. බුදුරජාණන් වහන්සේ වදාළ ධර්මය මේ ජීවිතයේ දකින එකක්. ඒකට

තමයි **සන්දිට්ඨිකයි** කියන්නේ. බුදුරජාණන් වහන්සේ වදාළ ධර්මය ඕනෑම කාලයක දකින්න පුළුවන් එකක්. ඒකට කියන්නේ **අකාලිකයි** කියලා. බුදුරජාණන් වහන්සේ වදාළ ධර්මයේ රහස් බණ නෑ. එළිපිට කතා කරන්න පුළුවන් එකක්. 'ඇවිත් බලන්න' කියලා බුද්ධිමත් අයට ආරාධනා කරන්න පුළුවන් එකක්. ඒකට කියන්නේ **ඒහිපස්සිකයි** කියලා. හැබැයි, බුදුරජාණන් වහන්සේ වදාළ ධර්මය බලන්නට තියෙන්නේ තමා තුළට පමුණුවාගෙන මිසක් අනුන් තුළින් නොවෙයි. ඒකට කියනවා **ඕපනයිකයි** කියලා. බුදුරජාණන් වහන්සේ වදාළ ධර්මය බුද්ධිමත් අය තම තම නැණ පමණින් අවබෝධ කරගන්නවා. ඒකට කියනවා **පච්චත්තං වේදිතබ්බෝ විඤ්ඤූහි** කියලා.

කායානුපස්සනා සතිපට්ඨානය...

මේ කියන ලක්ෂණ අපි මේ කතා කරන දේ තුළ තියෙනවා. ආනාපානසතිය කතා කළා. සති සම්පජඤ්ඤය කතා කළා. ඉරියාපථය කතා කළා. අසුභ භාවනාව කතා කළා. ධාතු මනසිකාරය කතා කළා. අමු සොහොනෙදි මළකුණක් වෙනස් වන ආකාරය කතා කළා. මේ ඔක්කොම කායානුපස්සනාව. මේ ඔක්කොම කය අනුව බලන දේ.

මෙහි වේදනානුපස්සනාව, චිත්තානුපස්සනාව, ධම්මානුපස්සනාව කියලා තවත් භාවනා ක්‍රම තියෙනවා. අපි ටික ටික ඒ භාවනා ක්‍රම පවා ඉගෙන ගන්නට ඕනෙ. කායානුපස්සනා භාවනාව කරන වෙලාවට ඔබට ඉතාම හොඳයි කායානුපස්සනාව විතරක් දිගටම පුරුදු කරන එක. එතකොට ඔබට පුළුවන් කායානුපස්සනාව තුළ සැහෙන දුරට සිහිය, නුවණ, වීර්යය දියුණු කරගන්නට.

නව සීවථික භාවනාව

නව සීවථික භාවනාව වැඩීම පිණිස පළමුව මරණයට පත් වූ අයෙකුගේ මළ සිරුරක් සිහියට නගා ගන්න. සිතින් ඒ මළ සිරුරේ හිස සිට දෙපා දක්වා කිහිප විටක් හොඳින් බලන්න. දැන් මේ මළ සිරුර පාළු සොහොනක දමා ඇති ආකාරය සිහිපත් කරගන්න. පාළු සොහොනක හුදෙකලාව ඇති මළ සිරුර දෙස නැවත කිහිප වරක් සිතින් විමසා බලන්න.

1. දැන් මළ සිරුරට දින දෙකක් ගත වී ඇත. මළ සිරුර ටිකක් ඉදිමී ඇත. තොල් ඉදිමිලා. ටිකක් කළු පැහැ වෙලා. දැන් ඒ මළ සිරුරට දින තුනක් ගතවෙලා. පෙරට වඩා වැඩියෙන් මළ සිරුර ඉදිමිලා. තොල් ඉදිමිලා. මුහුණ ඉදිමිලා. විරූපී වෙලා. කට විවර වෙලා. පෙරට වඩා කළු පාට වෙලා. දැන් මළ සිරුරට දින කීපයක් ගත වෙලා. මුළු මළ සිරුර ම ඉදිමිලා. තොල් ඉදිමිලා. මුහුණ ඉදිමිලා. විරූපී වෙලා. කට ඇරිලා. ඇස් ඇරිලා. අත පය ඉදිමිලා. බඩ ඉදිමිලා ඉදිරියට නෙරා ඇවිල්ලා. දැන් මළ සිරුර තද නිල් පාට වෙලා කටින් සැරව ගලනවා. නාසයෙන් සැරව ගලනවා. කන්වලින් සැරව ගලනවා. ඇස්වලින් සැරව ගලනවා. මුත්‍ර මාර්ගයෙන්, ගුද මාර්ගයෙන් සැරව ගලනවා. සම පුපුරලා තැන් තැන්වලින් සැරව ගලනවා.

කවදා හෝ මේ ශරීරයටත් මේ ටික ම සිදුවෙනවා. අන් අයගේ ශරීරත් මේ විදිහට ම සැරව ගලන

තත්වයට පත්වෙනවා. සියලු දෙනාගේ ම ශරීර මේ තත්වයට පත් වෙනවා. (මේ අයුරින් නැවත නැවත සිතමින් ඒ සටහන හොඳින් සිතට ගන්න.)

2. දැන් ඒ සොහොනේ දාපු මළ සිරුර සත්තු කනවා. කපුටන් ඇවිත් මළ සිරුර උඩ වහලා කොට කොටා කනවා. ඇස් උගුල්ලලා කනවා. හිවලුන් ඇවිදින් අත පය වලින් ඇද ඇද කනවා. බල්ලන් ඇවිත් මළ සිරුර එහාට මෙහාට අදිමින් කනවා. මළ සිරුර වටේ මස් කෑලි විසිරිලා. මළ සිරුරේ අත පය එහාට මෙහාට ඇඹරිලා. බඩවැල් එළියට ඇවිල්ලා. කුරුල්ලන් ඒවා ඇද ඇද කනවා.

කවදා හරි දවසක මේ ශරීරයත් මේ තත්වයට පත්වෙනවා. අන් අයගේ ශරීරත් මේ විදිහට ම සතුන් කා දමනවා. සියලු දෙනාගේ ම ශරීර මේ විදිහට ම සතුන් කා දමනවා.

3. දැන් ඒ මළ සිරුරේ තැනින් තැන ඇට සැකිල්ල පෑදිලා. තැන් තැන්වල සත්තු කාලා ඉතිරි වුණ මස් රැඳිලා. මුළු ඇට සැකිල්ල ම නහරවලින් වෙළිලා. ලේවලින් තැවරිලා.

කවදා හරි දවසක මේ ශරීරයත් මේ තත්වයට පත්වෙනවා. අන් අයගේ ශරීරත් මේ විදිහට ම ඇටසැකිල්ල පෑදිලා දිරලා යනවා. සියලු දෙනාගේ ම ශරීර මේ තත්වයට පත්වෙනවා.

4. දැන් ඒ මළ සිරුර මුළුමනින් ම ඇට සැකිල්ල පෑදිලා. මස් චුට්ටක්වත් නෑ. මුළු ඇට සැකිල්ල ම නහරවලින් එතිලා. ඇට සැකිල්ලේ ලේ තැවරිලා.

කවදා හෝ දවසක මේ ශරීරයත් මස් නැති ලේ තැවරුන ඇටසැකිල්ලක් බවට පත්වෙනවා. අන් අයගේ ශරීරත් මේ විදිහ ම යි. සියලු දෙනාගේ ම ශරීර මේ තත්වයට පත්වෙනවා.

5. දැන් ඒ මළ සිරුරේ තියෙන්නේ ඇට සැකිල්ල විතරයි. ඇට සැකිල්ල නහරවලින් එතිලා. ලේ මස් චුට්ටක් වත් නෑ. නහරවැලින් එකට බැඳුන ඇට සැකිල්ල විතරක් ඉතුරුවෙලා.

කවදා හෝ දවසක මේ ශරීරයත් මේ තත්වයට පත්වෙනවා. අන් අයගේ ශරීරත් මේ තත්වයට පත්වෙනවා. සියලු දෙනාගෙ ම ශරීර මේ තත්වයට පත්වෙනවා.

6. දැන් ඒ මළ සිරුරේ ඇට සැකිල්ල තැන් තැන්වල විසිරිලා. හිස් කබල එක පැත්තක. බෙල්ලේ ඇට එක පැත්තක. උරහිස් ඇට එක පැත්තක. ඉල ඇට තව පැත්තක. අත් ඇට තවත් පැත්තක. කොඳු ඇට පෙළ තව පැත්තක. උකුල් ඇට වෙනත් පැත්තක. කලවා ඇට තව දිහාවක. කෙණ්ඩා ඇට තව දිහාවක. පා ඇට වෙන පැත්තක. මුළු ඇට සැකිල්ල ම විසිරිලා ගිහිල්ලා.

මේ ශරීරයේ ඇට සැකිල්ලත් මේ වගේ ම විසිරිලා යනවා. අන් අයගේ ශරීරවල ඇටසැකිලිත් මේ විදිහට ම විසිරිලා යනවා. සියලු දෙනාගේ ම ඇට සැකිල්ල මේ විදිහට ම විසිරිලා යනවා.

7. දැන් ඒ ඇට සැකිල්ලේ පාට හරියට සුදු පාට හක් ගෙඩියක පාට වගේ. තැන් තැන්වල විසිරුණු ඇට

සියල්ල ම හක් ගෙඩියක සුදු පාටට හැරිලා.

මේ ශරීරයේ ඇට සැකිල්ලත් මේ විදිහට ම සුදු පාටට හැරෙනවා. අන් අයගේ ශරීරවල ඇට සැකිල්ලත් මේ විදිහට ම හක්ගෙඩියක පාටට හැරෙනවා. සියලු දෙනාගෙ ම ඇට සැකිලි මේ විදිහට ම සුදු පාටට හැරිලා දිරලා යනවා.

8. දැන් ඒ ඇට කැබලි තැන් තැන්වල ගොඩ ගැහිලා. බොහෝ කල් ගතවුන ඇට කැබලි ටිකක්. ඒ ඇට කැබලි වෙන් කරලා හඳුනාගන්න බැහැ. ගොඩවල් ගැහුන, කල් ගතවෙච්ච සුදු පාට ඇට ගොඩක් විතරයි.

කවදා හරි මේ ශරීරයේ ඇට සැකිල්ලත් දිරලා ගොඩවල් හැදිලා තියේවි. අන් අයගේ ශරීරත් ඒ වගේ ම යි. සියලු දෙනාගේ ම ශරීරවල ඇට සැකිලි මේ විදිහට ම දිරලා යනවා.

9. දැන් ඇට සැකිල්ලක් පේන්න නෑ. ඇට කැබැලි හොඳටම දිරලා ගිහිල්ලා. සුදු පාට හුණු වගේ කුඩු බවට පත්වෙලා. පොළොවට පස් වෙලා.

මේ ශරීරයත් මේ විදිහට ම පොළොවට පස් වෙලා දිරලා යනවා. අන් අයගේ ශරීරත් මේ විදිහට ම දිරලා පොළොවට පස්වෙලා යනවා. සියලු දෙනාගේ ම ශරීර මේ විදිහට ම දිරලා පොළොවට පස් වෙලා යනවා.

සාදු! සාදු!! සාදු!!!

8
සතිපට්ඨානය තුළ වේදනානුපස්සනාව

දැන් ඔබ බුදුරජාණන් වහන්සේ වදාළ ශ්‍රී සද්ධර්මයේ කායානුපස්සනා භාවනාව ගැන සෑහෙන තොරතුරු දන්නවා. දැන් අපි ඉගෙන ගන්නේ වේදනානුපස්සනා භාවනාව ගැන. වේදනානුපස්සනා භාවනාව ගැන බුදුරජාණන් වහන්සේ වදාළ කොටස අපි හොඳට ඉගෙන ගන්නට ඕන.

වේදනාව නිවැරදි කරගන්න...

සාමාන්‍යයෙන් වේදනාව කියන වචනය අපි ඉගෙන ගෙන තියෙන්නේ රිදෙනකොට, දුකක් ඇතිවුණාම, පීඩාවක් ඇතිවුණාම, කැක්කුමක් ඇතිවුණාම පාවිච්චි කරන්නයි. අපේ හිතේ සතුටක් ඇතිවුණාට පස්සේ අපි කවදාවත් කියන්නෙ නෑ, "මට මේ සැප සහගත වේදනාවක් තියෙනවා" කියලා. වේදනාව කියලා අපි කියන්නේ දුකට ම යි. "මම හරි වේදනාවෙන් ඉන්නෙ" කියලා කියනවා. "ඇඟ පත හරිම වේදනයි" කියනවා. මේ වේදනාව කියන වචනය අපි පාවිච්චි කරන්නේ දුක් සහගත විඳීමකට.

නමුත් බුදුරජාණන් වහන්සේ වේදනාව කියන වචනය පාවිච්චි කළේ පොදු අර්ථයකට. ඒ තමයි විඳීම. අපි විඳිනවා තුන් ආකාරයක විඳීමක්. අපි සැපත් විඳිනවා. අපි දුකත් විඳිනවා. අපි දුක් සැප රහිත බවත් විඳිනවා. මේ විඳීම ඇතිවෙන්නේ ස්පර්ශයෙන්. ස්පර්ශය කියලා කියන්නේ මේ ඇස, කන, නාසය, දිව, කය, මන කියන ආයතන හයේ ම ඇතිවෙන දෙයක්. ස්පර්ශය යම් තැනක හටගන්නවා ද, අන්න එතන තමයි විඳීම හටගන්නේ. එහෙම නම් ආයතන හය තුළින් ම සැප, දුක්, උපේක්ෂා කියන විඳීම හටගන්නවා. ස්පර්ශය සැප සහගත වෙනකොට විඳීම සැප සහගත වෙනවා. ස්පර්ශය දුක් සහගත වෙනකොට විඳීම දුක් සහගත වෙනවා. ස්පර්ශය මධ්‍යස්ථ වෙනකොට විඳීම මධ්‍යස්ථ වෙනවා.

වේදනා කොටස් දෙකක්...

මේ සැප, දුක්, උපේක්ෂා කියන විඳීම් බුදුරජාණන් වහන්සේ මේ සතිපට්ඨාන සූත්‍රයේදී **සාමිස වේදනා, නිරාමිස වේදනා** කියල කොටස් දෙකකට බෙදා වදාළා. විශේෂයෙන් ම ඔබ මතක තියාගන්නට ඕනෙ, දැන් අපේ රටේ කාලයක් තිස්සේ පුරුදු කරගෙන තියෙනවා භාවනාවලදී විඳීමක් එනකොට "වේදනා... වේදනා... වේදනා... රිදෙනවා... රිදෙනවා..." කියල සිහිකරන්න කියලා. නමුත් බුදුරජාණන් වහන්සේගේ ධර්මයේ පෙන්වන්නේ එහෙම කරන්න නෙවෙයි. සිහිය පිහිටුවා ගන්න කියනවා සාමිස විඳීම ගැනත්, නිරාමිස විඳීම ගැනත්. ඒකෙ තියෙන්නේ **'සාමිසං වා සුඛං වේදනං වේදියමානෝ සාමිසං සුඛං වේදනං වේදියාමීති පජානාති.'**

සාමිස වේදනා කියන්නේ ඇහෙන් රූප දැක්කාම, කනෙන් ශබ්ද ඇහුවාම, නාසයෙන් ආඝ්‍රාණය කළාම, දිවෙන් රස වින්දාම, කයෙන් පහස ලැබුවාම ඇති වෙන විඳීමට. ඒ කියන්නේ පංච කාම අරමුණු මුල් කරගෙන සැපක් හෝ දුකක් හෝ සැප දුක් රහිත මධ්‍යස්ථ බවක් හෝ ඇතිවෙනවා නම් අන්න ඒකට කියනවා සාමිස වේදනා කියලා.

පංච කාමයෙන් බැහැරව ඇතිවෙන විඳීම...

අපි කියමු භාවනාවක් වඩාගෙන යද්දී, භාවනාව අපට ඕනෙ හැටියට වැඩෙන්නෙ නෑ. එතකොට අපට ඇතිවෙනවා දුකක්. ඒක පංච කාමයන් මුල් කරගෙන ඇතිවෙච්ච දුකක් නෙවෙයි. නිරාමිස දෙයක් මුල් කරගෙන ඇතිවෙච්ච දුකක්. ඒකට කියනවා නිරාමිස දුක් වේදනා කියලා. ඔබ භාවනා කරගෙන යනකොට සිත සමාධිගත වෙනවා. සිත සමාධිගත වුණාම ඔබට ඇතිවෙනවා සැපක්. ඒක නිරාමිස සැප වේදනාවක්.

ඊළඟට ඔබට භාවනා අරමුණක් තුළ ඇතැම් අවස්ථාවල් එනවා සැපක් තේරෙන්නෙත් නැති, දුකක් තේරෙන්නෙත් නැති. ඒකට කියනවා නිරාමිස උපේක්ෂා වේදනා කියලා. එතකොට සැප වේදනා, දුක් වේදනා, උපේක්ෂා වේදනා සාමිස කියල කොටසකට බෙදෙනවා. නිරාමිස කියල කොටසකට බෙදෙනවා. මේක ඔබ හොඳට තේරුම් ගන්නට ඕනෙ විඳීම මේ ආකාරයි කියලා.

දිය බුබුලක් බඳු විඳීම...

බුදුරජාණන් වහන්සේ වදාළේ මේ විඳීමේ ස්වභාවය

තමයි, දිය බුබුලක ස්වභාවය. ඒ කිච්චෙ වැස්ස වහින වෙලාවක වතුර පිරිච්ච තැනකට ලොකු දිය බින්දු වැටෙද්දි, ඒ වැටෙන දිය බිඳු වතුරට වදිනකොට ම ඒ වතුරෙන් දිය බුබුලක් ඇතිවෙනවා අර සට්ඨනයත් එක්ක ම. ඊළඟ දිය බුබුල ඇති වෙනකොට අර දිය බුබුල නැතිවෙනවා. වෙන එකක් හටගන්නවා. ඒ වගේ තමයි මේ විඳීම.

වේදනානුපස්සනාව වඩන හැටි...

බුදුරජාණන් වහන්සේ පෙන්වා දෙනවා මේ විඳීමට සිහිය යොමු කරන්න කියලා. තමන්ට තියෙන්නේ 'සාමිස' ඒ කිච්චෙ පංච කාම අරමුණු මුල්කරගත්තු දුක් විඳීමක් ද, පංච කාම අරමුණු මුල් කරගත්තු සැප විඳීමක් ද, පංච කාම අරමුණු මුල් කරගත්තු උපේක්ෂා විඳීමක් ද කියලා සිහිය පිහිටුවා බලන්න ඕනෙ.

බලනකොට එයාට තේරෙනවා මේ මම විඳින්නා වූ දුක් විඳීම පංච කාම අරමුණු මුල් කරගත්තු විඳීමක්. සැප විඳිනකොට එයාට තේරෙනවා මම මේ විඳින්නා වූ සැප විඳීම පංච කාම අරමුණු මුල් කරගත්තු විඳීමක්. මධ්‍යස්ථ විඳීම විඳින කොට එයා තේරුම් ගන්නවා මම මේ විඳින්නා වූ මධ්‍යස්ථ විඳීම පංච කාම අරමුණු මුල් කරගත්ත විඳීමක්. මේ විදිහට සාමිස වේදනා ගැන සිහිය පිහිටුවා ගන්නවා.

ඊළඟට නිරාමිස විඳීම. භාවනා කරන කෙනෙකුට භාවනාව වැඩෙන්නේ නැත්නම්, සමාධිය වැඩෙන්නෙ නැත්නම්, දියුණු කරගන්න බැරි නම්, යම්කිසි දුකක් තියෙන්න පුළුවනි. එතකොට එයා තේරුම්ගන්න ඕනෙ මේක තමයි නිරාමිස දුක් විඳීම. භාවනාව දියුණු කරගෙන යද්දි එයාට සනීපයක්, සැපයක් දැනෙනවා. එතකොට ඒ

සිතට සුව දෙන භාවනා 125

කෙනා තේරුම්ගන්නට ඕනෙ මේක තමයි නිරාමිස සැප විඳීම. භාවනාව දියුණු කරගෙන යෑමේදී සැපත් නැති, දුකත් නැති මධ්‍යස්ථ විඳීම් දැනෙන්න පටන් ගන්නවා. එයා සිහිකරනවා මේක තමයි නිරාමිස මධ්‍යස්ථ විඳීම කියලා.

සියලු දෙනා තුළ ම වේදනාව සමානයි...

එතකොට ඔබ මේකෙන් තේරුම් ගන්න වේදනානුපස්සනාව කියන්නේ මේ 'රිදෙනවා... රිදෙනවා... වේදනාවක්... වේදනාවක්... කැක්කුමක්... කැක්කුමක්...' කියලා සිහි කිරීම නෙවෙයි. මේක සැක නම් සතිපට්ඨාන සූත්‍රයේ බුදුරජාණන් වහන්සේ වදාළ වේදනානුපස්සනාව කොටස කියවලා බලන්න මේ කාරණය කොයිතරම් සත්‍යයක් ද කියලා.

ඉතින් මේ විදිහට වේදනානුපස්සනා භාවනාවේ සිහිය පිහිටුවන්න පිහිටුවන්න මේ කෙනා තේරුම් ගන්නවා මේ විඳීම් තුන ම තමයි අනිත් අයටත් තියෙන්නේ. තමාට යම්කිසි සැප විඳීමක්, දුක් විඳීමක්, උපේක්ෂා විඳීමක් ඇතිවෙනවා ද, මෙවැනි විඳීම් තුනක් අනිත් අයටත් ඇති වෙනවා කියලා තමා තුළත්, අනිත් අය තුළත් තියෙන්නේ එක ම ස්වභාවයක් ය කියලා සිහිකරනවා.

ස්පර්ශය නිසයි විඳීම...

එහෙම සිහිකරලා නුවණින් බලනකොට මේ කෙනා තේරුම් ගන්නවා, ස්පර්ශය වෙනස් වීමෙන් විඳීම වෙනස් වෙනවා කියලා. ස්පර්ශය කියන්නෙ පින්වතුනි, ගැටීම නෙවෙයි. සාමාන්‍යයෙන් ස්පර්ශය කියන වචනය ඔබ ඉගෙනගෙන ඇත්තෙ ගැටීම කියලා. බුදුරජාණන් වහන්සේ

වදාළේ (**තිණ්ණං සංගති ඵස්සෝ**) කරුණු තුනක එකතු වීම ස්පර්ශය යි. මොනවද කරුණු තුන? ඇසයි, රූපයයි, විඤ්ඤාණයයි එකතු වීම තමයි ඇසේ ස්පර්ශය. කනයි, ශබ්දයයි, විඤ්ඤාණයයි එකතු වීම තමයි කනේ ස්පර්ශය. නාසයයි, ගඳ සුවඳයි, විඤ්ඤාණයයි එකතු වීම තමයි නාසයේ ස්පර්ශය. දිවයි, රසයයි, විඤ්ඤාණයයි එකතු වීම තමයි දිවේ ස්පර්ශය. කයයි, පහසයි, විඤ්ඤාණයයි එකතු වීම තමයි කයේ ස්පර්ශය. මනසයි, අරමුණුයි, විඤ්ඤාණයයි එකතු වීම තමයි මනසේ ස්පර්ශය.

මනස - අරමුණ - විඤ්ඤාණය...

එතකොට දැන් තේරුම් ගන්න මනස කියන්නේ තව එකක්. අරමුණ කියන්නේ තව එකක්. විඤ්ඤාණය කියන්නේ තව එකක්. මනසයි, අරමුණයි, විඤ්ඤාණයි කියන (**තිණ්ණං**) තුන (**සංගති**) එකතු වීම (**ඵස්සෝ**) ස්පර්ශයයි. ඒක තේරුම් ගන්නෙ මෙහෙමයි. දැන් මනසට අරමුණක් ආවාම ඒක මනසින් ම දැනගන්නවා. මේ දැනීම තමයි මෙතන තියෙන විඤ්ඤාණය. මේ මනසයි අරමුණයි එකක් නෙවෙයි, දෙකක්.

දැන් අපි කියමු මනසට අරමුණක් මතක් වෙනවා. මතක් වුණාම අපට පුළුවන් 'මේක හොඳ අරමුණක් නෙවෙයි' කියලා ඒක බැහැර කරලා හොඳ අරමුණේ සිහිය පිහිටුවන්න. ඒක කරන්න පුළුවන් වෙන්නෙ මනසයි අරමුණයි දෙකක් නිසා. මනසයි අරමුණයි එකක් නම් අපට වෙනස් කරන්න බෑ. එන එන එක ඒ විදිහට ම තියෙන්න ඉඩ අරින්න වෙනවා. මනස වෙන එකක්, අරමුණ වෙන එකක් නිසා මනසට අරමුණක් ආවට පස්සේ අපට ඒක

සිතට සුව දෙන භාවනා

වෙනස් කරන්න පුළුවන්. එතකොට මේකෙන් තේරුම් ගන්න මනසයි, අරමුණයි, විඤ්ඤාණයයි කියන එකේ වෙනස්කම. එතකොට මනසයි, අරමුණයි, විඤ්ඤාණයයි එකතු වීම මනසේ ස්පර්ශය. මෙන්න මේ ස්පර්ශයෙන් තමයි විඳීම හටගන්නෙ.

වේදනාවේ හටගැනීම හා නැතිවීම...

දැන් හොඳට වේදනානුපස්සනා සතිපට්ඨානයේ සිහිය පිහිටුවාගත්තු එක්කෙනා ස්පර්ශය වෙනස් වීමෙන් විඳීම වෙනස් වන බවත්, ස්පර්ශය නැතිවීමෙන් විඳීම නැති වී යන බවත් දකිනවා. ඒකට කියනවා (සමුදය ධම්මානුපස්සී වා වේදනාසු විහරති. වයධම්මානුපස්සී වා වේදනාසු විහරති.) විඳීම් ගැන හටගන්නා ආකාරයත් දකිමින් වාසය කරනවා. නැසී යන ආකාරයත් දකිමින් වාසය කරනවා.

මෙහෙම වාසය කරන කොට මොකද වෙන්නේ, මෙයාට තේරුම් යන්න පටන් ගන්නවා මේකෙ අයිතිකාරයෙක් නෑ. හේතුන් නිසා හටගන්නා ඵලයක් තියෙනවා. හේතු නැතිවීමෙන් ඒ ඵලය නැති වී යන ස්වභාවයෙන් යුක්තයි කියලා. ස්වාභාවික නියාම ධර්මයක් මෙතන පවතින බව මේ කෙනා අවබෝධ කරගන්නවා.

විඳීම ගැන යථාර්ථය අවබෝධ වෙනවා...

එතකොට එයා තේරුම් ගන්නවා 'මේ මම විඳිනවා, මේ මගේ විඳීමක් කියලා හිතපු එක මට කොයිතරම් අනවබෝධයෙන් ඇති වෙච්ච එකක්ද? මේ විඳීම තුළ අයිතිකාරයෙක් ඉන්නවා, ආත්මයක් තියෙනවා කියලා මං

හිතපු එක මට ඇතිවෙච්ච කොයිතරම් වැරදි වැටහීමක් ද?' කියලා එයා නිවැරදි වෙනවා. නිවැරදි වෙලා විදීමට 'මම' කියලා බැඳෙන්නෙ නැතිව යනවා. 'මගේ' කියලා බැඳෙන්නෙ නැතිව යනවා. 'මගේ ආත්මය' කියලා බැඳෙන්නෙ නැතිව යනවා. අන්න ඒ කෙනාගේ තවදුරටත් සිහිය දියුණු වීම පිණිස, තවදුරටත් නුවණ දියුණු වීම පිණිස, තවදුරටත් ජීවිතාවබෝධය පිණිස මේ වේදනානුපස්සනාව උපකාර වෙනවා. අන්න එතකොට ඒ වේදනානුපස්සනා භාවනා කොටස සම්පූර්ණ වෙනවා.

වේදනානුපස්සනා භාවනාව

අතීතයේ නිරුද්ධ වී ගිය, කම්සුව සහිත (සාමිස) සැප වේදනාව, ස්පර්ශය නිසා හටගත් හෙයින් ද, ස්පර්ශය නැති වීමෙන් නැති වී යන හෙයින් ද, අනිත්‍යයි... අනිත්‍යයි... අනිත්‍යයි...

අතීතයේ නිරුද්ධ වී ගිය, කම්සුව සහිත (සාමිස) සැප වේදනාව, මගේ නොවේ... මම නොවේ... මගේ ආත්මය නොවේ...

වර්තමානයේ පවතින්නා වූ, කම්සුව සහිත (සාමිස) සැප වේදනාව, ස්පර්ශය නිසා හටගත් හෙයින් ද, ස්පර්ශය නැති වීමෙන් නැති වී යන හෙයින් ද, අනිත්‍යයි... අනිත්‍යයි... අනිත්‍යයි...

වර්තමානයේ පවතින්නා වූ, කම්සුව සහිත (සාමිස) සැප වේදනාව, මගේ නොවේ... මම නොවේ... මගේ ආත්මය නොවේ...

අනාගතයේ හටගන්නා වූ, කම්සුව සහිත (සාමිස) සැප වේදනාව, ස්පර්ශය නිසා හටගන්නා හෙයින් ද, ස්පර්ශය නැති වීමෙන් නැති වී යන හෙයින් ද, අනිත්‍යයි... අනිත්‍යයි... අනිත්‍යයි...

අනාගතයේ හටගන්නා වූ, කම්සුව සහිත (සාමිස) සැප වේදනාව, මගේ නොවේ... මම නොවේ... මගේ ආත්මය නොවේ...

අතීතයේ නිරුද්ධ වී ගිය, කම්සුව සහිත (සාමිස) දුක් වේදනාව, ස්පර්ශය නිසා හටගත් හෙයින් ද, ස්පර්ශය නැති වීමෙන් නැති වී යන හෙයින් ද, අනිත්‍යයි... අනිත්‍යයි... අනිත්‍යයි...

අතීතයේ නිරුද්ධ වී ගිය, කම්සුව සහිත (සාමිස) දුක් වේදනාව, මගේ නොවේ... මම නොවේ... මගේ ආත්මය නොවේ...

වර්තමානයේ පවතින්නා වූ, කම්සුව සහිත (සාමිස) දුක් වේදනාව, ස්පර්ශය නිසා හටගත් හෙයින් ද, ස්පර්ශය නැති වීමෙන් නැති වී යන හෙයින් ද, අනිත්‍යයි... අනිත්‍යයි... අනිත්‍යයි...

වර්තමානයේ පවතින්නා වූ, කම්සුව සහිත (සාමිස) දුක් වේදනාව, මගේ නොවේ... මම නොවේ... මගේ ආත්මය නොවේ...

අනාගතයේ හටගන්නා වූ, කම්සුව සහිත (සාමිස) දුක් වේදනාව, ස්පර්ශය නිසා හටගන්නා හෙයින් ද, ස්පර්ශය නැති වීමෙන් නැති වී යන හෙයින් ද, අනිත්‍යයි... අනිත්‍යයි... අනිත්‍යයි...

අනාගතයේ හටගන්නා වූ, කම්සුව සහිත (සාමිස) දුක් වේදනාව, මගේ නොවේ... මම නොවේ... මගේ ආත්මය නොවේ...

අතීතයේ නිරුද්ධ වී ගිය, කම්සුව සහිත (සාමිස) දුක් සැප රහිත වේදනාව, ස්පර්ශය නිසා හටගත් හෙයින් ද, ස්පර්ශය නැති වීමෙන් නැති වී යන හෙයින් ද, අනිත්‍යයි... අනිත්‍යයි... අනිත්‍යයි...

අතීතයේ නිරුද්ධ වී ගිය, කම්සුව සහිත (සාමිස) දුක් සැප රහිත වේදනාව, මගේ නොවේ... මම නොවේ... මගේ ආත්මය නොවේ...

වර්තමානයේ පවතින්නා වූ, කම්සුව සහිත (සාමිස) දුක් සැප රහිත වේදනාව, ස්පර්ශය නිසා හටගත් හෙයින් ද, ස්පර්ශය නැති වීමෙන් නැති වී යන හෙයින් ද, අනිත්‍යයි... අනිත්‍යයි... අනිත්‍යයි...

වර්තමානයේ පවතින්නා වූ, කම්සුව සහිත (සාමිස) දුක් සැප රහිත වේදනාව, මගේ නොවේ... මම නොවේ... මගේ ආත්මය නොවේ...

අනාගතයේ හටගන්නා වූ, කම්සුව සහිත (සාමිස) දුක් සැප රහිත වේදනාව, ස්පර්ශය නිසා හටගන්නා හෙයින් ද, ස්පර්ශය නැති වීමෙන් නැති වී යන හෙයින් ද, අනිත්‍යයි... අනිත්‍යයි... අනිත්‍යයි...

අනාගතයේ හටගන්නා වූ, කම්සුව සහිත (සාමිස) දුක් සැප රහිත වේදනාව, මගේ නොවේ... මම නොවේ... මගේ ආත්මය නොවේ...

අතීතයේ නිරුද්ධ වී ගිය, කම්සුවෙන් වෙන් වූ (නිරාමිස) සැප වේදනාව, ස්පර්ශය නිසා හටගත් හෙයින් ද, ස්පර්ශය නැති වීමෙන් නැති වී යන හෙයින් ද, අනිත්‍යයි... අනිත්‍යයි... අනිත්‍යයි...

අතීතයේ නිරුද්ධ වී ගිය, කම්සුවෙන් වෙන් වූ (නිරාමිස) සැප වේදනාව, මගේ නොවේ... මම නොවේ... මගේ ආත්මය නොවේ...

වර්තමානයේ පවතින්නා වූ, කම්සුවෙන් වෙන් වූ (නිරාමිස) සැප වේදනාව, ස්පර්ශය නිසා හටගත් හෙයින් ද, ස්පර්ශය නැති වීමෙන් නැති වී යන හෙයින් ද, අනිත්‍යයි... අනිත්‍යයි... අනිත්‍යයි...

වර්තමානයේ පවතින්නා වූ, කම්සුවෙන් වෙන් වූ (නිරාමිස) සැප වේදනාව, මගේ නොවේ... මම නොවේ... මගේ ආත්මය නොවේ...

අනාගතයේ හටගන්නා වූ, කම්සුවෙන් වෙන් වූ (නිරාමිස) සැප වේදනාව, ස්පර්ශය නිසා හටගන්නා හෙයින් ද, ස්පර්ශය නැති වීමෙන් නැති වී යන හෙයින් ද, අනිත්‍යයි... අනිත්‍යයි... අනිත්‍යයි...

අනාගතයේ හටගන්නා වූ, කම්සුවෙන් වෙන් වූ (නිරාමිස) සැප වේදනාව, මගේ නොවේ... මම නොවේ... මගේ ආත්මය නොවේ...

අතීතයේ නිරුද්ධ වී ගිය, කම්සුවෙන් වෙන් වූ (නිරාමිස) දුක් වේදනාව, ස්පර්ශය නිසා හටගත් හෙයින් ද, ස්පර්ශය නැති වීමෙන් නැති වී යන හෙයින් ද, අනිත්‍යයි... අනිත්‍යයි... අනිත්‍යයි...

අතීතයේ නිරුද්ධ වී ගිය, කම්සුවෙන් වෙන් වූ (නිරාමිස) දුක් වේදනාව, මගේ නොවේ... මම නොවේ... මගේ ආත්මය නොවේ...

වර්තමානයේ පවතින්නා වූ, කම්සුවෙන් වෙන් වූ (නිරාමිස) දුක් වේදනාව, ස්පර්ශය නිසා හටගත් හෙයින් ද, ස්පර්ශය නැති වීමෙන් නැති වී යන හෙයින් ද, අනිත්‍යයි... අනිත්‍යයි... අනිත්‍යයි...

වර්තමානයේ පවතින්නා වූ, කම්සුවෙන් වෙන් වූ (නිරාමිස) දුක් වේදනාව, මගේ නොවේ... මම නොවේ... මගේ ආත්මය නොවේ...

අනාගතයේ හටගන්නා වූ, කම්සුවෙන් වෙන් වූ (නිරාමිස) දුක් වේදනාව, ස්පර්ශය නිසා හටගන්නා හෙයින් ද, ස්පර්ශය නැති වීමෙන් නැති වී යන හෙයින් ද, අනිත්‍යයි... අනිත්‍යයි... අනිත්‍යයි...

අනාගතයේ හටගන්නා වූ, කම්සුවෙන් වෙන් වූ (නිරාමිස) දුක් වේදනාව, මගේ නොවේ... මම නොවේ... මගේ ආත්මය නොවේ...

අතීතයේ නිරුද්ධ වී ගිය, කම්සුවෙන් වෙන් වූ (නිරාමිස) දුක් සැප රහිත වේදනාව, ස්පර්ශය නිසා හටගත් හෙයින් ද, ස්පර්ශය නැති වීමෙන් නැති වී යන හෙයින් ද, අනිත්‍යයි... අනිත්‍යයි... අනිත්‍යයි...

අතීතයේ නිරුද්ධ වී ගිය, කම්සුවෙන් වෙන් වූ (නිරාමිස) දුක් සැප රහිත වේදනාව, මගේ නොවේ... මම නොවේ... මගේ ආත්මය නොවේ...

වර්තමානයේ පවතින්නා වූ, කම්සුවෙන් වෙන් වූ (නිරාමිස) දුක් සැප රහිත වේදනාව, ස්පර්ශය නිසා හටගත් හෙයින් ද, ස්පර්ශය නැති වීමෙන් නැති වී යන හෙයින් ද, අනිත්‍යයි... අනිත්‍යයි... අනිත්‍යයි...

වර්තමානයේ පවතින්නා වූ, කම්සුවෙන් වෙන් වූ (නිරාමිස) දුක් සැප රහිත වේදනාව, මගේ නොවේ... මම නොවේ... මගේ ආත්මය නොවේ...

අනාගතයේ හටගන්නා වූ, කම්සුවෙන් වෙන් වූ (නිරාමිස) දුක් සැප රහිත වේදනාව, ස්පර්ශය නිසා හටගන්නා හෙයින් ද, ස්පර්ශය නැති වීමෙන් නැති වී යන හෙයින් ද, අනිත්‍යයි... අනිත්‍යයි... අනිත්‍යයි...

අනාගතයේ හටගන්නා වූ, කම්සුවෙන් වෙන් වූ (නිරාමිස) දුක් සැප රහිත වේදනාව, මගේ නොවේ... මම නොවේ... මගේ ආත්මය නොවේ...

හේතූන් නිසා හටගන්නා වූ සියලු දුක් වේදනා අනිත්‍යයි... අනිත්‍යයි... අනිත්‍යයි...

හේතූන් නිසා හටගන්නා වූ සියලු දුක් වේදනා මගේ නොවේ... මම නොවේ... මගේ ආත්මය නොවේ...

හේතූන් නිසා හටගන්නා වූ සියලු සැප වේදනා අනිත්‍යයි... අනිත්‍යයි... අනිත්‍යයි...

හේතූන් නිසා හටගන්නා වූ සියලු සැප වේදනා මගේ නොවේ... මම නොවේ... මගේ ආත්මය නොවේ...

හේතූන් නිසා හටගන්නා වූ සියලු දුක්සැප රහිත වේදනා අනිත්‍යයි... අනිත්‍යයි... අනිත්‍යයි...

හේතුන් නිසා හටගන්නා වූ සියලු දුක්සැප රහිත වේදනා මගේ නොවේ... මම නොවේ... මගේ ආත්මය නොවේ...

සාදු! සාදු!! සාදු!!!

9
සතිපට්ඨානය තුළ චිත්තානුපස්සනාව

අභ්‍යන්තර ජීවිතය ගැන...

දැන් ඔබ බුදුරජාණන් වහන්සේ වදාළ ශ්‍රී සද්ධර්මය ගැන සෑහෙන තොරතුරු දන්නවා. සිහිය පිහිටුවීම පිණිස ජීවිතය හැසිරවිය යුතු ආකාරය බුදුරජාණන් වහන්සේ වදාළ ධර්මය තුළින් තමයි කෙනෙකුට ඉගෙන ගන්න තියෙන්නෙ. අභ්‍යන්තර ජීවිතය පිරිසිදු කළ යුතු දෙයක් බව ඕනෑම බුද්ධිමත් කෙනෙකුට තේරුම් ගන්න පුළුවන් එකක්. මේ අභ්‍යන්තර ජීවිතය පිරිසිදු කරගැනීම පිණිස බුදුරජාණන් වහන්සේ වදාළ ධර්මය උපකාර කරගන්න එක ආන්න ඒ බුද්ධිමත් කෙනාට කරගන්න පුළුවනි. ඒ සඳහා තමයි සිහිය පිහිටුවන්නට තිබෙන්නෙ.

ඉතින් අපි ඒ වෙනුවෙන් කායානුපස්සනා භාවනාව ඉගෙන ගත්තා. වේදනානුපස්සනා භාවනාව ඉගෙන ගත්තා. අපේ අභ්‍යන්තර ජීවිතයේ තියෙන විශේෂ දෙයක් තමයි සිත. සිත ගැන සිහියෙන් විමසීම, සිහිය පිහිටුවා ගැනීම ගැන, චිත්තානුපස්සනා භාවනාවයි දැන් ඔබ ඉගෙන ගන්නේ. මේ චිත්තානුපස්සනා භාවනාව සතිපට්ඨාන

සූත්‍ර දේශනාවෙදි බුදුරජාණන් වහන්සේ වදාළේ තුන්වන කොටස හැටියට. පළවෙනි එක කායානුපස්සනා භාවනාව. දෙවෙනි එක වේදනානුපස්සනා භාවනාව. තුන්වෙනි එක චිත්තානුපස්සනා භාවනාව.

දමනය කරගත්තොත් මේ සිත...

සිත කියලා කියන්නේ හේතු නිසා හටගන්න, හේතු නැතිවීමෙන් නැතිවී යන දෙයක්. ඒ වගේ ම හිත කියන එක නොමඟට හැරෙව්වාම නොමග යන දෙයක්. සුමඟට හැරෙව්වාම සුමඟ යන දෙයක්. හරවන හරවන විදිහට හැදෙන දෙයක්. මේ නිසයි බුදුරජාණන් වහන්සේ සිත දමනය කරගත යුතු දෙයක් හැටියට වදාළේ. උන්වහන්සේ වදාළා **(චිත්තං දන්තං සුඛාවහං)** දමනය වෙච්ච සිතෙන් සැප ලැබෙනවා කියලා. මේක පැහැදිලිව උන්වහන්සේ දේශනා කළේ උන්වහන්සේ සිත දමනය කරගෙන හිටපු නිසා.

එහෙම නම් අපට පේනවා සතෙක් දමනය කරගත යුත්තේ යම් ආකාරයකින් ද, දමනය කරගත්තු සතා යම් ආකාරයකට ප්‍රයෝජනවත් වෙනවා ද, මෙන්න මේ වගේ තමයි මනාකොට දමනය කරගත්තු හිතත්. ඉතින් මේ සිත දමනය කරගැනීමට උපකාර වන, සිත පිළිබඳ සිහිය පිහිටුවීමට උපකාර වන භාවනාව චිත්තානුපස්සනා භාවනාව යි. මේ චිත්තානුපස්සනා භාවනාවෙදි බුදුරජාණන් වහන්සේ වදාළා ආකාර 16 කින් සිත දිහා බලන්න කියලා.

සිත ගැන දැනගන්න ක්‍රම 16 ක්...

ඒ තමයි, සරාගී සිත දිහා බලන්න කියනවා, මේ

දැන් තියෙන්නේ සරාගී සිතක් කියලා. හිතක් සරාගී වෙන්නේ හේතු සහිතව මිසක් හේතු රහිතව නොවෙයි. මේ හිත සරාගී වෙන්නේ මේ මේ කාරණා නිසා කියලා අන්න එතකොට එයා ගැඹුරු අවබෝධයක් ජීවිතයට ලබා ගන්නවා. සිහිය පිහිටුවාගෙන ඉන්න නිසා එයා ඒක දැන ගන්නවා.

හිතක් කිළුටු වන්නේත් හේතු සහිතවයි. හිතක් පිරිසිදු වන්නේත් හේතු සහිතවයි. සිතක් වීතරාගී වන්නේත් හේතු සහිතවයි. ඉතින් **(වීතරාගං වා චිත්තං වීතරාගං චිත්තන්ති පජානාති)** වීතරාගී සිත වීතරාගී සිතක් කියලා හොඳට සිහියෙන් දැනගන්නවා.

ඊළඟට හිත ද්වේෂ සහිත නම්, මේ තිබෙන්නේ ද්වේෂ සහිත සිතක් කියලා හොඳ සිහියෙන් දැනගන්නවා. ඒ වගේම මේ මේ කරුණු නිසයි මේ සිත ද්වේෂ සහිත වුණේ කියලත් හොඳ සිහියෙන් දැනගන්නවා.

හිත වීතදෝෂී වුණා නම්, ඒ කියන්නෙ හිත ද්වේෂයෙන් තොර වුණා නම්, මේ හිත ද්වේෂයෙන් තොර වුණේ මේ මේ කරුණු නිසා කියලා සිහියෙන් දැනගන්නවා. දැන් මේ සිත ද්වේෂයෙන් තොරයි කියලා දැනගන්නවා.

ඒ වගේම හිත මෝහ සහිත නම්, මෝහ සහිත කියලා කියන්නේ සැකසංකා, මුළාවට පත්වීම්, සිතේ තියෙන වංචාවලට ප්‍රයෝගවලට හසුවීම්, මම ය, මාගේ ය, මාගේ ආත්මය ය යන මුළාවට හසුවීම. මේ ඔක්කොම අයිති වෙන්නේ මෝහයට. මේ හිතේ මෝහයක් ඇතිවුණා නම්, ඒක දැනගන්නවා දැන් මේ තියෙන්නෙ මෝහ සහිත සිතක් කියලා.

මේ සිතේ මෝහය නැතිවුණා නම්, ඒ කියන්නේ සිත පිළිබඳව අවබෝධයකට පත්වුණා නම්, එයා දැනගන්නවා මේ සිත මෝහ රහිත සිතක් කියලා.

ඊළඟට මේ සිත හැකිලෙනවා. හැකිලෙනවා කියලා කියන්නේ මේ හිතේ මොකුත් කරගන්න බැරිව යනවා. හිත ප්‍රබෝධමත් නෑ. නින්දට භාජනය වෙනවා. හිතේ ස්වභාවය අඳුනගන්න බැරිව යනවා. ඒකට කියනවා හැකිලුණු හිත කියලා. හිත හැකිලී තියෙනවා නම්, ඒ හැකිලී තියෙන බවත් නුවණින් දැනගන්නවා.

මේ සිත අභ්‍යන්තරයට හැකිලෙනවා, බාහිරට විසිරෙනවා. මේකයි හිතේ ස්වභාවය. හිත විසිරී තියෙනවා නම්, හිත විසිරී තියෙන බවත් හොඳට සිහියෙන් දැන ගන්නවා.

ඊළඟට සිහිනුවණ බලවත්ව පවතින සිත, සිහිනුවණ බලවත්ව පවතින සිතක් හැටියට සිහියෙන් දැනගන්නවා. සිහිනුවණ දුර්වල සිත, සිහිනුවණ දුර්වල සිතක් හැටියට සිහියෙන් තේරුම් ගන්නවා.

ඒ වගේම සමාධියක් දියුණු කරලා සිත ධ්‍යාන තත්වයට පත්වෙලා නම්, ඒකත් දැනගන්නවා. සිත ධ්‍යාන තත්වයට පත්වෙලා නැත්නම්, ඒකත් දැනගන්නවා.

ඒ වගේම සිත සමාධිගත වෙනවා නම්, සමාධිගත වෙන බවත් දැනගන්නවා. හිත සමාධිගත නැත්නම්, මේ හිතේ සමාධියක් නෑ කියලා ඒකත් දැනගන්නවා.

සිත කෙලෙසුන්ගෙන් මිදුණා නම්, ඒකත් දැන ගන්නවා. සිත කෙලෙසුන්ගෙන් මිදිලා නැත්නම්, ඒකත් දැනගන්නවා.

වරදවා ගන්න එපා...

එතකොට බලන්න පින්වතුනි, රාග සිතේ ඉඳලා නිකෙලෙස් පාරිශුද්ධ සිත දක්වා ම කෙනෙකුගේ සිතක වෙනස්කම ඒ විදිහට ම දකින්නට සිහිය පුරුදු කරන ආකාරයයි බුදුරජාණන් වහන්සේ වදාළේ. මේකෙදි අපට කරන්න කියා වදාරලා තියෙන්නේ රාග සිතක් ඇතිවුණාට පස්සේ රාගයක්... රාගයක්... කියලා සිහිකිරීම නෙවෙයි. තරහක් ඇතිවුණාම තරහක්... තරහක්... කියල සිහිකිරීම නෙවෙයි. එහෙම සිහි කරන්න කියල කිසිම බුද්ධ දේශනාවක නෑ.

බුදුරජාණන් වහන්සේගේ දේශනාවෙ තියෙන්නේ, එයා ඒක තේරුම් ගන්නේ කොහොම කියලද? මේක කුමක් නිසා ද මෙහෙම ඇතිවන්නේ කියලයි. හේතු නිසා හටගන්න ඵලයක් විදිහට දකින විදිහට සිහිය පිහිටුවා ගැනීම යි.

බාහිර සිත්වල ස්වභාවයත් මේ විදිහමයි...

දැන් ඔබට තේරෙනවා ඇති බුදුරජාණන් වහන්සේගේ ශ්‍රාවකයා ජීවිතය දිහා බලන්නේ ආවාට ගියාට නෙවෙයි. නිකම් මේ හැඟීමකට වහල් වෙලා, ජීවිතය පිළිබඳව අවබෝධයක් නැතිව, ජීවිතය පිළිබඳ තේරුම් ගැනීමක් නැතිව අපිත් මේ භාවනා කරනවා කියලා ඔහේ යන භාවනාවක් ගැන නෙවෙයි මේ කියන්නේ. මෙතන බුදුරජාණන් වහන්සේ පැහැදිලිවම දේශනා කරන්නේ හොඳට සිහිය පිහිටුවාගෙන සිත ගැන නුවණින් විමසා බැලීමක් ගැන.

මේ විදිහට සිත ගැන නුවණින් විමසා බලනකොට

තමා තුළ තියෙන මේ හිතේ ස්වභාවය හොඳට අවබෝධ කරගන්නවා. ඒ වගේම මේ කෙනා තේරුම් ගන්නවා අනෙක් කෙනෙකුගේ සිත තුළත් මේ ස්වභාවය ම යි තියෙන්නේ කියලා. ඒ වගේම **(සමුදය ධම්මානුපස්සී වා චිත්තස්මිං විහරති)** මේ හිත කියන්නේ හේතූන් නිසා හටගන්නා ස්වභාවයෙන් යුක්ත දෙයක් ය කියලත් දැන ගන්නවා.

සිත හැදෙන්නෙ නාමරූප නිසයි...

කුමක්ද මේ හිතක් හටගන්න හේතුවන කාරණාව? බුදුරජාණන් වහන්සේ පැහැදිලිව දේශනා කළා හිත නාමරූප ප්‍රත්‍යයෙන් හටගන්න දෙයක් කියලා. සංයුත්ත නිකායේ සතිපට්ඨාන සංයුත්තයේ 'සතිපට්ඨාන සමුදය' කියල සූත්‍ර දේශනාවක් තියෙනවා. ඒකෙදි පැහැදිලිව බුදුරජාණන් වහන්සේ වදාළා **(නාමරූප සමුදයා චිත්ත සමුදයෝ)** නාමරූප හටගැනීමෙන් සිතක් හටගන්නවා කියලා.

නාමරූප කියන වචනය පටලව ගන්න එපා! නාමරූප කියන එක බුදුරජාණන් වහන්සේගේ සූත්‍ර දේශනාවල ඉතා පැහැදිලිව දේශනා කරල තියෙනවා. නාම කියන වචනයට කරුණු පහක්. ඒ තමයි වේදනා, සඤ්ඤා, චේතනා, ඵස්ස, මනසිකාර. රූප කියන වචනය තෝරලා තියෙන්නේ සතර මහා භූතත්, සතර මහා භූතයන්ගෙන් හටගත්තු දේත්. එතකොට සතර මහා භූතත්, සතර මහා භූතයන්ගෙන් හටගත්තු දේත් යම් තැනක තියෙනවා ද, ඒ වගේම විඳීමක්, හඳුනාගැනීමක්, චේතනාවක්, ස්පර්ශයක්, මනසිකාරයක් යම් තැනක තියෙනවා ද, එතන සිත කියන දේ හැදෙනවා.

සිත අවබෝධ කරගත්තොත්...

එහෙම නම් ඔබෙත් මගෙත් මේ සිත නාමරූප ප්‍රත්‍යයෙන් හටගත්තු සිතක්. මේ සිතේ තමයි අර ලක්ෂණ ඔක්කොම ඇතිවන්නේ. සරාගී බව, වීතරාගී බව, ද්වේෂ සහිත බව, වීතදෝෂී බව, මෝහ සහිත බව, වීතමෝහී බව, හැකිළුනු බව, විසිරුණු බව, එකඟවුණ බව, එකඟ නොවුණු බව, ධ්‍යාන තත්වයට පත්වෙච්ච බව, ධ්‍යාන තත්වයට පත් නොවුණු බව, සිත සමාහිත බව, සිත අසමාහිත බව, සිත කෙලෙස් සහිත බව, සිත නිකෙලෙස් බව මේ ඔක්කොම ඇතිවෙන්නේ අර නාමරූප ප්‍රත්‍යයෙන් හටගත්තු සිතක. අන්න බලන්න එතකොට අපට කොයිතරම් අවබෝධයක් ලබාගන්න පුළුවන්ද කියලා.

ඒ නිසා පින්වතුනි, සිත දමනය කරගත් අය තමයි මේ ලෝකය ජයගත්තේ. මේ කායික මානසික දුක් දොම්නස්වලින් නිදහස් වුණේ සිත අවබෝධ කරගත්තු අය. මේ සිත පිළිබඳව මම, මාගේ, මාගේ ආත්මය කියන අදහසින් නිදහස් වෙච්ච අය.

ආත්මය කියල එකක් ඕනම නම්...

බුදුරජාණන් වහන්සේ වදාළා කෙනෙකුට මම කියල, මගේ කියල, මගේ ආත්මය කියල එකක් ගන්න ඕනෙම නම්, කය දිහා එහෙම බලන්න කියනවා. මොකද කය අවුරුද්දක් තියෙනවා පේනවා. කය අවුරුදු දහයක් තියෙනවා පේනවා. කය අවුරුදු විස්සක් තියෙනවා පේනවා. කය අවුරුදු අසූවක් අනූවක් තියෙනවා පේනවා. ඊට පස්සේ කය මැරිලා යනවා. එහෙමනම් කය පිළිබඳ අපිට සුළු කාලයක් හරි පවතිනවා පේනවා.

නමුත් බුදුරජාණන් වහන්සේ වදාළා මේ සිත එහෙම නෙවෙයි. සිත වනාහී වනාන්තරයක අත්තෙන් අත්තට පනින, එක අත්තක් අල්ලගෙන ඉඳලා, ඒ අත්ත අතහැරලා ඊළඟ අත්තට පනින වඳුරෙක් වගේ. අරමුණෙන් අරමුණට පැන පැන පවතින එබඳු සිත දිහා මම කියලා බලන්න එපා කියනවා. මගේ කියලා බලන්න එපා කියනවා. මාගේ ආත්මය කියලා බලන්න එපා කියනවා.

ශ්‍රද්ධාව ඇතිකරගන්න මේ ධර්මය ගැන...

එහෙම නම් බලන්න, ජීවිතය ගැන කොයිතරම් පුළුල් අවබෝධයක් තමන් තුළින් ගන්න පුළුවන්කම තිබෙද්දි ද, අපේ මේ කාලය, මේ වාසනාවන්ත අවස්ථාව, මේ දුර්ලභ අවස්ථාව අපට අහිමි වෙන්නේ? ඒ නිසා මේ උතුම් අවස්ථාව මගහැර ගන්නට එපා! කවුරු මොනවා කිව්වත්, ඔබ අපායේ ගියොත් ඒක ඔබ විඳින්නට ඕනෙ. ඔබ කර්ම රැස් කළොත් ඔබ ඒ කර්ම ගෙනියන්නට ඕනෙ. ඒ නිසා එක එක්කෙනාගේ දේ නෙවෙයි වැදගත් වෙන්නේ, බුදුරජාණන් වහන්සේ මහා කරුණාවෙන් වදාළ දේ.

ඒ නිසා ශ්‍රද්ධාව පිහිටුවා ගන්න බුදුරජාණන් වහන්සේ ගැන. ශ්‍රද්ධාව පිහිටුවා ගන්න බුදුරජාණන් වහන්සේ වදාළ ධර්මය ගැන. ඒ ධර්මය අනුගමනය කරලා නිවන් දැකපු උතුමන් ගැන ශ්‍රද්ධාව පිහිටුවා ගන්න. එතකොට ඔබට පුළුවන් ඔබේ සිතටත් මේ සතිපට්ඨාන ධර්මය පුරුදු කරන්න. ඔබට පුළුවන් ඔබේ සිත දිහා හොඳ සිහියෙන් බලලා ජීවිතාවබෝධය ඇති කරගන්නට. අන්න ඒ ජීවිතාවබෝධයට උපකාර වෙනවා මේ චිත්තානුපස්සනා භාවනාව.

10

ධම්මානුපස්සනාව තුළ පංච නීවරණ

බුදුරජාණන් වහන්සේ දැකගැනීම...

දැන් ඔබ බුදුරජාණන් වහන්සේ වදාළ ධර්මය කෙරෙහි පැහැදීමක් ඇති කරගන්ට පුළුවන් කරුණු ටික ටික තේරුම් ගනිමින් ඉන්නවා. බුදුරජාණන් වහන්සේව අඳුනගන්ට තිබෙන්නේ බුද්ධ ප්‍රතිමාවලින් නෙවෙයි. බුදුරජාණන් වහන්සේව අඳුනගන්ට තිබෙන්නේ පින්තූර වලිනුත් නෙවෙයි. බුදුරජාණන් වහන්සේව අඳුනගන්ට තිබෙන්නේ ශ්‍රී සද්ධර්මයෙන් ම යි.

ඒ නිසා තමයි බුදුරජාණන් වහන්සේගේ දෙතිස් මහා පුරුෂ ලක්ෂණවලින් සමන්විත ඒ සුන්දර බුදු සිරුර දිහා බලාගෙන හිටපු වක්කලී ස්වාමීන් වහන්සේට බුදුරජාණන් වහන්සේ වදාළේ "අනේ වක්කලී, මොනවට ද මේ කුණු ශරීරය දිහා බලන්නෙ? ඔබ ධර්මය දිහා බලන්න. එතකොට ඔබට බුදුරජාණන් වහන්සේව පෙනේවි" කියලා. එහෙම නම් අපට පැහැදිලිව පේනවා ධර්මය දිහා බැලීමෙන් ම යි බුදුරජාණන් වහන්සේව දකින්ට පුළුවන් වෙන්නේ.

රහතුන්ගේ දායාදය...

යම් හෙයකින් බුද්ධ ප්‍රතිමාවකින් බුදුරජාණන් වහන්සේව දැකගන්ට පුළුවන් නම් ඉස්සෙල්ලාම ඒ ප්‍රතිමා නිර්මාණය කරන්නේ රහතන් වහන්සේලා විසින්. එහෙම නම් බුදුරජාණන් වහන්සේගේ කාලේ වැඩහිටපු මහරහතන් වහන්සේලා ප්‍රථම ධර්ම සංගායනාව කරන්ටත් පෙරාතුවම තීරණය කරනවා, බුදුරජාණන් වහන්සේව අනිත් අයට දැකගන්ට බුද්ධ ප්‍රතිමා නිර්මාණය කරන්ට ඕනෙ කියලා. නමුත් උන්වහන්සේලා නියම දේ කළා. ඒ තමයි ශ්‍රී සද්ධර්මය ආරක්ෂා කළා, සංගායනා කළා. සංගායනා කරනවා කියන්නේ සමූහයක් එකතුවෙලා ගායනා කරනවා නෙවෙයි. සංගායනා කරනවා කියලා කියන්නේ, ඒ බුදුරජාණන් වහන්සේගේ ධර්මය, ඒ ඒ තැන විසිරිච්ච දේ ක්‍රමානුකූලව සකස් කිරීම යි. ඒ නිසා රහතන් වහන්සේලා විසින් දායාද කරපු දෙයක් තමයි දැන් මේ අපේ අතට ලැබිලා තියෙන්නේ.

සතිපට්ඨානය තුළ තවදුරටත් විමසමු...

ඉතින් ඒ බුදුරජාණන් වහන්සේ වදාළ ශ්‍රී සද්ධර්මය තුළ තිබෙන, සතර සතිපට්ඨානයට අයත් උතුම් සතිපට්ඨාන භාවනාවන් තමයි අපි මේ ඉගෙන ගනිමින් සිටින්නේ. දැන් ඔබ සතිපට්ඨාන සූත්‍රය ගැන සෑහෙන විස්තරයක් දන්නවා. මේ වන විට ඔබට තේරෙනවා ඇති කොයිතරම් පැහැදිලි දැනුමක් බුදුරජාණන් වහන්සේ වදාළ ධර්මය ගැන ඔබ දැන් ලබාගෙන තියෙනවද කියලා. මේක දුර්ලභ දැනුමක්.

අපට ඕනෙ කරන්නේ කොලේ වහලා කතා කිරිල්ලක් නෙවෙයි. අපට උවමනා කරන්නේ මේ ජීවිතය ගැන ඇත්ත

ම කතා කරන්ට යි. ඒ කියන්නේ, බුදුරජාණන් වහන්සේ වදාළා මේ ජීවිතය කියන්නේ අදින් අවසන් වෙලා යන එකක් නෙවෙයි. මේක කෙළවරක් නැති භව ගමනක පැටලිච්ච එකක්. කෙනෙක් සතර අපායේ වැටි වැටී තමයි මේ සංසාර ගමන යන්නේ. එබඳු ගමනක් යන කෙනෙකුට ඉතාමත් කලාතුරකින් බුදුරජාණන් වහන්සේ නමක් වදාළ ධර්මය ලැබුණට පස්සේ ඒ කෙරෙහි පහදින්ට ම යි ඕනෙ. ප්‍රසාදය ඇති කරගන්ට ම යි ඕනෙ. කාටවත් සොලවන්ට බැරි ප්‍රසාදයක් ම යි ඇති කරගන්ට ඕනෙ.

සැබෑම කල්‍යාණ මිත්‍රයා හඳුනාගන්න...

ඒ නිසා මේ දුර්ලභ අවස්ථාව මගහරින්න එපා! ඔබ මතක තියාගන්ට ඕනෙ, ඔබ කල්‍යාණ මිත්‍රයෙක් ඇසුරු කරනවා නම්, ඒ කල්‍යාණ මිත්‍රයා ශ්‍රී සද්ධර්මය විකෘතියක් කරන්නේ නැතිව, ඒ විදිහට ම, තමන්ගේ අතින් කෑලි දාන්නේ නැතිව, තමන්ගේ විග්‍රහයන් නැතිව, ඇත්ත වශයෙන්ම බුදුරජාණන් වහන්සේ වදාළ ධර්මය ම ප්‍රකාශ කරන කෙනෙක් විය යුතුයි. එහෙම නැතිව එක එක මත කියනවා නම් ඒ කෙනා කල්‍යාණ මිත්‍රයෙක් හැටියට සළකන්න බෑ.

දවසක් උපාලි මහරහතන් වහන්සේට බුදුරජාණන් වහන්සේ වදාළා "පින්වත් උපාලි, ඔබ යම් ධර්මයක් ශ්‍රවණය කරනකොට, ඒ ධර්මය තුළ නොඇලීම ගැන කතා කරනවා නම්, යම් ධර්මයක් ශ්‍රවණය කරන කොට, ඒ ධර්මය තුළ විරාගී බව ගැන කතා කරනවා නම්, යම් ධර්මයක් ශ්‍රවණය කරන කොට, ඒ ධර්මය තුළ ඇල්ම නැති කරගැනීම ගැන කතා කරනවා නම්, යම් ධර්මයක් කතා

කරන කොට, ඒ ධර්මය තුළ දුකෙන් නිදහස් වීම ගැන කතා කරනවා නම්, පින්වත් උපාලි, ඔබ තේරුම් ගන්න එය තථාගත ධර්මය යි කියලා. යම් ධර්මයක් කතා කිරීමෙන් ඇලීම නිරුද්ධ වෙන්නෙ නැත්නම්, දුකෙන් නිදහස් වීමක් ගැන, නිවනක් ගැන කතා කරන්නේ නැත්නම්, පින්වත් උපාලි, ඔබ තේරුම් ගන්න එය තථාගත ධර්මය නෙවෙයි කියලා."

එහෙම නම් අපි පැහැදිලිව තේරුම් ගන්නට ඕනෙ සංසාරෙන් නිදහස් කරවන ධර්මයක් තමයි බුදුරජාණන් වහන්සේ වදාළ ධර්මය. සංසාරයේ පටලව පටලවා යන එකක් නෙවෙයි.

කාමච්ඡන්ද නීවරණය...

දැන් ඔබ සතිපට්ඨාන සූත්‍රයේ අවසාන කොටස තමයි ඉගෙන ගනිමින් සිටින්නේ. ඒක පටන්ගන්නේ පංච නීවරණ පැහැදිලි කිරීම තුළින්. බුදුරජාණන් වහන්සේ වදාළා ඒ කෙනා හොඳට සිහිය පිහිටුවා ගන්නට ඕනෙ, පංච නීවරණ ගැන. කොහොමද ඒ? තමන් තුළ කාමච්ඡන්දය ඇති වෙලා තියෙනවා නම්, දැන් මා තුළ කාමච්ඡන්දය තියෙනවා කියලා ඒ කෙරෙහි සිහිය පිහිටුවා ගන්නට ඕනෙ. සිහිය පිහිටුවා ගන්නේ කාමච්ඡන්දය පවත්වන්න නොවෙයි. 'කාමාසාවක්... කාමාසාවක්...' කිය කියා හිතන්නට නොවෙයි.

මේ කාමච්ඡන්දය ඇතිවෙන්නේ සුභ නිමිත්තයි, අයෝනිසෝ මනසිකාරයයි නිසා. මම එහෙනම් යෝනිසෝ මනසිකාරයේ පිහිටලා සුභ නිමිත්ත බැහැර කරනවා කියලා, අන්න ධර්මයේ පිහිටන්න පටන් ගන්නවා

ධම්මානුපස්සනාව වඩන කෙනා. එතකොට තමන් තුළ නැතිවන්නා වූ කාමච්ඡන්දය තමන් තුළ නැත කියලත් අවබෝධ කරගන්නවා.

ව්‍යාපාද නීවරණය...

ඒ වගේම සිතක ඇතිවෙනවා ව්‍යාපාදය. ව්‍යාපාදය කියන්නේ තරහ. තරහ ඇතිවුණාම ඒ කෙනා නුවණින් බලනවා තමන්ගේ සිත දිහා. දැන් ඔන්න මා තුළ තරහ ඇතිවුණා. 'තරහක්... තරහක්...' කියල සිහි කිරීම නෙවෙයි එතන කරන්න තියෙන්නේ. එතනදි කරන්නෙ මොකක්ද, මේ තරහ ඇතිවුණේ පටිඝ නිමිත්තයි, අයෝනිසෝ මනසිකාරයයි නිසා. ඒ නිසා මම යෝනිසෝ මනසිකාරයෙන් පටිඝ නිමිත්ත බැහැර කරලා මෙත්තා චේතෝ විමුක්තියේ සිත පිහිටුවනවා කියලා හිතනවා.

පටිඝ නිමිත්ත කිව්වේ තරහ ගන්ට හේතුවෙච්ච කාරණාව. තරහ ගන්ට හේතු වෙච්ච කාරණාව බැහැර කරලා ඒ කෙනා මෙත් සිත ඇති කරගන්නවා යෝනිසෝ මනසිකාරයෙන්. අන්න එතකොට තේරුම් ගන්නවා තමා තුළ තිබුණා නම් යම් ව්‍යාපාද නීවරණයක්, මේ ව්‍යාපාද නීවරණය දැන් නැත කියල තමා තුළින් ම ඒක වෙනස් වෙච්ච ආකාරය දැකගන්නවා.

ථීනමිද්ධ නීවරණය...

ඊළඟට නිදිමත, අලස බව, කම්මැලිකම, ධර්මයේ හැසිරෙන්න තියෙන අකැමැත්ත, අරතිය මේවා එනකොට තේරුම් ගන්නවා දැන් තමන් තුළ ථීනමිද්ධය ඇතිවෙලා කියලා. මේ ථීනමිද්ධය ඇතිවෙන්නේ අයෝනිසෝ

මනසිකාරයෙන් සහ ප්‍රමාදයෙන්. එයා කල්පනා කරනවා මම මේ ථීනමිද්ධය බැහැර කරන්නට ම ඕනෙ. මම මේ ථීනමිද්ධය දුරු කරන්නට ම ඕනෙ. මම මේ ථීනමිද්ධය නැතිකරන්නට ම ඕනෙ කියලා. එයා ථීනමිද්ධය බැහැර කිරීම පිණිස යෝනිසෝ මනසිකාරයේ සිත පිහිටුවාගෙන තමන්ගේ සිහිය මනාකොට හසුරුවන්න පටන් ගන්නවා.

'මං මේ දැන් වුණත් මැරෙන්න පුළුවනි. මං අද මැරෙයි ද දන්නෙ නෑ. අද මට අනතුරක් වෙයි ද දන්නෙ නෑ. කරදරයක් වෙයි ද දන්නෙ නෑ. ජීවිතයට මොන විපතක් වෙයි ද දන්නෙ නෑ. එහෙම නම් ඊට කලින් මම මේ ධර්මයේ හැසිරෙන්න ඕනෙ' කියලා මනාකොට සිහිය පිහිටුවාගෙන සිහියෙ ම යෙදෙනවා. මේ විදිහට මෙයා ථීනමිද්ධ නීවරණය බැහැර කරලා, නිදිමත අලස බවින් තොරව තමන්ගේ ජීවිතය හසුරුවනවා මහත් වීරියකින් යුක්තව.

උද්ධච්ච - කුක්කුච්ච නීවරණය...

ඊළඟට ඒ කෙනා තමන් තුළ විපිළිසර බවක්, සිතේ විසිරීමක්, පසුතැවිල්ලක් ඇති වුණාම, ඒ බව සිහියෙන් දැනගන්නවා. එතකොට එයා තේරුම් ගන්නවා මා තුළ මේ ස්වභාවය ඇතිවෙලා තියෙන්නේ අයෝනිසෝ මනසිකාරයෙන් මිසක් යෝනිසෝ මනසිකාරයෙන් නෙවෙයි කියලා. දැන් එයා තමන්ට අතීතය අරභයා පසුතැවෙන කාරණා, තමන්ගේ ජීවිතේ යම් යම් නොදැනුවත්කම් අරභයා තමන්ට ඇතිවෙලා තියෙනවා නම් පසුතැවෙන්න හේතු වෙච්ච කාරණා, නුවණින් සලක සලකා ඒවා සිතෙන් බැහැර කරනවා. 'මේවා අනිත්‍යයි. මං මේවා සිහිකරලා

වැඩක් නෑ. ඒ ගිය දේවල් ගියා. දැන් මං අලුත් කෙනෙක්. දැන් මං ධර්මයට පැමිණිච්ච කෙනෙක්. දැන් මං හිත හදාගෙන යන කෙනෙක්. මං මේවා හිත හිත ඉන්න එක මේ ධර්ම මාර්ගය දියුණු කරන්ට මට බාධාවක්' කියලා, එයා අතීතය ගැන ශෝක කර කර සිටීම සිතෙන් බැහැර කරනවා. බැහැර කරලා අධික වීරිය වෙනුවට බොහොම ඉවසීමෙන් යුක්තව, තවදුරටත් හොඳට සිහිය පිහිටුවා ගන්නවා. අන්න එතකොට ටික ටික තමන්ගේ හිතේ විසිරීම අඩුකර ගන්න පුළුවන්කම ඇතිවෙනවා.

විචිකිච්ඡා නීවරණය...

ඊළඟට ඒ කෙනාට සැක ඇතිවුණොත් මේ ධර්මය සම්බන්ධව 'මං මේ කරන භාවනාව හරි ද? මං මේ කරන ක්‍රමය හරි ද? මට මේ විදිහට සිත දියුණු කරන්න පුළුවන් වෙයි ද? මට ප්‍රතිඵල ගන්න පුළුවන් වෙයි ද?' කියලා, මෙහෙම හිතන්න හිතන්න එයා තුළ ඇතිවෙනවා සැකයක්. සැකය ඇතිවෙන්න ඇතිවෙන්න ධර්මයේ හැසිරෙන්ට සිත පිහිටන්නෙ නැතිව යනවා. වෙන වෙන බාහිර දේවල් කෙරෙහි, අදාළ නැති දේවල් කෙරෙහි, වැඩකට නැති දේවල් කෙරෙහි සිත යොමු වෙනවා. මේක සිදුවෙනවා සැකය නිසා.

විචිකිච්ඡාව නැති කරගැනීම පිණිස මොකක්ද කරන්න තියෙන්නේ, ධර්මය පිළිබඳව මනා අවබෝධයක් ඇති උතුමන් ඇසුරු කරන්න ඕනෙ. එහෙම උතුමන් ආශ්‍රයට නැත්නම් බුදුරජාණන් වහන්සේ වදාළ ධර්මය ම නැවත නැවත කියවමින් තේරුම් ගන්නට මහන්සි ගන්න ඕනෙ. උන්වහන්සේ වදාළේ (කථංකථී ඤාණපථාය සික්ඛේ) නිතර

නිතර මේක කොහොමද? අරක කොහොමද? කියලා සැක හිතන කෙනා නුවණ ඇතිවෙන මාර්ගයක හික්මෙන්නට ඕනෙ කියලයි. එතකොට තමයි බුදුරජාණන් වහන්සේ කෙරෙහි ශ්‍රද්ධාව ඇති වෙන්නේ. සැකයෙන් නිදහස් වෙන්න තියෙන හොඳ ම දේ ශ්‍රද්ධාව ඇති කරගැනීම ම යි.

බෞද්ධයන්ගේ ලොකු ම ගැටලුව...

මට තේරෙන හැටියට මේ ලාංකික බෞද්ධයන්ගේ තියෙන ලොකුම ගැටලුව තමයි ශ්‍රද්ධාව නැතිකම. පැවිදි පිරිස ගත්තත් ශ්‍රද්ධාවන්තයන් සොයාගන්ට අමාරුයි, ගිහි පිරිස ගත්තත් ශ්‍රද්ධාවන්තයන් සොයාගන්ට අමාරුයි. ශ්‍රද්ධාව කියලා කියන්නේ බුදුරජාණන් වහන්සේගේ අවබෝධය විශ්වාස කිරීම. උන්වහන්සේගේ අවබෝධය ගැන පැහැදී සිටීම. උන්වහන්සේගේ අවබෝධය කෙරෙහි පැහැදීම වෙනුවට බොහෝ දෙනෙක් කරන්නේ තම තමන්ගේ මත කිය කියා එය ම හුවාදැක්වීම යි. තමන් තුළ ශ්‍රද්ධාව නැතිකම තමයි ඒ හුවාදැක්වීමෙන් කරන්නේ.

එහෙම නෙමෙයි අපට කරන්න තියෙන්නේ. ශ්‍රද්ධාවට පැමිණිලා, 'මෙය බුදුරජාණන් වහන්සේ වදාළ ධර්මය යි. මේ ධර්මය ප්‍රගුණ කරලා බොහෝ දෙනෙක් සංසාරෙන් අත්මිදුණා. අනේ මටත් මේ ධර්මය උපකාරයි නේද' කියලා සිහිකර කර සිහිකර කර, ශ්‍රද්ධාවෙන්, සතුටින්, සැක රහිතව, මේ පංච නීවරණ බැහැර කරමින් පංච නීවරණ ධර්මයන්ගෙන් හිත නිදහස් කරගන්නට ඕනෙ.

හේතු නැතිවීමෙන් නැති වී යන නීවරණ...

මේ විදිහට කරගෙන යද්දි මෙයාට තේරුම් යනවා

බාහිර උදවිය තුළත් මේ විදිහට ම යි මේ නීවරණ ධර්ම ක්‍රියාත්මක වෙන්නේ කියලා. අභ්‍යන්තර ජීවිතයේත් මේ විදිහට ම යි තියෙන්නේ කියලා මේ ස්වභාවය අඳුන ගන්නවා. ඊටපස්සේ මේ ජීවිතය අවබෝධ කරගන්න ඒක උපකාර කරගන්නවා. එතකොට මෙයාට තේරෙනවා හේතු නිසයි මේ පංච නීවරණ හටගන්නේ. හේතු නැතිවීමෙන් මේ පංච නීවරණ නැතිවෙනවා. අන්න එතකොට පංච නීවරණයන්ගේ හටගැනීමත්, පංච නීවරණයන්ගේ නැතිවී යාමත් කියන දෙක ම තේරුම් ගන්නට පුළුවන්කම ඇතිවෙනවා.

එතකොට ඒ තැනැත්තා පංච නීවරණ ඇතිවුණාම ඒවා 'මම' කියලා ගන්නේ නෑ. 'මගේ' කියලා ගන්නේ නෑ. 'මගේ ආත්මය' කියලා ගන්නේ නෑ. හේතූන් නිසා හටගන්නා පංච නීවරණ හේතු නිරුද්ධ වීමෙන් නැතිවෙන ස්වභාවයෙන් යුක්තයි කියල අවබෝධ වීම නිසා ඒ කිසිවකට බැඳෙන්නෙ නැතිව සිහිය පිහිටුවා ගන්නවා. ඒ සිහිය ම යි ඤාණය වැඩෙන්න උපකාර වෙන්නේ. ඒ සිහිය ම යි ජීවිත අවබෝධයට උපකාර වෙන්නේ.

11

ධම්මානුපස්සනාව තුළ ස්කන්ධ අනිත්‍ය භාවනාව

මෙතෙක් ඔබ ඉගෙන ගත් දේ...

ඔබ දැන් සතර සතිපට්ඨානය තුළ සැඟෙන තොරතුරු ඉගෙන ගෙන තියෙනවා. ඒ තමයි ආනාපානසති භාවනාව වඩන හැටි දැන් ඔබ දන්නවා. (**සති සම්පජඤ්ඤය**) සිහි නුවණින් යුක්තව ඉරියව් පවත්වන හැටි ඔබ දන්නවා. ඒ වගේම සතර ඉරියව්ව තුළ සිහිය පවත්වන හැටි දන්නවා. අසුභ භාවනාව ගැන දන්නවා. ධාතු මනසිකාරය ගැනත් ඔබ දන්නවා. ඒ වගේම මළකුණක් අමුසොහොනෙදි ආකාර නවයක් ඇතුළත පොළොවට පස්වෙලා යනකම්ම සිදුවෙන ක්‍රියාවලිය භාවනාවට නගන්නට ඔබ දන්නවා. ඒ වගේම වේදනානුපස්සනාව කියන්නේ මොකක්ද කියලත් ඔබ දන්නවා. මොකක්ද චිත්තානුපස්සනා භාවනාව කියන්නේ කියලත් ඔබ දන්නවා. ඊළඟට ධම්මානුපස්සනාවේ එක කොටසක් දන්නවා. ඒ තමයි පංච නීවරණ ගැන.

මේ ජීවිතය ගැන විශාල අවබෝධයක් ශ්‍රාවකයාට ලබාදෙනවා බුදුරජාණන් වහන්සේ විසින්. බුදුරජාණන්

සිතට සුව දෙන භාවනා 153

වහන්සේ තමයි මේ නිවන් මග පෙන්වා වදාළේ. ඒ නිසා බුදුරජාණන් වහන්සේට උන්වහන්සේ විසින් ම නාමවිශේෂණයන් පාවිච්චි කරනවා **(අනුප්පන්නස්ස මග්ගස්ස උප්පාදේතා)** නූපන් මාර්ගය උපදවන කෙනා. **(අසඤ්ජාතස්ස මග්ගස්ස සඤ්ජනේතා)** හටනොගත් මාර්ගය හටගන්වන කෙනා. **(අනක්ඛාතස්ස මග්ගස්ස අක්ඛාතා)** ලෝකයේ කවුරුවත් නොකියූ නිවන් මග කියන කෙනා.

පැහැදිලි ශ්‍රද්ධාවක් ඇති කරගන්ට ඕනෙ...

(මග්ගඤ්ඤූ) ඒ මාර්ගය මනාකොට අවබෝධ කළ කෙනා **(මග්ගවිදූ)** මාර්ගය මනාකොට දන්නා කෙනා. **(මග්ගකෝවිදෝ)** මාර්ගය මනාකොට පෙන්වාලන්නට සමර්ථ කෙනා කියලා. මේ නම් ඔක්කොම තුළින් හඳුන්වා තියෙන්නේ බුදුරජාණන් වහන්සේවයි. එහෙමනම් බුදුරජාණන් වහන්සේ තමයි මේ හිත හැසිරවීමේ මාර්ගය පෙන්වා වදාළේ. ඒ නිසා මේ ගැන ඔබ හොඳ ශ්‍රද්ධාවක්, පැහැදීමක් ඇති කරගැනීම අත්‍යවශ්‍ය යි.

නිවන් මග පෙන්වා දෙන්නට බුදුරජාණන් වහන්සේ තරම් කෙනෙක් ලෝකයේ වෙන කවුරුවත් නෑ. බුදුරජාණන් වහන්සේට පුළුවනි මේ සිත හසුරුවන ආකාරය ගැන මාවත පෙන්වා දෙන්නට. ඒකට තමයි මාර්ගය පෙන්වනවා කියන්නේ. දැන් අපි පාසල් ගියේ, අපට මාර්ගයක් පෙන්නුවා දෙමව්පියෝ. ඒ මාර්ගයේ තමයි අපි ගියේ. ඒ වගේ මේ ජීවිතයේ සැප ලැබෙන, දුකින් නිදහස් වන මාර්ගයක් පෙන්වනවා අපගේ ශාස්තෘන් වහන්සේ. මේ මාර්ගය තුළ අපි ගියොත් අපි ජීවිතය අවබෝධ කරලා

දුකෙන් නිදහස් වෙනවා. ඒකට තමයි මේ මාර්ගය උපකාර වෙන්නේ.

පංච උපාදානස්කන්ධය හඳුනාගනිමු...

දැන් ඔබ ඉගෙන ගන්නේ විශේෂ භාවනාවක්. මේ භාවනාවට කියන්නේ පංච උපාදානස්කන්ධ භාවනාව කියල. ඔබ අහලා ඇති පංච උපාදානස්කන්ධය කියන වචනය. ඔබට මතකද දම්සක් පැවතුම් සූත්‍ර දේශනාව. ඒ දේශනාවේ තිබෙනවා "පින්වත් මහණෙනි, මෙන්න මේක තමයි දුක්ඛ ආර්ය සත්‍යය. ඉපදීම දුකක්. ජරාවට පත්වීම දුකක්. මරණය දුකක්. ප්‍රියයන්ගෙන් වෙන්වීම දුකක්. අප්‍රියයන් හා එක්වීම දුකක්. කැමති දේ නොලැබීම දුකක්. කොටින්ම කිව්වොත් පංච උපාදාන ස්කන්ධය ම දුකයි" කියලා.

එහෙම නම් මේ පංච උපාදානස්කන්ධය අයිති දුකට. පංච උපාදානස්කන්ධය අවබෝධ කරනවා කියන්නේ දුක අවබෝධ කරනවා කියන එක. පංච උපාදානස්කන්ධය ගැන සිහිය පිහිටුවනවා කියන්නේ දුක ගැන සිහිය පිහිටුවනවා කියන එක. එතකොට ඒ කෙනාට පංච උපාදානස්කන්ධය ගැන සෑහෙන අවබෝධයක් ඇති කරගන්නට පුළුවන් වෙනවා.

විමසිය යුතු දේ...

බුදුරජාණන් වහන්සේ වදාළා ශ්‍රාවකයා තේරුම් ගන්නවා "මෙන්න මේකයි රූපය, මෙහෙමයි රූපය හටගන්නේ, මෙහෙමයි රූපය අභාවයට යන්නේ. මේකයි වේදනාව, මෙහෙමයි විඳීම් හටගන්නේ, මෙහෙමයි

විඳීම් අභාවයට යන්නේ. මේකයි සඤ්ඤාව, මෙහෙමයි සඤ්ඤාව හටගන්නේ, මෙහෙමයි සඤ්ඤාව අභාවයට යන්නේ. මේවා තමයි සංස්කාර, මෙහෙමයි සංස්කාර හටගන්නේ, මෙහෙමයි සංස්කාර අභාවයට යන්නේ. මේකයි විඤ්ඤාණය. මෙහෙමයි විඤ්ඤාණය හටගන්නේ, මෙහෙමයි විඤ්ඤාණය අභාවයට යන්නේ" කියලා.

මේ විදිහට පංච උපාදාන ස්කන්ධය ගැනත්, පංච උපාදාන ස්කන්ධය දිගින් දිගටම හටගන්නා ආකාරයත්, පංච උපාදාන ස්කන්ධය සදහටම නැතිවෙන්න හේතුවන ආකාරයත් කියන මේ ආකාර තුන ගැන ම විශේෂයෙන්ම සිහිය පිහිටුවාගෙන නුවණින් විමසීම තමයි මේ උපාදාන ස්කන්ධ භාවනාවට අයිති.

පංචස්කන්ධය - පංච උපාදානස්කන්ධය අතර වෙනස...

දැන් ඔබ මේ ගැන සෑහෙන තොරතුරු දැනගත යුතුයි. නැත්නම් ඔබට මේක තේරෙන්නේ නෑ. පංච උපාදාන ස්කන්ධය කියන වචනය බුදුරජාණන් වහන්සේ පැහැදිලිව විස්තර කරලා තියෙනවා. පංච කියන්නෙ පහ. උපාදාන ස්කන්ධ පහ. ඒ තමයි රූප, වේදනා, සඤ්ඤා, සංඛාර, විඤ්ඤාණ. මේ උපාදානස්කන්ධ පහ තමයි ඕනෙම කෙනෙකුගේ ජීවිතයක් තුළ තියෙන්නේ.

පංච උපාදානස්කන්ධයට ඇලී ගැලී වාසය කරනවා කියන අර්ථයෙන් තමයි මේ පුද්ගලයාට සත්වයා කියලා කියන්නේ. යම්කිසි කෙනෙක් මේ පංච උපාදානස්කන්ධය අවබෝධ කරලා මේ පංච උපාදානස්කන්ධයෙන් නිදහස්

වුණොත්, ඒ රහතන් වහන්සේට පංච උපාදානස්කන්ධයක් නෑ. පංච ස්කන්ධයක් විතරයි තියෙන්නේ. නමුත් සාමාන්‍ය සත්වයාට තියෙන්නේ පංච ස්කන්ධයක් නෙවෙයි. පංච උපාදානස්කන්ධයක්. රහතන් වහන්සේලාට පමණයි පංච ස්කන්ධය තියෙන්නේ. පංච ස්කන්ධයයි, පංච උපාදානස්කන්ධයයි අතර වෙනස තමයි, පංච උපාදානස්කන්ධය කියන්නේ ඡන්දරාගයෙන් යුක්ත වූ, ආසාවකට බැඳිච්ච පංච උපාදානස්කන්ධය. ආසාවෙන් නිදහස් වෙච්ච ගමන් ඔහුට උපාදාන නෑ, පංචස්කන්ධ විතරයි තියෙන්නේ.

අවබෝධ කළයුතු රූපය...

ඉස්සෙල්ලාම අඳුනාගන්න වෙන්නේ රූප උපාදාන ස්කන්ධය. රූප කියලා කියන්නේ (**රුප්පතීති රූපං**) නැසී වැනසී යන නිසා රූප කියනවා. මොනවද මේ නැසී වැනසී යන දේ? පඨවි ධාතු, ආපෝ ධාතු, තේජෝ ධාතු, වායෝ ධාතු කියන මේ සතර මහාධාතුත්, සතර මහාධාතුන්ගෙන් හටගත්තු දේවලුත්. නැසී වැනසී යන්නේ කොහොමද මේවා? සීතලෙන් නැසී වැනසී යනවා. උණුසුමෙන් නැසී වැනසී යනවා. බඩගින්නෙන් නැසී වැනසී යනවා. පිපාසයෙන් නැසී වැනසී යනවා. අතුරු ආන්තරාවලින් නැසී වැනසී යනවා. රෝග පීඩාවලින් නැසී වැනසී යනවා. ඒ නිසා සතර මහාධාතුන්ගෙන් හටගත්තු මේ ශරීරයට කියන නමක් රූප. එහෙම නම් රූපය කියන්නේ මේ ශරීරයට කියන නමක්. බුදුරජාණන් වහන්සේ වදාළා මේ රූප උපාදානස්කන්ධය ගැන අවබෝධ කරන්නට ඕනෙ කියලා.

ස්කන්ධ යනු කුමක්ද..?

දැන් මේවායේ වචනයක් තියෙනවා ස්කන්ධ කියලා. ස්කන්ධ කියලා කියන්නේ රූප 'ගොඩක්' කියන අර්ථය නෙවෙයි. මහා පුණ්ණම කියලා සූත්‍ර දේශනාවක් තියෙනවා. පුන්සඳ පායා ඇති රාත්‍රියක සැවැත් නුවර පූර්වාරාමයේ, බුදුරජාණන් වහන්සේ භික්ෂූන් වහන්සේලා පිරිවරාගෙන එළිමහනේ වැඩසිටියා. ඒ වෙලාවේ එක ස්වාමීන් වහන්සේ නමක් නැගී හිටලා කිව්වා "ස්වාමීනී, භාග්‍යවතුන් වහන්ස, මට ප්‍රශ්නයක් අහන්ට තියෙනවා. මට අවසර දෙන්න" කියලා. ඉතින් බුදුරජාණන් වහන්සේ වදාළා "පින්වත් භික්ෂුව, ඔබ ඉන්න තැනම ඉඳගෙන ප්‍රශ්නය අහන්න. පිළිතුරු දෙන්නම්" කියලා.

ඒ භික්ෂුව අහනවා "භාග්‍යවත් බුදුරජාණන් වහන්ස, මේ පංච උපාදානස්කන්ධයේ 'ස්කන්ධ' කියලා වචනයක් තියෙනවා. මේ 'ස්කන්ධ ස්කන්ධ' කියන වචනයේ නියම අර්ථය මොකක්ද?" කියලා. එතකොට බුදුරජාණන් වහන්සේ වදාළා "පින්වත් භික්ෂුව, අතීතයේ නිරුද්ධ වී ගිය යම් රූපයක් ඇද්ද, හටනොගත් අනාගතයේ යම් රූපයක් ඇද්ද, හටගත් වර්තමානයේ යම් රූපයක් ඇද්ද, තමාගේ යැයි සලකන සතර මහා ධාතූන්ගෙන් හටගත් යම් රූපයක් ඇද්ද, අනුන්ගේ යැයි සලකන සතර මහා ධාතූන්ගෙන් හටගත් යම් රූපයක් ඇද්ද, ගොරෝසු ස්වභාවයෙන් යුතු රූපයක් ඇද්ද, සියුම් ස්වභාවයෙන් යුතු රූපයක් ඇද්ද, හීන වූ රූපයක් ඇද්ද, ප්‍රණීත වූ රූපයක් ඇද්ද, දුර පවතින රූපයක් ඇද්ද, ළඟ පවතින රූපයක් ඇද්ද, මෙන්න මේකට කියනවා රූප උපාදාන ස්කන්ධය කියලා." මෙතනදී අප අමතක කරන්ට හොඳ නෑ රූපය කියන්නේ ශරීරයට බව.

කාලය හා අවකාශය අතර පැවැත්ම...

එතකොට ස්කන්ධ කියන වචනය වදාළේ ඔන්න ඔය තේරුම ඇතිව යි. අතීත, අනාගත, වර්තමාන, ආධ්‍යාත්ම (තමා තුළ), බාහිර (තමාගෙන් පිට), ගොරෝසු, සියුම්, හීන, ප්‍රණීත, දුර, ළඟ යම් රූපයක් ඇද්ද, ඒකට කියනවා රූප ස්කන්ධය කියලා. එතකොට ස්කන්ධ කියලා කිව්වේ ගොඩකට කියන අර්ථයෙන් නෙවෙයි. අතීත, අනාගත, වර්තමාන කියන කාලයත්, ආධ්‍යාත්ම, බාහිර, ගොරෝසු, සියුම්, හීන, ප්‍රණීත, දුර, ළඟ කියන අවකාශයත් කියන මේ දෙක තුළ පවතින සතර මහාභූතයින්ගෙන් හටගත් රූපයට තමයි රූපස්කන්ධය කියලා කිව්වේ.

එතකොට සතර මහා ධාතූන්ගෙන් හටගත්තු රූපය ඒ කාලයත් අවකාශයත් තුළ පවතිනවා. ඒ නිසා කියනවා රූප ස්කන්ධය කියලා. ඒ කාලයත්, අවකාශයත් තුළ පවතින, ඊට අයත් වූ රූපයක් තමයි මේ ශරීරයේ තියෙන්නේ. ඒ නිසා මේකට රූප ස්කන්ධය කියලා කියනවා. ඒ වගේම කාලයත්, අවකාශයත් තුළ පවතින ස්පර්ශයෙන් හටගත්තු විඳීමට වේදනා ස්කන්ධය කියනවා. කාලයත්, අවකාශයත් තුළ පවතින ස්පර්ශයෙන් හටගත්තු හඳුනා-ගැනීමට සඤ්ඤා ස්කන්ධය කියනවා. කාලයත්, අවකාශයත් තුළ පවතින ස්පර්ශයෙන් හටගත්තු චේතනාවලට සංඛාර ස්කන්ධය කියනවා. කාලයත්, අවකාශයත් තුළ පවතින, නාමරූපයන්ගෙන් හටගත්තු විඤ්ඤාණයට විඤ්ඤාණ ස්කන්ධය කියනවා. මේ පංච උපාදානස්කන්ධය ගැන තමන්ගේ ජීවිතය තුළින් අවබෝධ කරන්නට පටන් ගන්නට ඕනෙ. හොඳට සිහිය පිහිටුවාගෙන පුරුදු කරන්නට ඕනෙ. ඒක තමයි උපාදාන ස්කන්ධ භාවනාව.

ඔබ හරිම වාසනාවන්තයි...

ඔබ මේ ඉගෙන ගනිමින් සිටින්නේ මනුෂ්‍යයෙකුට කලාතුරකින් ඉගෙන ගන්නට ලැබෙන දේවල්. ඔබේ ජීවිතය පුරා ඔබ කොතෙකුත් පුවත්පත් බලලා ඇති. කොතෙකුත් රූපවාහිනී වැඩසටහන් නරඹා ඇති. නමුත් ඒ කිසිවකින් බොහෝ විට හැබෑවටම ජීවිතය අවබෝධ කරන යමක් ලැබෙන්නෙ නෑ. මෙහිදී ඔබට බුදුරජාණන් වහන්සේගේ ධර්මය ඉතා පිරිසිදු ලෙස, කිසිදු පෞද්ගලික අර්ථ කථනයකට හසු නොවී ඉගෙන ගන්නට ලැබෙනවා. ඒ නිසා තමයි ඔබ වාසනාවන්ත.

ඉතින් ඔබ දැන් ඉගෙන ගනිමින් සිටින්නෙ ධම්මානුපස්සනාවේ පංච උපාදානස්කන්ධ භාවනාව ගැනයි. කලින් ඔබ ඉගෙන ගත්තා රූපය ගැන. රූපය කියන්නේ සතර මහා ධාතූන්ගෙන් හටගත් දේ. ස්කන්ධ කියන්නේ කාලය හා අවකාශය තුළ පවතින දේ. එතකොට වේදනාව කියන එකත් කාලය හා අවකාශය තුළ පවතින දෙයක්. සඤ්ඤාවත් එහෙමයි. සංස්කාරත් එහෙමයි. විඤ්ඤාණයත් එහෙමයි. මේ ඔක්කොම අවබෝධ කරගත යුතු දුකටයි අයිති.

වේදනා හා සඤ්ඤා...

ඊළඟට වේදනා උපාදානස්කන්ධය කිව්වේ විඳීම. විඳීම හටගන්නේ මේ ආයතන හයේ ඇතිවෙන ස්පර්ශය නිසා. ස්පර්ශයෙන් තමයි විඳීම හටගන්නේ. දැන් කෙනෙක් ඔබෙන් ඇහුවොත් විඳීම හටගන්නේ කොහෙද කියලා, ඔබට මතක තියෙන්න ඕනෙ මෙන්න මේ විදිහටයි.

විඳීම හටගන්නේ ස්පර්ශයෙන්. එහෙම නම් යම් තැනක ස්පර්ශයක් ඇද්ද, එතන තමයි විඳීම තියෙන්නේ.

ඊළඟට සඤ්ඤා කියන්නේ හඳුනාගැනීම. හඳුනා ගන්නේ මොනවද? ඇස් දෙකෙන් රූප හඳුනාගන්නවා. කන් දෙකෙන් ශබ්ද හඳුනාගන්නවා. නාසයෙන් ගඳ සුවඳ හඳුනාගන්නවා. දිවෙන් රස හඳුනාගන්නවා. කයෙන් පහස හඳුනාගන්නවා. මනසින් අරමුණු හඳුනාගන්නවා.

ස්පර්ශය යනු...

කොහොමද ඔබ ඇහෙන් රූපයක් හඳුනගන්නේ? දැන් ඔන්න ඇස තියෙනවා, ඇසට රූපයක් යොමු වුණාම විඤ්ඤාණය ඇතිවෙනවා ඇහේ. එතකොට ඇහැයි, රූපයයි, විඤ්ඤාණයයි එකතුවෙනවා. එතකොටයි ඔබට රූප පේන්නේ. අන්න ඒකට කියනවා ස්පර්ශය කියලා. එතකොට බලන්න ඇහෙන් රූප හඳුනාගත්තේ ඇහේ ස්පර්ශය නිසා. කනින් ශබ්ද හඳුනාගන්නේ කනේ ස්පර්ශය නිසා. නාසයෙන් ගඳ සුවඳ හඳුනාගන්නේ නාසයේ ස්පර්ශය නිසා. දිවෙන් රස හඳුනාගන්නේ දිවේ ස්පර්ශය නිසා. කයින් පහස හඳුනාගන්නේ කයේ ස්පර්ශය නිසා. මනසින් අරමුණු හඳුනාගන්නේ මනසේ ස්පර්ශය නිසා. එහෙමනම් ස්පර්ශය නිසා හය ආකාර හඳුනාගැනීමක් තියෙනවා කියලා තේරුම් ගන්න ඕනෙ.

සංස්කාර උපාදානස්කන්ධය...

ඊළඟට සංඛාර කියන්නේ චේතනා. හොඳට මතක තියාගන්න පංච උපාදානස්කන්ධයේ සංඛාර කියන්නේ චේතනාවට. චේතනා ඇතිවෙනවා ඇසින් දකින රූපය

සිතට සුව දෙන භාවනා 161

ගැන. ඇතිවෙලා සිතින්, කයින්, වචනයෙන් ක්‍රියාත්මක වෙනවා. චේතනා ඇතිවෙනවා කනින් අහන ශබ්දය ගැන. ඇතිවෙලා සිතින්, කයින්, වචනයෙන් ක්‍රියාත්මක වෙනවා. චේතනා ඇතිවෙනවා නාසයට දැනෙන ගඳ සුවඳ ගැන. චේතනා ඇතිවෙනවා දිවට දැනෙන රසය ගැන. චේතනා ඇතිවෙනවා කයට දැනෙන පහස ගැන. චේතනා ඇතිවෙනවා මනසට සිතෙන අරමුණු ගැන.

චේතනා කියලා කියන්නේ කර්මය. කර්මය කියලා කියන්නේ විපාක දීම පිණිස සකස් වෙන දේ. එහෙම නම් හැම මොහොතකම ඇසින් රූපයක් දැකලා චේතනාවක් පහළ කරලා සිතින් සිතනකොට, වචනයෙන් ක්‍රියාත්මක වෙනකොට, කයින් ක්‍රියාත්මක වෙනකොට විපාක පිණිස සකස් වෙනවා. මේකට තමයි චේතනාව කියලා කියන්නේ. මේකට ම තමයි සංස්කාර කියලා කියන්නෙත්. එතකොට සංස්කාර ඇතිවෙන්නෙත් ස්පර්ශය නිසා.

විඤ්ඤාණ උපාදානස්කන්ධය...

ඊළඟට විඤ්ඤාණය. විඤ්ඤාණය ඇතිවෙන්නේ නාමරූප ප්‍රත්‍යයෙන්. දැන් ඔබෙන් කෙනෙක් ඇහුවොත් විඤ්ඤාණය හටගන්නේ කොහෙද කියලා, ඔබ පැහැදිලිවම මෙන්න මෙහෙම කියන්න ඕනෙ. විඤ්ඤාණය හටගන්නෙ ආයතන හයේ. බුදුරජාණන් වහන්සේ වදාළා ඇසත් රූපයත් නිසා විඤ්ඤාණය හටගන්නවා කියලා. ඇසත් රූපයත් නිසා විඤ්ඤාණය හටගන්න හේතු වෙන්නේ, විඤ්ඤාණය නාමරූප ප්‍රත්‍යයෙන් පවතින නිසා, නාමරූප ප්‍රත්‍යයෙන් හටගන්න නිසා.

නාමරූප ඔබට මතකද? නාම කියලා කිව්වේ වේදනා,

සඤ්ඤා, චේතනා, ඵස්ස, මනසිකාර කියන පහ. රූප කියලා කිව්වේ පඨවි, ආපෝ, තේජෝ, වායෝ කියන සතර මහා ධාතූන්, සතර මහා ධාතූන්ගෙන් හටගත්තු දේත්. මේ නාමරූපවලින් තමයි ඇස හැදිලා තියෙන්නේ. කන හැදිලා තියෙන්නේ නාමරූපවලින්. නාසය හැදිලා තියෙන්නේ නාමරූපවලින්. දිව හැදිලා තියෙන්නේ නාමරූපවලින්. කය හැදිලා තියෙන්නේ නාමරූපවලින්. මනස හැදිලා තියෙන්නේ නාමරූපවලින්. ඒ නිසා මේ ආයතන හය තුළ නාමරූපවලින් හැදෙන දේවල් ඔක්කොම හැදෙනවා. නාමරූපවලින් තමයි හැදෙන්නේ විඤ්ඤාණය.

විඤ්ඤාණය තනි නෑ...

මේ විඤ්ඤාණය තනියම පවතින්නේ නෑ, හුදෙකලාව පවතින්නේ නෑ. විඤ්ඤාණයක් තනියම ගමන් කරන්නේ නෑ. විඤ්ඤාණයක් තනියම චුත වෙන්නේ නෑ. බුදුරජාණන් වහන්සේ වදාළා කවුරු හරි කියනවා නම් මෙහෙම, **(අහමඤ්ඤත්‍ර රූපාය, අඤ්ඤත්‍ර වේදනාය, අඤ්ඤත්‍ර සඤ්ඤාය, අඤ්ඤත්‍ර සංඛාරේහි විඤ්ඤාණස්ස ආගතිං වා ගතිං වා චුතිං වා උපපත්තිං වා පඤ්ඤාපෙස්සාමීති, නේතං ඨානං විජ්ජති)** මම රූපයෙන් තොරව, වේදනාවකින් තොරව, සඤ්ඤාවකින් තොරව, සංස්කාරවලින් තොරව විඤ්ඤාණයක් එනවා කියලා හෝ විඤ්ඤාණයක් යනවා කියලා හෝ විඤ්ඤාණයක් චුත වෙනවා කියලා හෝ විඤ්ඤාණයක් උපදිනවා කියලා හෝ, ඒක කිසි දවසක වෙන්ට බැරි දෙයක්.

මේකෙන් අපට ඉතාම හොඳින් පැහැදිලිව වැටහෙනවා, මේ පංච උපාදානස්කන්ධයේ හුදෙකලා විඤ්ඤාණයක් නෑ.

විඤ්ඤාණය හැම වෙලේම තියෙන්නේ රූපයේ බැසගෙන, වේදනාවේ බැසගෙන, සඤ්ඤාවේ බැසගෙන, සංස්කාරයේ බැසගෙන. එහෙම නම් විඤ්ඤාණය පවතින්නේ රූප, වේදනා, සඤ්ඤා, සංඛාර කියන හතරත් සමඟයි. බුදුරජාණන් වහන්සේගේ ශ්‍රාවකයා මේක පටලවා ගන්නේ නෑ. පටලවා ගන්නේ නැත්තේ මොකද? එයාට ශ්‍රද්ධාවක් තියෙනවා බුදුරජාණන් වහන්සේ වදාළ කරුණු ගැන.

පංච උපාදානස්කන්ධයේ හටගැනීම...

ඊළඟට තියෙන්නේ පංච උපාදානස්කන්ධ හටගන්නේ කොහොමද කියලා සිහිකිරීම. පංච උපාදානස්කන්ධ හටගන්නේ පටිච්ච සමුප්පාදය තුළ. සතර මහා ධාතූන්ගෙන් හටගත් රූපය රූප උපාදානස්කන්ධය බවට පත්වෙන්නේ, ස්පර්ශයෙන් හටගත් විඳීම වේදනා උපාදානස්කන්ධය බවට පත්වෙන්නේ, ස්පර්ශයෙන් හටගන්නා සඤ්ඤාව සඤ්ඤා උපාදානස්කන්ධය බවට පත්වෙන්නේ, ස්පර්ශයෙන් හටගන්නා චේතනා සංස්කාර උපාදානස්කන්ධයක් බවට හැදෙන්නේ, නාමරූප ප්‍රත්‍යයෙන් හටගන්නා විඤ්ඤාණය විඤ්ඤාණ උපාදානස්කන්ධය බවට හැදෙන්නේ, පටිච්ච සමුප්පාදය තුළින්. කෙනෙකුගේ ජීවිතයක් තුළ පටිච්ච සමුප්පාදය සකස් වෙනතාක්, පංච උපාදානස්කන්ධය පවතිනවා.

දොළොස් මහේ පහන නිත්‍යයි ද..?

පංච උපාදානස්කන්ධය කියන්නේ අනිත්‍ය දෙයක්. ඒ කියන්නේ රූපයත් අනිත්‍යයි. වේදනා, සඤ්ඤා, සංඛාර, විඤ්ඤාණයත් අනිත්‍යයි. මේ ගැන සරල උදාහරණයක්

මා කියන්නම්. දැන් අපි ගනිමු දොළොස් මහේ පහන. දොළොස් මහේ පහන කියන්නේ මාස දොළහෙම ඇවිලෙන පහනක්. එතකොට අපි ජනවාරි මාසයේ පහන දිහා බලනකොට පහන පත්තුවෙමින් තියෙනවා. මැයි මාසයේ බලනකොටත් පහන පත්තු වෙවී තියෙනවා. දෙසැම්බර් මාසයේ බලනකොටත් පහන පත්තු වෙවී තියෙනවා. එතකොට පත්තු වෙවී තියෙන්නේ අනිත්‍ය වූ පහන් වැටි, අනිත්‍ය වූ තෙල්. දැල්වෙමින් තියෙන්නේ අනිත්‍ය වූ පහන් සිලක්.

නමුත් මේක අවුරුද්ද පුරාම පත්තුවෙන නිසා කෙනෙක් කිව්වොත්, මම ජනවාරි මාසයේ මේ පහන් සිල දිහා බැලුවා, එතකොටත් පත්තු වෙනවා. මම මැයි මාසයේ මේ පහන් සිල දිහා බැලුවා, එතකොටත් පත්තු වෙනවා. මම දෙසැම්බර් මාසයේ මේ පහන් සිල දිහා බැලුවා, එතකොටත් පත්තු වෙනවා. එහෙනම් මේ පහන් සිල නිත්‍ය එකක් ය කියලා කිව්වොත් ඒක සම්පූර්ණයෙන් ම අනවබෝධයකින් ඇතිවෙච්ච වැරදි මතයක්. මොකද හේතුව? පහන නිවෙන්න නොදී තෙල්, වැටි මාස දොළහෙම දාපු නිසයි පහන් සිල පත්තු වෙවී තිබුණේ.

පංච උපාදානස්කන්ධයත් අනිත්‍යයි...

ඒ වගේ, මේ විඤ්ඤාණය පංච උපාදානස්කන්ධය තුළ ක්‍රියාත්මක වෙවී, භව පැවැත්මකට සකස් වෙවී දිගින් දිගටම ආවේ, ස්ථිර විඤ්ඤාණයක් භවයෙන් භවයට මාරුවෙමින් ගිහින් නොවෙයි. පටිච්ච සමුප්පාදයක් දිගින් දිගටම පැවතීම නිසා පංච උපාදානස්කන්ධයක් හැදීමෙන්. එහෙම නම් අපට ඉතාම පැහැදිලිව පේනවා, මේ පංච

උපාදානස්කන්ධය හැදෙන්නෙ පටිච්ච සමුප්පාදයෙන්. පංච උපාදානස්කන්ධය හැදෙන එක නවතිනවා පටිච්ච සමුප්පාදය නැවතිච්ච ගමන්. ඒ කියන්නේ අවිද්‍යාව මුළුමනින් ම ප්‍රහාණය වෙච්ච ගමන්, තණ්හාව ක්ෂය වෙච්ච ගමන්, චතුරාර්ය සත්‍යය සම්පූර්ණයෙන් අවබෝධ වෙච්ච ගමන්, එතන ඉඳලා පටිච්ච සමුප්පාදය ඉවරයි.

එහෙනම් බුදුරජාණන් වහන්සේගේ ශ්‍රාවකයා ධම්මානුපස්සනාව වඩන්නේ ආවට ගියාට නෙවෙයි. ඔහු පටිච්ච සමුප්පාදය තුළින් පංච උපාදානස්කන්ධය ඇතිවන ආකාරය දකිනවා, ඒ වගේම පංච උපාදානස්කන්ධය නිරුද්ධ වීම දකිනවා. පංච උපාදානස්කන්ධය නිරුද්ධ වීමට හේතු වෙන්නේ, පංච උපාදානස්කන්ධය අවබෝධ කරලා නොපිළිගැනීමෙන්.

උපාදානස්කන්ධ පහ මේ විදිහට දැක්කොත්...

සතර මහා ධාතූන්ගෙන් හටගත්තු රූපය පෙණ ගුළියක් වගේ කියලා කෙනෙකුට අවබෝධ වුණා නම්, ස්පර්ශය නිසා හටගන්නා විඳීම දියබුබුළක් වගේ කියලා අවබෝධ වුණා නම්, ස්පර්ශයෙන් හටගන්නා සඤ්ඤාව මිරිඟුවක් වගේ කියලා අවබෝධ වුණා නම්, ස්පර්ශය නිසා හටගන්නා චේතනා, ඒ කිච්චේ (**පුඤ්ඤාභිසංඛාර, අපුඤ්ඤාභිසංඛාර, ආනෙඤ්ජාභිසංඛාර** - පින්, පව්, ධ්‍යාන ආදියෙන් ඇතිවන කර්ම) ගැන අරටුවක් සොයාගෙන ගිය කෙනෙක්, අරටුව අඳුනගන්න බැරිව, කෙසෙල් ගහක පතුරු ගලවනවා වගේ කියලා අවබෝධ වුණා නම්, ඊළඟට නාමරූප ප්‍රත්‍යයෙන් හටගන්නා විඤ්ඤාණය මායා ස්වරූපී

දෙයක් හැටියට අවබෝධ වුණා නම්, අන්න ඒ කෙනා පංච උපාදානස්කන්ධය අවබෝධ කරලා ඒක පිළිගන්නේ නැතිව යනවා.

නොපිළිගැනීම තුළ ඒ කෙරෙහි බැඳෙන්නේ නැතිව යනවා. නොබැඳීම තුළ ඒ කෙරෙහි තියෙන ඇල්ම නිරුද්ධ වෙලා යනවා. ඇල්ම නිරුද්ධ වීම තුළ ඒ මුල්කරගෙන භවය හැදෙන්නේ නැතිව යනවා. ඒ කියන්නේ විපාක පිණිස කර්ම සකස් වෙන්නේ නැතිව යනවා. එතකොට උපතක් හැදෙන්නේ නැතිව යනවා. එතකොට ඒ පටිච්ච සමුප්පාදය සම්පූර්ණයෙන් ම නැසී වැනසී යනවා. එයා නිදහස් වෙනවා.

වෙනස් වෙලා යන හැටි දකිනවා...

මෙන්න මේක තමයි පංච උපාදානස්කන්ධ භාවනාවේ විග්‍රහ වෙන්නේ. බුදුරජාණන් වහන්සේගේ ශ්‍රාවකයා මේවා විමසා බලනකොට අවබෝධ කරගන්නවා මේවා අනාත්මයි කියලා. අනාත්මයි කියලා කියන්නේ තමාගේ වසඟයේ පවත්වන්ට බෑ කියන එකයි. තවදුරටත් පැහැදිලි කළොත් අයිතිකාරයෙක් නෑ කියන එකයි. සතර මහා ධාතූන්ගෙන් හටගත්තු රූප සතර මහා ධාතූන් වෙනස් වීමෙන් වෙනස් වෙලා යනවා. ස්පර්ශයෙන් හටගන්නා විඳීම ස්පර්ශය වෙනස් වීමෙන් වෙනස් වෙලා යනවා. ස්පර්ශයෙන් හටගන්නා හඳුනාගැනීම ස්පර්ශය වෙනස් වීමෙන් වෙනස් වෙලා යනවා. ස්පර්ශයෙන් හටගන්නා චේතනා ස්පර්ශය වෙනස් වීමෙන් වෙනස් වෙලා යනවා. නාමරූප ප්‍රත්‍යයෙන් හටගන්නා විඤ්ඤාණය නාමරූප වෙනස් වීමෙන් වෙනස් වෙලා යනවා.

අවබෝධයෙන් ම නිදහස් වෙනවා...

එහෙනම් හේතූන්ගෙන් හටගන්නා ඵල, හේතු නැතිවීමෙන් නැතිවෙලා යන ධර්මතාවයෙන් යුක්තයි. මෙන්න මේ අවබෝධය එයාගේ ජීවිතයට ඇතුළුවෙන කොට ඒ කෙනා අනාත්මයක් දකිනවා. එතකොට එයා මේ පංච උපාදානස්කන්ධය 'මම' කියලා ගන්නේ නෑ. 'මගේ' කියලා ගන්නේ නෑ. 'මගේ ආත්මය' කියලා ගන්නේ නෑ. ඒකෙන් එයා නිදහස් වෙනවා. බලන්න පින්වතුනි, සතර සතිපට්ඨානය තුළ මනාකොට සිහිය පිහිටුවා ගන්නට දක්ෂ වීමෙන් කෙනෙකුට කොයිතරම් නිදහසක් භුක්ති විඳින්ට පුළුවන්කම තියෙනවා ද!

ස්කන්ධ අනිත්‍ය භාවනාව

සතර මහා ධාතූන් නිසා හටගන්නා යම් රූපයක් වේ ද, ඒ රූප සියල්ල ම අනිත්‍යයි... අනිත්‍යයි... අනිත්‍යයි... ඒ රූප සියල්ල ම හේතූන් නිසා හටගන්නා හෙයින් ද, හේතු නැති වීමෙන් නැති වී යන හෙයින් ද, මගේ නොවේ... මම නොවේ... මගේ ආත්මය නොවේ...

ස්පර්ශයෙන් හටගන්නා යම් විඳීමක් ඇද්ද, ඒ විඳීම් සියල්ල ම අනිත්‍යයි... අනිත්‍යයි... අනිත්‍යයි... හේතූන් නිසා හටගන්නා ඒ සියලු විඳීම්, හේතු නැති වීමෙන් නැති වී යන හෙයින් මගේ නොවේ... මම නොවේ... මගේ ආත්මය නොවේ...

ස්පර්ශයෙන් හටගන්නා යම් සඤ්ඤාවක් ඇද්ද, ඒ සඤ්ඤා සියල්ල ම අනිත්‍යයි... අනිත්‍යයි... අනිත්‍යයි...

ඒ සඤ්ඤා සියල්ල ම හේතූන්ගෙන් හටගන්නා හෙයින් ද, හේතු නැති වීමෙන් නැති වී යන හෙයින් ද, මගේ නොවේ... මම නොවේ... මගේ ආත්මය නොවේ...

ස්පර්ශයෙන් හටගන්නා යම් චේතනාවක් ඇද්ද, ඒ සියලු චේතනා අනිත්‍යයි... අනිත්‍යයි... අනිත්‍යයි... ඒ සියලු චේතනා හේතූන් නිසා හටගන්නා හෙයින් ද, හේතු නැති වීමෙන් නැති වී යන හෙයින් ද, මගේ නොවේ... මම නොවේ... මගේ ආත්මය නොවේ...

නාමරූපයෙන් හටගන්නා යම් විඤ්ඤාණයක් ඇද්ද, ඒ සියලු විඤ්ඤාණ අනිත්‍යයි... අනිත්‍යයි... අනිත්‍යයි... ඒ සියලු විඤ්ඤාණ හේතූන් නිසා හටගන්නා හෙයින්, හේතු නැති වීමෙන් නැති වී යන හෙයින්, මගේ නොවේ... මම නොවේ... මගේ ආත්මය නොවේ...

රූප උපාදානස්කන්ධය

අතීතයේ නිරුද්ධ වී ගිය යම් රූපයක් ඇද්ද, ඒ සියලු රූප හේතූන් නිසා හටගත් හෙයින්, හේතු නැති වීමෙන් නැති වී ගිය හෙයින්, අනිත්‍යයි... අනිත්‍යයි... අනිත්‍යයි... අතීතයේ නිරුද්ධ වී ගිය සියලු රූප මගේ නොවේ... මම නොවේ... මගේ ආත්මය නොවේ...

අනාගතයේ හටගන්නා වූ යම් රූපයක් ඇද්ද, ඒ සියලු රූප හේතූන් නිසා හටගන්නා හෙයින්, හේතු නැති වීමෙන් නැති වී යන හෙයින්, අනිත්‍යයි... අනිත්‍යයි... අනිත්‍යයි... හටනොගත් අනාගතයේ සියලු රූප මගේ නොවේ... මම නොවේ... මගේ ආත්මය නොවේ...

වර්තමානයේ හටගෙන තිබෙන යම් රූපයක් ඇද්ද,

ඒ සියලු රූප හේතූන් නිසා හටගත් හෙයින්, හේතු නැති වීමෙන් නැති වී යන හෙයින්, අනිත්‍යයි... අනිත්‍යයි... අනිත්‍යයි... වර්තමානයේ හටගෙන තිබෙන සියලු රූප මගේ නොවේ... මම නොවේ... මගේ ආත්මය නොවේ...

තමාගේ යයි සලකන යම් රූපයක් ඇද්ද, ඒ සියලු රූප හේතූන් නිසා හටගන්නා හෙයින්, හේතු නැති වීමෙන් නැති වී යන හෙයින්, අනිත්‍යයි... අනිත්‍යයි... අනිත්‍යයි... තමාගේ යයි සලකන සියලු රූප මගේ නොවේ... මම නොවේ... මගේ ආත්මය නොවේ...

තමාගෙන් බාහිර යයි සලකන යම් රූපයක් ඇද්ද, ඒ සියලු රූප හේතූන් නිසා හටගන්නා හෙයින්, හේතු නැති වීමෙන් නැති වී යන හෙයින්, අනිත්‍යයි... අනිත්‍යයි... අනිත්‍යයි... බාහිර යයි සලකන සියලු රූප මගේ නොවේ... මම නොවේ... මගේ ආත්මය නොවේ...

ගොරෝසු ස්වභාවයෙන් ඇතිවන යම් රූපයක් ඇද්ද, ඒ සියලු රූප හේතූන් නිසා හටගන්නා හෙයින්, හේතු නැති වීමෙන් නැති වී යන හෙයින්, අනිත්‍යයි... අනිත්‍යයි... අනිත්‍යයි... ගොරෝසු ලෙස හටගන්නා සියලු රූප මගේ නොවේ... මම නොවේ... මගේ ආත්මය නොවේ...

සියුම් ස්වභාවයෙන් ඇතිවන යම් රූපයක් ඇද්ද, ඒ සියලු රූප හේතූන් නිසා හටගන්නා හෙයින්, හේතු නැති වීමෙන් නැති වී යන හෙයින්, අනිත්‍යයි... අනිත්‍යයි... අනිත්‍යයි... සියුම් ලෙස හටගන්නා වූ සියලු රූප මගේ නොවේ... මම නොවේ... මගේ ආත්මය නොවේ...

ලාමක ස්වභාවයෙන් ඇතිවන යම් රූපයක් ඇද්ද, ඒ සියලු රූප හේතූන් නිසා හටගන්නා හෙයින්, හේතු

නැති වීමෙන් නැති වී යන හෙයින්, අනිත්‍යයි... අනිත්‍යයි... අනිත්‍යයි... ලාමක ස්වභාවයෙන් හටගන්නා සියලු රූප මගේ නොවේ... මම නොවේ... මගේ ආත්මය නොවේ...

උසස් ස්වභාවයෙන් ඇතිවන යම් රූපයක් ඇද්ද, ඒ සියලු රූප හේතූන් නිසා හටගන්නා හෙයින්, හේතු නැති වීමෙන් නැති වී යන හෙයින්, අනිත්‍යයි... අනිත්‍යයි... අනිත්‍යයි... උසස් ස්වභාවයෙන් හටගන්නා සියලු රූප මගේ නොවේ... මම නොවේ... මගේ ආත්මය නොවේ...

දුර තිබෙන්නා වූ යම් රූපයක් ඇද්ද, ඒ සියලු රූප හේතූන් නිසා හටගන්නා හෙයින්, හේතු නැති වීමෙන් නැති වී යන හෙයින්, අනිත්‍යයි... අනිත්‍යයි... අනිත්‍යයි... දුර තිබෙන්නා වූ සියලු රූප මගේ නොවේ... මම නොවේ... මගේ ආත්මය නොවේ...

ළඟ තිබෙන්නා වූ යම් රූපයක් ඇද්ද, ඒ සියලු රූප හේතූන් නිසා හටගන්නා හෙයින්, හේතු නැති වීමෙන් නැති වී යන හෙයින්, අනිත්‍යයි... අනිත්‍යයි... අනිත්‍යයි... ළඟ තිබෙන්නා වූ සියලු රූප මගේ නොවේ... මම නොවේ... මගේ ආත්මය නොවේ...

වේදනා උපාදානස්කන්ධය

අතීතයේ නිරුද්ධ වී ගිය යම් විඳීමක් ඇද්ද, ඒ සියලු විඳීම් හේතූන් නිසා හටගත් හෙයින්, හේතු නැති වීමෙන් නැති වී ගිය හෙයින්, අනිත්‍යයි... අනිත්‍යයි... අනිත්‍යයි... අතීතයේ නිරුද්ධ වී ගිය සියලු විඳීම් මගේ නොවේ... මම නොවේ... මගේ ආත්මය නොවේ...

අනාගතයේ හටගන්නා වූ...

වර්තමානයේ හටගෙන තිබෙන...

තමාගේ යයි සලකන...

තමාගෙන් බාහිර යයි සලකන...

ගොරෝසු ස්වභාවයෙන් ඇතිවන...

සියුම් ස්වභාවයෙන් ඇතිවන...

ලාමක ස්වභාවයෙන් ඇතිවන...

උසස් ස්වභාවයෙන් ඇතිවන...

දුර තිබෙන්නා වූ...

ළඟ තිබෙන්නා වූ...

සඤ්ඤා උපාදානස්කන්ධය

අතීතයේ නිරුද්ධ වී ගිය යම් සංඥාවක් ඇද්ද, ඒ සියලු සංඥා හේතූන් නිසා හටගත් හෙයින්, හේතු නැති වීමෙන් නැති වී ගිය හෙයින්, අනිත්‍යයි... අනිත්‍යයි... අනිත්‍යයි... අතීතයේ නිරුද්ධ වී ගිය සියලු සංඥා මගේ නොවේ... මම නොවේ... මගේ ආත්මය නොවේ...

අනාගතයේ හටගන්නා වූ...

වර්තමානයේ හටගෙන තිබෙන...

තමාගේ යයි සලකන...

තමාගෙන් බාහිර යයි සලකන...

ගොරෝසු ස්වභාවයෙන් ඇතිවන...

සියුම් ස්වභාවයෙන් ඇතිවන...

ලාමක ස්වභාවයෙන් ඇතිවන...

උසස් ස්වභාවයෙන් ඇතිවන...

දුර තිබෙන්නා වූ...

ළඟ තිබෙන්නා වූ...

සංස්කාර උපාදානස්කන්ධය

අතීතයේ නිරුද්ධ වී ගිය යම් චේතනාවක් ඇද්ද, ඒ සියලු චේතනා හේතූන් නිසා හටගත් හෙයින්, හේතු නැති වීමෙන් නැති වී ගිය හෙයින්, අනිත්‍යයි... අනිත්‍යයි... අනිත්‍යයි... අතීතයේ නිරුද්ධ වී ගිය සියලු චේතනා මගේ නොවේ... මම නොවේ... මගේ ආත්මය නොවේ...

අනාගතයේ හටගන්නා වූ...

වර්තමානයේ හටගෙන තිබෙන...

තමාගේ යයි සලකන...

තමාගෙන් බාහිර යයි සලකන...

ගොරෝසු ස්වභාවයෙන් ඇතිවන...

සියුම් ස්වභාවයෙන් ඇතිවන...

ලාමක ස්වභාවයෙන් ඇතිවන...

උසස් ස්වභාවයෙන් ඇතිවන...

දුර තිබෙන්නා වූ...

ළඟ තිබෙන්නා වූ...

විඤ්ඤාණ උපාදානස්කන්ධය

අතීතයේ නිරුද්ධ වී ගිය යම් විඤ්ඤාණයක් ඇද්ද, ඒ සියලු විඤ්ඤාණ හේතූන් නිසා හටගත් හෙයින්, හේතු නැති වීමෙන් නැති වී ගිය හෙයින්, අනිත්‍යයි... අනිත්‍යයි... අනිත්‍යයි... අතීතයේ නිරුද්ධ වී ගිය සියලු විඤ්ඤාණ

මගේ නොවේ... මම නොවේ... මගේ ආත්මය නොවේ...
අනාගතයේ හටගන්නා වූ...
වර්තමානයේ හටගෙන තිබෙන...
තමාගේ යයි සලකන...
තමාගෙන් බාහිර යයි සලකන...
ගොරෝසු ස්වභාවයෙන් ඇතිවන...
සියුම් ස්වභාවයෙන් ඇතිවන...
ලාමක ස්වභාවයෙන් ඇතිවන...
උසස් ස්වභාවයෙන් ඇතිවන...
දුර තිබෙන්නා වූ...
ළඟ තිබෙන්නා වූ...

සාදු! සාදු!! සාදු!!!

12

ධම්මානුපස්සනාව තුළ ආයතන අනිත්‍ය භාවනාව

දැන් ඔබ පංච උපාදානස්කන්ධ භාවනාව ඉගෙන ගෙන තියෙනවා. මේ පංච උපාදානස්කන්ධයේ අනිත්‍ය සිහි කිරීම ඕනෑම ඉරියව්වක සිදුකිරීමට ඔබට පුළුවනි. ඒ කියන්නේ, ඔබට වාඩිවෙලා ඉන්දෙද්දිත් පුළුවනි 'අතීතයේ නිරුද්ධ වී ගිය යම් රූපයක් ඇද්ද, ඒ රූපය අනිත්‍යයි... හට නොගත් අනාගතයේ යම් රූපයක් ඇද්ද, ඒ රූපය අනිත්‍යයි... හටගත් වර්තමානයේ යම් රූපයක් ඇද්ද, ඒ රූපය අනිත්‍යයි... මේ ශරීරය තුළ යම් රූපයක් ඇද්ද, ඒ රූපය අනිත්‍යයි... බාහිර යම් රූපයක් ඇද්ද, ඒ රූපය අනිත්‍යයි... ගොරෝසු යම් රූපයක් ඇද්ද, ඒ රූපය අනිත්‍යයි... සියුම් යම් රූපයක් ඇද්ද, ඒ රූපය අනිත්‍යයි... හීන වූ යම් රූපයක් ඇද්ද, ඒ රූපය අනිත්‍යයි... ප්‍රණීත යම් රූපයක් ඇද්ද, ඒ රූපය අනිත්‍යයි... දුර තිබෙන යම් රූපයක් ඇද්ද, ඒ රූපය අනිත්‍යයි... ළඟ තිබෙන යම් රූපයක් ඇද්ද, ඒ රූපය අනිත්‍යයි...' කියලා රූපය ගැනත්, වේදනාව ගැනත්, සඤ්ඤාව ගැනත්, සංස්කාර ගැනත්, විඤ්ඤාණය ගැනත් සිහිකරන්ට පුළුවන්. ගමනක් යනකොටත්, ඇඳේ හාන්සි වෙලා නින්ද යනතෙක්, වැඩක් පලක් කරන

වෙලාවටත්, බාහිර අරමුණකට සිත විසිරෙන්ට නොදී ඔබට මේ විදිහට සිහිකිරීමේ හැකියාව ඇති කරගන්නට පුළුවන්.

ස්කන්ධ භාවනාවෙන් මාර්ග ඵල අවබෝධය කරා...

මේ පංච උපාදානස්කන්ධය නිරන්තරයෙන්ම පුරුදු පුහුණු කළොත්, ඒ කෙනාට මාර්ග ඵල අවබෝධ කරගන්නට පුළුවන් විදිහේ වේගවත් ප්‍රඥාවක් වැඩෙනවා. ප්‍රඥාව කියලා කිව්වේ අනිත්‍ය දේ අනිත්‍ය වශයෙන්, දුක් දේ දුක් වශයෙන්, අනාත්ම දේ අනාත්ම වශයෙන් අවබෝධ කරගන්නට පුළුවන් හැකියාවයි. අන්න ඒක දියුණු වෙනවා පංච උපාදානස්කන්ධ ගැන සිහිය පිහිටුවීමෙන්. සිහිය පිහිටුවන්නේ කොහොමද? පංච උපාදානස්කන්ධය කියන්නෙ මේකයි, පංච උපාදානස්කන්ධය හටගන්නේ මෙහෙමයි, පංච උපාදානස්කන්ධය නැතිවෙන්නේ මෙහෙමයි කියලා.

ආයතන භාවනාව හඳුනාගනිමු...

ධම්මානුපස්සනාවේ ඊළඟට බුදුරජාණන් වහන්සේ වදාළ භාවනා ක්‍රමය තමයි ආයතන භාවනාව. ආයතන කියලා කියන්නේ මේ ඇස, කන, නාසය, දිව, කය, මනස කියන හයට. මේවාට ආයතන කියන්න හේතුව, මේ හය ඔස්සේ තමයි සම්පූර්ණයෙන් ම පටිච්ච සමුප්පාදය හැදෙන්නෙත්, පංච උපාදානස්කන්ධය හැදෙන්නෙත්. මේ ස්කන්ධ වශයෙන් බලන එක බුදුරජාණන් වහන්සේගේ කාලයේ ඉඳලම තියෙන භාවනා ක්‍රමයක්. ආයතන වශයෙන් බලන එකත් බුදුරජාණන් වහන්සේ වදාළ,

බුදුරජාණන් වහන්සේගේ කාලයේ ඉඳලම තියෙන භාවනා ක්‍රමයක්. මේ භාවනා ක්‍රම කාලාන්තරයක් තිස්සේ කෝටි සංඛ්‍යාත බුද්ධිමත් ජනතාවක් විසින් අනුගමනය කරලා ප්‍රතිඵල ලැබූ භාවනාවන්.

දුකේ උපත...

බුදුරජාණන් වහන්සේ වදාළා "යම් තැනක ඇසක් තියෙනවා ද, යම් තැනක කනක් තියෙනවා ද, යම් තැනක නාසයක් තියෙනවා ද, යම් තැනක දිවක් තියෙනවා ද, යම් තැනක කයක් තියෙනවා ද, යම් තැනක මනසක් තියෙනවා ද, එතැන දුක ඇත. යම් තැනක ඇස, කන, නාසය, දිව, කය, මනස කියන හයේ උපතක් තිබේ ද, එතන තමයි දුකේ උපත. එතන තමයි රෝගයන්ගේ පැවැත්ම. එතන තමයි ජරා මරණයේ පහළ වීම." කියලා. ඒ නිසා මේ ආයතන හය අවබෝධ කළ යුතු දුකටයි අයිති.

සතිපට්ඨාන සූත්‍රයේ බුදුරජාණන් වහන්සේ බොහොම ලස්සනට පෙන්වා දෙනවා, **(චක්ඛුං ච පජානාති)** ඇසත් දැනගන්නවා. **(රූපේ ච පජානාති)** රූපත් දැනගන්නවා. **(යං ච තදුභයං පටිච්ච උප්පජ්ජති සඤ්ඤෝජනං, තඤ්ච පජානාති)** ඒ ඇසත්, රූපත් මුල්කරගෙන සංයෝජනයක් හටගන්නවා නම්, ඒකත් දැනගන්නවා. **(යථා ච අනුප්පන්නස්ස සඤ්ඤෝජනස්ස උප්පාදෝ හෝති, තඤ්ච පජානාති)** යම් ආකාරයකට නූපන් සංයෝජනයන් උපදිනවා ද, ඒකත් දැනගන්නවා. **(යථා ච උප්පන්නස්ස සඤ්ඤෝජනස්ස පහානං හෝති, තඤ්ච පජානාති)** යම් විදිහකට උපන් බන්ධන ප්‍රහාණය වෙලා යනවා ද, ඒකත් අවබෝධ කරගන්නවා. **(යථා ච පහීනස්ස**

සඤ්ඤෝජනස්ස ආයතිං අනුප්පාදෝ හෝති, තඤ්ච පජානාති) යම් කරුණක් නිසා ප්‍රහාණය වූ කෙලෙස් බන්ධන නැවත හටගන්නේ නැද්ද, ඒකත් හොඳින් තේරුම් ගන්නවා.

මේ විදිහට ආධ්‍යාත්මික සහ බාහිර ආයතන ගැන පැහැදිලි අවබෝධයක් ඇති කරගන්නට නම්, මේ ආයතනයන්ගේ ක්‍රියාකාරීත්වය ගැන හොඳ තේරුම් ගැනීමක් තියෙන්නට ඕනෙ.

ඇස රූපයට බැඳිලද..? රූපය ඇසට බැඳිලද..?

එක්තරා අවස්ථාවක මහා කොට්ඨිත මහරහතන් වහන්සේත්, සාරිපුත්ත මහරහතන් වහන්සේත් අතර ධර්ම සාකච්ඡාවක් ඇතිවුණා. ඒ ධර්ම සාකච්ඡාවෙදි මහා කොට්ඨිත මහරහතන් වහන්සේ සාරිපුත්ත මහ රහතන් වහන්සේගෙන් මෙහෙම අහනවා. "ප්‍රිය ආයුෂ්මත් සාරිපුත්තයන් වහන්ස, මේ ඇස රූපයට බැඳී තියෙනවා ද? එහෙම නැත්නම් රූප ඇසට බැඳී තියෙනවා ද? මේ කන ශබ්දයට බැඳී තියෙනවා ද? එහෙම නැත්නම් ශබ්දය කනට බැඳී තියෙනවා ද? මේ නාසය ගඳ සුවඳට බැඳී තියෙනවා ද? එහෙම නැත්නම් ගඳ සුවඳ නාසයට බැඳී තියෙනවා ද? මේ දිව රසයට බැඳී තියෙනවා ද? එහෙම නැත්නම් රස දිවට බැඳී තියෙනවා ද? කය පහසට බැඳී තියෙනවා ද? නැත්නම් පහස කයට බැඳී තියෙනවා ද? මනස අරමුණුවලට බැඳී තියෙනවා ද? අරමුණු මනසට බැඳී තියෙනවා ද?" කියලා අහනවා.

අපට බැලූ බැල්මට පේන්නේ, ඇහැයි රූපයි එකට

තියෙනවා වගේ. අපට බැලූ බැල්මට තේරෙන්නේ, කනයි ශබ්දයි එකට තියෙනවා වගේ, නාසයයි ගඳසුවඳයි එකට තියෙනවා වගේ, දිවයි රසයයි එකට තියෙනවා වගේ, කයයි පහසයි එකට තියෙනවා වගේ, මනසයි අරමුණුයි එකට තියෙනවා වගේ. නමුත් මේවා එකිනෙකින් නිදහස් දෙකක්.

මෙන්න ආයතන හයේ ඇත්ත...

සාරිපුත්ත මහරහතන් වහන්සේ වදාළා, "ප්‍රිය ආයුෂ්මත් කොට්ඨිත, ඇස රූපවලට බැඳිලත් නෑ. රූප ඇහැට බැඳිලත් නෑ. කන ශබ්දවලට බැඳිලත් නෑ. ශබ්ද කනට බැඳිලත් නෑ. නාසය ගඳ සුවඳට බැඳිලත් නෑ. ගඳ සුවඳ නාසයට බැඳිලත් නෑ. දිව රසයට බැඳිලත් නෑ. රස දිවට බැඳිලත් නෑ. කය පහසට බැඳිලත් නෑ. පහස කයට බැඳිලත් නෑ. මනස අරමුණුවලට බැඳිලත් නෑ. අරමුණු මනසට බැඳිලත් නෑ."

සාරිපුත්ත මහරහතන් වහන්සේ වැඩිදුරටත් වදාළා "බැරිවෙලාවත් එහෙම බැඳිලා තිබුණා නම්, කවදාවත් ආර්ය අෂ්ටාංගික මාර්ගය අනුගමනය කරලා, මේ ඇස, කන, නාසය, දිව, කය, මනස කියන ආයතන හයෙන් නම් නිදහස් වෙන්න හම්බවෙන්නේ නෑ" කියලා.

කළු හරකයි - සුදු හරකයි...

මේක තව පැහැදිලිව තේරුම් ගැනීම පිණිස සාරිපුත්ත මහරහතන් වහන්සේ උපමාවක් වදාළා. ඔන්න කළු හරකෙකුයි සුදු හරකෙකුයි කඹේකින් ගැටගහලා තියෙනවා. දෙන්නාව ම එකම කඹේකින් ගැටගහලා තියෙන නිසා මේ දෙන්නා ගමන් කරනකොට, කළු

හරකා යනකොට සුදු හරකාත් යනවා. සුදු හරකා යනකොට කළු හරකාත් යනවා. මේ විදිහට කළු හරකයි සුදු හරකයි වෙන්වෙලා නැතිව යන්නේ. කළු හරකාගෙන් සුදු හරකාට ගැලවෙන්නත් බෑ. සුදු හරකාගෙන් කළු හරකාට ගැලවෙන්නත් බෑ.

එතකොට කෙනෙක් කිව්වොත් මේ දිහා බලලා "කළු හරකා නිසයි අර සුදු හරකා යන්නේ. සුදු හරකා නිසයි කළු හරකා යන්නේ" කියලා, ඒක සම්පූර්ණයෙන් ම වැරදි කීමක්. සුදු හරකා යන්නේ කළු හරකා නිසා නෙවෙයි. කළු හරකා යන්නේ සුදු හරකා නිසාත් නෙවෙයි. හරක් දෙන්නා ම යන්නේ කඹේ නිසා. කඹේකින් ගැටගහලා තියෙන නිසා. යම් දවසක කඹේ කැපුවා ද, කඹේ කපපු වෙලාවට සුදු හරකත් නිදහස්, කළු හරකත් නිදහස්.

තෘෂ්ණාව තමයි එතන තියෙන බන්ධනය...

අන්න ඒ වගේ බුදුරජාණන් වහන්සේගේ ධර්මයේ උගන්වන්නේ, ඇස රූපවලට බැඳිලා නෑ. රූප ඇසට බැඳිලා නෑ. ඇසයි රූපයි එකට බැඳිලා තියෙන්නේ ආසාව නිසා. කන ශබ්දවලට බැඳිලත් නෑ. ශබ්ද කනට බැඳිලත් නෑ. කනයි ශබ්දයි කියන දෙකට ම බැඳිලා ඉන්නේ ආසාවෙන්. නාසය ගඳ සුවඳට බැඳිලත් නෑ. ගඳ සුවඳ නාසයට බැඳිලත් නෑ. මේ දෙකට ම බැඳිලා ඉන්නේ ආසාවෙන්. දිව රසයට බැඳිලා නෑ. රස දිවට බැඳිලා නෑ. ඒ දෙකට ම බැඳිලා ඉන්නේ ආසාවෙන්. කය පහසට බැඳිලා නෑ. පහස කයට බැඳිලා නෑ. ඒ දෙකට ම බැඳිලා ඉන්නේ ආසාවෙන්. ඒ වගේ ම මනස අරමුණුවලට බැඳිලා නෑ. අරමුණු මනසට බැඳිලා නෑ. මේ දෙකට ම බැඳිලා ඉන්නේ ආසාවෙන්.

එතකොට මේ ආසාවෙන් බැඳිලා ඉන්න කෙනා සිහිය පිහිටුවලා හොඳ සිහියෙන් බලනවා. බලනකොට එයාට පේනවා අනිත්‍ය වූ ඇහැක්. අනිත්‍ය වූ ඇහැක් කියන්නේ මේකයි. ඇස කියන එක නාමරූප ප්‍රත්‍යයෙන් හටගත්තු එකක්. සමහරු හිතාගෙන ඉන්නේ මේ ඇස සතර මහා ධාතුන්ගෙන් විතරක් හටගත්තු එකක් කියලා. එහෙම නම් අපට පුළුවන් වෙන්ට ඕනෙ කෘතිම විදිහට ඇහැක් හදලා, ඒ ඇහැ තුළ විඤ්ඤාණයක් උපද්දවන්න. එහෙම පුළුවන්කමක් නෑ.

ආයතන හය හැදුණේ නාමරූපවලින්...

මේ ඇහැ නාමරූප ප්‍රත්‍යයෙන් හටගත්තු නිසා, ඇහැ තුළ නාමරූපයන්ගෙන් හැදෙන සෑම දෙයක් ම හැදෙනවා. ඒ වගේම කන නාමරූපයන්ගෙන් හටගත්තු දෙයක්. නාසය නාමරූපයන්ගෙන් හටගත්තු දෙයක්. දිව නාමරූපවලින් හටගත්තු දෙයක්. මේ ශරීරය නාමරූපවලින් හටගත්තු දෙයක්. මනස නාමරූපවලින් හටගත්තු දෙයක්. ඒ නිසා තමයි අපගේ ශාස්තෘ වූ භාග්‍යවත් බුදුරජාණන් වහන්සේ විසින් පටිච්ච සමුප්පාදයේ පැහැදිලිව ම විග්‍රහ කොට වදාළේ **(නාමරූප පච්චයා සළායතනං)** මේ ආයතන හය හටගන්නේ නාමරූපවලින් කියලා.

නාමරූප ප්‍රත්‍යයෙන් හටගත්තු ආයතන හය ගැන හොඳ සිහියෙන් බලාගෙන ඉන්නකොට එයා දකින්නේ අනිත්‍ය වූ ඇහැක්. කන දිහා සිහියෙන් බලනකොට එයාට පේන්නේ අනිත්‍ය වූ කනක්. නාසයට සිහිය පිහිටුවාගෙන ඉන්නකොට එයා දකින්නේ අනිත්‍ය වූ නාසයක්. දිවට සිහිය පිහිටුවාගෙන ඉන්නකොට එයා දකින්නේ අනිත්‍ය වූ දිවක්. කයට සිහිය පිහිටුවාගෙන ඉන්නකොට එයා

දකින්නේ අනිත්‍ය වූ ශරීරයක්. මනසට සිහිය පිහිටුවාගෙන ඉන්නකොට එයා දකින්නේ අනිත්‍ය වූ මනසක්.

ඒකට හේතුව තමයි නාමරූප අනිත්‍ය නිසා මේ ආධ්‍යාත්මික ආයතන හයත් අනිත්‍යයි. ඒ වගේම බාහිර ආයතන ගැනත් සිහිය පිහිටුවලා එයා රූපත් අනිත්‍ය බව දැනගත යුතුයි. ශබ්ද අනිත්‍ය බව, ගඳ සුවඳ අනිත්‍ය බව, රස අනිත්‍ය බව, පහස අනිත්‍ය බව, අරමුණු අනිත්‍ය බව දැනගත යුතුයි. එහෙම දැනගන්නකොට අනිත්‍ය වූ ඇසත්, අනිත්‍ය වූ රූපත් නිසා යම් බන්ධනයක් හටගන්නවා ද, එයා ඒක අවබෝධ කරගන්නවා. මේ විදිහට ඔබට ආයතන භාවනාව දියුණු කරන්ට පුළුවන්.

ආයතන භාවනාව ගැන තවදුරටත්...

දැන් ඔබ දන්නවා මේ ආයතන අනිත්‍යය බව. අනිත්‍ය වුණේ මක් නිසා ද? නාමරූප ප්‍රත්‍යයෙන් හටගන්න නිසා. සංයුත්ත නිකායේ බුදුරජාණන් වහන්සේ වදාළ දේශනා එකතුවක් තියෙනවා ඔක්කන්ති සංයුත්තය කියලා. ඔක්කන්ති කියන්නේ බැසගන්නවා කියන එක. බැස ගන්නවා කියන්නේ ධර්මය තුළට බැසගන්නවා කියන අර්ථයෙන්. ධර්මයට බැසගන්නට නම්, නිවන් මගට බැස ගන්නට නම්, ආර්ය අෂ්ටාංගික මාර්ගයට බැසගන්නට නම්, ඉස්සෙල්ලාම වුවමනයි ශ්‍රද්ධාව. ශ්‍රද්ධාව නැතිව නම් කවදාවත් ඒක කරන්නට බැහැ.

මුලින් ම ඇතිකරගන්න ඕනෙ ශ්‍රද්ධාව...

දැන් මේ කියවන්නා වූ බුදුරජාණන් වහන්සේගේ ධර්මය සත්‍යයක් ම යි කියලා විශ්වාසය හටගන්නකොට, ඔබට ශ්‍රද්ධාවක් ඇතිවෙනවා. 'ඇත්ත තමයි, නාම-

රූපයන්ගෙන් හටගත්තු මේ ඇස අනිත්‍ය දෙයක් ම යි. නාමරූපයන්ගෙන් හටගත්තු මේ කන අනිත්‍ය දෙයක් ම යි. නාමරූපයන්ගෙන් හටගත්තු මේ නාසය අනිත්‍ය දෙයක් ම යි. නාමරූපයන්ගෙන් හටගත්තු මේ දිව අනිත්‍ය දෙයක් ම යි. නාමරූපයන්ගෙන් හටගත්තු මේ ශරීරය අනිත්‍ය දෙයක් ම යි. නාමරූපයන්ගෙන් හටගත්තු මේ මනස අනිත්‍ය දෙයක් ම යි කියලා ඔබ ශ්‍රද්ධාවෙන් අදහාගන්නවා.

විඤ්ඤාණයත් අනිත්‍යයයි...

ඒ වගේම රූප, ශබ්ද, ගන්ධ, රස, ස්පර්ශ, අරමුණු කියන බාහිර ආයතනත් අනිත්‍යයි කියලා ඔබ අදහා ගන්නවා. මේ ඇසේ, කනේ, නාසයේ, දිවේ, කයේ, මනසේ හටගන්න විඤ්ඤාණයත් අනිත්‍යයි කියලම ඔබ ශ්‍රද්ධාව පිහිටුවා ගන්නවා. ඒ වගේම ඇසයි, රූපයි, විඤ්ඤාණයයි එකතු වීම හෙවත් ඇසේ ස්පර්ශය අනිත්‍යයයි කියලා ඔබ ශ්‍රද්ධාව පිහිටුවා ගන්නවා. කනයි, ශබ්දයයි, විඤ්ඤාණයයි එකතු වීම හෙවත් කනේ ස්පර්ශය අනිත්‍යයි කියලා ඔබ ශ්‍රද්ධාව පිහිටුවා ගන්නවා.

නාසයයි, ගඳ සුවඳයි, විඤ්ඤාණයයි එකතු වීම හෙවත් නාසයේ ස්පර්ශය අනිත්‍යයි කියලා ඔබ ශ්‍රද්ධාව පිහිටුවා ගන්නවා. දිවයි, රසයයි, විඤ්ඤාණයයි එකතු වීම හෙවත් දිවේ ස්පර්ශය අනිත්‍යයි කියලා ඔබ ශ්‍රද්ධාව පිහිටුවා ගන්නවා. ඒ වගේම කයයි, පහසයි, විඤ්ඤාණයයි එකතු වීම හෙවත් කයේ ස්පර්ශය අනිත්‍යයි කියලා ඔබ ශ්‍රද්ධාව පිහිටුවා ගන්නවා. මනසයි, අරමුණුයි, විඤ්ඤාණයයි එකතු වීම හෙවත් මනසේ ස්පර්ශය අනිත්‍යයි කියලා ඔබ ශ්‍රද්ධාව පිහිටුවා ගන්නවා.

විඳීමත් හඳුනාගැනීමත් අනිත්‍යයි...

මේ විදිහට ඔබ තවදුරටත් ශ්‍රද්ධාව පිහිටුවා ගන්නවා, ස්පර්ශයෙන් හටගන්න විඳීම් සියල්ලත් අනිත්‍යයි කියලා. තවදුරටත් ශ්‍රද්ධාව පිහිටුවා ගන්නවා, ස්පර්ශයෙන් හටගන්න රූප හඳුනාගැනීම අනිත්‍යයි කියලා. ඒ වගේම ශබ්ද හඳුනාගැනීමත් අනිත්‍යයි කියලා ශ්‍රද්ධාව පිහිටුවා ගන්නවා. ගඳ සුවඳ හඳුනාගැනීමත් අනිත්‍යයි කියලා ශ්‍රද්ධාව පිහිටුවා ගන්නවා. රස හඳුනාගැනීමත් අනිත්‍යයි කියලා ශ්‍රද්ධාව පිහිටුවා ගන්නවා. පහස හඳුනාගැනීමත් අනිත්‍යයි කියලා ශ්‍රද්ධාව පිහිටුවා ගන්නවා. අරමුණු හඳුනාගැනීමත් අනිත්‍යයි කියලා ශ්‍රද්ධාව පිහිටුවා ගන්නවා.

හඳුනාගන්නා රූපයට අනුව චේතනා පහළ වීමත් අනිත්‍යයි කියලා ශ්‍රද්ධාව පිහිටුවා ගන්නවා. හඳුනා ගන්නා ශබ්දයට අනුව චේතනා පහළ වීමත් අනිත්‍යයි කියලා ශ්‍රද්ධාව පිහිටුවා ගන්නවා. හඳුනා ගන්නා ගඳ සුවඳට අනුව චේතනා පහළ වීමත් අනිත්‍යයි කියලා ශ්‍රද්ධාව පිහිටුවා ගන්නවා. හඳුනාගන්නා රසයට අනුව චේතනා පහළ වීමත් අනිත්‍යයි කියලා ශ්‍රද්ධාව පිහිටුවා ගන්නවා. හඳුනා ගන්නා පහසට අනුව චේතනා පහළ වීමත් අනිත්‍යයි කියලා ශ්‍රද්ධාව පිහිටුවා ගන්නවා. හඳුනාගන්නා අරමුණුවලට අනුව චේතනා පහළ වීමත් අනිත්‍යයි කියලා ඔබ ශ්‍රද්ධාව පිහිටුවා ගන්නවා.

ආශාවත් අනිත්‍යයි...

ඊළඟට පින්වතුනි, ඔබේ හිතේ ඇතිවෙන ආශාවත් අනිත්‍යයි. හොඳට බලන්න හිතලා, ඔබ ඉස්සර ආසා කරපු දේවල්වලට දැන් ආසා කරන්නේ නෑ. දැන් ආසා

නොකරන දේවල්වලට ඔබ ඉස්සර ආසා කළා. අනාගතයේ ඔබ මොනවාට ආසා කරයි ද දන්නේ නෑ. අනාගතයේදී ඔබ ආසා කරපු මොනතරම් දේවල් අත්හරියි ද දන්නේ නෑ. මේ නිසා ආසාව කියන එකත් වෙනස් වෙලා යන එකක්. අනිත්‍ය වූ දෙයක්. මේ අනිත්‍ය වූ දෙය අනිත්‍ය වූ දෙයක් ම යි කියලා ඔබ ශ්‍රද්ධාව පිහිටුවා ගත්තු ගමන් ඔබ ආර්ය අෂ්ටාංගික මාර්ගයට බැසගන්නවා. ආර්ය අෂ්ටාංගික මාර්ගයට බැසගත්තු ඒ කෙනාට කියනවා 'ශ්‍රද්ධානුසාරී' කියලා.

බුදුරජාණන් වහන්සේ වදාළා අන්න ඒ ශ්‍රද්ධානුසාරී කෙනා ඒ ශ්‍රද්ධාව තුළ පිහිටලා තවදුරටත් මේ විදර්ශනා ප්‍රඥාව දියුණු කරන්ට මහන්සි ගන්නවා. මහන්සි ගන්නකොට ඒ කෙනාට කියනවා 'ධම්මානුසාරී' කියලා. අන්න ඒ ධම්මානුසාරී කෙනා තවදුරටත් ධර්ම මාර්ගය පුරුදු කරනවා. මේ ශ්‍රද්ධානුසාරී, ධම්මානුසාරී කියන දෙන්නා ම සැලකෙන්නේ සෝවාන් මාර්ගය වඩන ශ්‍රාවකයෝ හැටියටයි.

සෝවාන් වීම...

මේ සෝවාන් මාර්ගය වඩන කෙනාට, ඒ ධර්ම මාර්ගය නිරන්තරයෙන් ම දියුණු කරගෙන ගියොත් සෝවාන් ඵලයට පත්වෙන්ට පුළුවන්කම තියෙනවා. යම් දවසක විදර්ශනා ප්‍රඥාව දියුණු වීම තුළ, අනිත්‍ය දේ අනිත්‍ය වශයෙන් ම තමන්ට අවබෝධ වීම තුළ, ඒ කෙනා අවබෝධ කරගන්නවා මේ හේතූන් නිසා හටගන්නා සියලු ඵල ධර්මයන්, හේතු නැතිවීමෙන් නැතිවී යන ස්වභාවයෙන් යුක්තයි (**යං කිඤ්චි සමුදයධම්මං සබ්බං තං නිරෝධධම්මං**)

කියලා. යමක් හටගන්නා ස්වභාවයෙන් යුක්තයි ද, ඒ සියල්ල නිරුද්ධ වී යන ස්වභාවයෙන් යුක්තයි කියලා. මෙන්න මේ අවබෝධය එන්නේ ආර්ය සත්‍යය අවබෝධය ඉලක්ක කරගෙන යි.

අන්න ඒ කෙනාට කියනවා සම්මා දිට්ඨිය ලැබූ ශ්‍රාවකයා කියලා. අන්න ඒ කෙනාට කියනවා ආර්ය අෂ්ටාංගික මාර්ගය හඳුනාගත්තු ශ්‍රාවකයා කියලා. අන්න ඒ කෙනාට කියනවා ආර්ය අෂ්ටාංගික මාර්ගයට පැමිණිච්ච ශ්‍රාවකයා කියලා. අන්න ඒ කෙනාට කියනවා ආර්ය දර්ශනයෙන් සමන්විත වූ ශ්‍රාවකයා කියලා. අන්න ඒ කෙනාට කියනවා දහම් සැඩ පහරට පැමිණිච්ච ශ්‍රාවකයා කියලා. අන්න ඒ කෙනාට කියනවා අමා නිවන් දොරේ හැපී සිටින ශ්‍රාවකයා කියලා.

ආයතන නිසා සසර ගමන හැදෙන හැටි...

ඉතින් මේ ශ්‍රාවකත්වය ඒ දක්වා දියුණු කරගන්ට පුළුවන් වෙන්නේ සතිපට්ඨානයේ සිහිය පිහිටුවා ගැනීමෙන්. ආයතන භාවනාව තුළ මනාකොට සිහිය පිහිටුවාගෙන ඉන්න කෙනා තුළ තමන් නොදැනී ම ඉන්ද්‍රිය සංවරය ඇතිවෙනවා. ඇස, කන, නාසය, දිව, කය, මනස කියන ආධ්‍යාත්මික ආයතන හයත්, ඒ වගේම රූප, ශබ්ද, ගන්ධ, රස, ස්පර්ශ, අරමුණු කියන බාහිර ආයතන හයත් අනිත්‍යයි කියලා නුවණින් විමස විමසා බලද්දි තමයි මේවාට බැඳෙන්නෙ නැත්තේ. බැඳිච්ච ගමන් පටිච්ච සමුප්පාදය හැදෙනවා. හැදෙන්නෙ කොහොමද?

(සළායතන පච්චයා ඵස්සෝ) ආයතන හය නිසා ස්පර්ශය ඇතිවෙනවා. **(ඵස්ස පච්චයා වේදනා)** ස්පර්ශය

නිසා විඳීම ඇතිවෙනවා. (වේදනා පච්චයා තණ්හා) විඳීම නිසා ඇලීම ඇතිවෙනවා. (තණ්හා පච්චයා උපාදානං) ඇලීම නිසා බැඳෙනවා. (උපාදාන පච්චයා භවෝ) බැඳුණු නිසා විපාක පිණිස කර්ම හැදෙනවා. (භව පච්චයා ජාති) විපාක පිණිස කර්ම හැදෙන නිසා උපදිනවා. (ජාති පච්චයා ජරාමරණං...) ඉපදීම නිසා ජරා මරණ, සෝක වැලපීම්, දුක් දොම්නස් හටගන්නවා. මෙන්න මේ විදිහට ආයතන තුළින් පටිච්ච සමුප්පාදය හැදෙන හැටි අවබෝධ කරගන්න ඕනෙ.

තමා තුළත්, අනුන් තුළත් තියෙන අනිත්‍යය...

ඒ බන්ධනය ඇති නොවීම පිණිස, සංයෝජන ඇති නොවීම පිණිස, කෙලෙස් ඇති නොවීම පිණිස ඒ කෙනා මොකද කරන්නේ, මනාකොට සිහිය පිහිටුවලා මේවා විදර්ශනා වශයෙන් වැඩීම යි. එයා බලනවා තමා තුළ තියෙනවා නම් යම් ආකාරයේ අනිත්‍ය වූ ආයතන හයක්, තමාගෙන් බාහිර යම් තාක් ලෝක ඇද්ද, තමාගෙන් බාහිර යම්තාක් ජනතාවක් ඇද්ද, තමාගෙන් බාහිර යම්තාක් සත්ව කොට්ඨාශ ඇද්ද, ඒ සියලු ම සත්වයන් තුළ තිබෙන්නේ අනිත්‍ය වූ ආයතන හයක් කියලා.

ඊළඟට තමාගෙන් බාහිර යම්තාක් රූප, ශබ්ද, ගන්ධ, රස, පහස ඇද්ද, ඒ සියල්ල අනිත්‍ය වූ දේවල් ය කියලා දකිනවා. එතකොට මොකද වෙන්නේ, තමා තුළත් සිත පිහිටන්නේ නෑ. තමාගෙන් බාහිර වූ ලෝකයක් කෙරෙහි සිත පිහිටන්නෙත් නෑ.

ඊට පස්සේ මොකද කරන්නේ, බුදුරජාණන් වහන්සේ වදාළා එයා එහෙම නුවණින් විමසනකොට (යථා ච

උප්පන්නස්ස සංයෝජනස්ස පහානං හෝති, තඤ්ච පජානාති) හටගත්තා වූ බන්ධනය යම් ආකාරයකින් ද නැතිවන්නේ, ඒකත් දැනගන්නවා. බන්ධනය නැතිවන්නේ යෝනිසෝ මනසිකාරයේ යෙදීමෙන්. යෝනිසෝ මනසිකාරයේ යෙදෙනවා කියලා කියන්නේ බුදුරජාණන් වහන්සේ කියා දීපු පිළිවෙළට අපේ චින්තනය, නුවණ, ප්‍රඥාව හැසිරවීම.

නිවනින් ඈත් වීම...

යෝනිසෝ මනසිකාරයේ දිගින් දිගටම යෙදෙන කොට තමයි එයාට නිදහස් විදිහට හිතන්න පුළුවන්කම ඇතිවෙන්නේ. නිදහස් විදිහට හිතන්න පුළුවන්කම නැත්නම් වෙන්නේ බැඳෙන එක. බැඳුණාම මොකද වෙන්නේ? **(රූපං දිස්වා සතිමුට්ඨා)** රූපයක් දැකලා සිහි මුළාවෙනවා. **(පිය නිමිත්තං මනසිකරෝතෝ)** ප්‍රිය අරමුණු සිහිකරන්ට පටන් ගන්නවා. **(සාරත්තචිත්තෝ වේදේති)** ඇලුණු සිතින් විඳින්ට පටන් ගන්නවා. **(තඤ්ච අජ්ඣෝසාය තිට්ඨති)** ඒකෙ හිත බැසගන්නවා. **(තස්ස වඩ්ඪන්ති වේදනා අනේකා රූප සම්භවා)** එතකොට රූපයෙන් හටගත්තු නොයේක් විඳීම් හටගන්නවා. **(අභිජ්ඣා ච විහේසා ච චිත්තමස්සූපහඤ්ඤති)** ආසාවත් වෙහෙසත් විසින් ඒ සිත පෙළන්ට පටන් ගන්නවා. **(ඒවං ආචිනතෝ දුක්ඛං)** ඔන්න ඔය විදිහට දුක රැස්කරද්දී **(ආරා නිබ්බාණං වුච්චති)** නිවනින් ඈත් වුණා කියනවා.

එහෙනම් අපේ සාමාන්‍ය ජීවිත රටාව තුළ තියෙන්නේ නිවනට ළං වීමක් නෙවෙයි. නිවනින් ඈත් වීමක්. නිවනින් බැහැර වීමක්. නිවනට අයිති නැති එකක් තමයි මේ ජීවිතය

තුළ හැදෙන්නේ. මේ නිසා ඒ ජීවිතය තුළ හැදෙන දේට ඉඩ දීලා, දුක් නැති ජීවිතයක් බලාපොරොත්තු වීම සිහිනයක් පැතීමක්. ඒක කවදාවත් සාක්ෂාත් කරන්ට පුළුවන් එකක් නෙවෙයි. ජීවිතය අවබෝධ කරගැනීමට නම්, ඒ කෙනා පැහැදිලිව මේ ඇස, කන, නාසය, දිව, කය, මනස කියන ආයතන අනිත්‍ය වශයෙන් වැඩීම පිණිස සිහිය පිහිටුවා ගත යුතුයි.

සියල්ලෙන් ම නිදහස් වෙන්න...

ආයතන හය තුළ මනාකොට සිහිය පිහිටුවා ගත්තා ම එයා දකින්නේ අනිත්‍ය වූ ආයතන හයක්. ඒ ආයතනවල ඇතිවීම සහ නැතිවීමත් එයා දකිනවා. දැකලා මේවා කිසිවක් මම කියලා ගන්නේ නෑ. මගේ කියලා ගන්නේ නෑ. මගේ ආත්මය කියලා සලකන්නේ නෑ. එයා මේවායෙන් නිදහස් වීමක් ම යි සකස් කරන්නේ. ඒ නිසා එයා ඇසින් නිදහස් වෙනවා. කනින් නිදහස් වෙනවා. නාසයෙන් නිදහස් වෙනවා. දිවෙන් නිදහස් වෙනවා. කයෙන් නිදහස් වෙනවා. මනසින් නිදහස් වෙනවා. මෙලොවෙන් නිදහස් වෙනවා. පරලොවෙන් නිදහස් වෙනවා. සියලු ම ලොවෙන් නිදහස් වෙනවා. අන්න එයා තමයි බුදුරජාණන් වහන්සේගේ ධර්මය සම්පූර්ණයෙන් ම අවබෝධ කරගත්තු ශ්‍රාවකයා වෙන්නේ. ඉතින් ඔබටත් මේ ධර්මයට පිවිසීම පිණිස, ශ්‍රද්ධාව ඇතිවීම පිණිස, ධම්මානුසාරී වීම පිණිස, මේ මාර්ගයට පැමිණීම පිණිස මේ ආයතන අනිත්‍ය භාවනාව බොහෝ උපකාරී වෙනවා.

ආයතන අනිත්‍ය භාවනාව

ඇස

- මේ ඇස හේතූන්ගෙන් හටගත් හෙයින්, හේතු නැතිවීමෙන් නැති වී යන හෙයින්, අනිත්‍යයි... අනිත්‍යයි... අනිත්‍යයි... මේ ඇස මගේ නොවේ... මම නොවේ... මගේ ආත්මය නොවේ.

- ඇසට පෙනෙන රූප හේතූන්ගෙන් හටගත් හෙයින්, හේතු නැතිවීමෙන් නැති වී යන හෙයින්, අනිත්‍යයි... අනිත්‍යයි... අනිත්‍යයි... ඇසට පෙනෙන රූප මගේ නොවේ... මම නොවේ... මගේ ආත්මය නොවේ.

- ඇසේ ඇතිවෙන විඤ්ඤාණය හේතූන්ගෙන් හටගන්නා හෙයින්, හේතු නැතිවීමෙන් නැති වී යන හෙයින්, අනිත්‍යයි... අනිත්‍යයි... අනිත්‍යයි... ඇසේ විඤ්ඤාණය මගේ නොවේ... මම නොවේ... මගේ ආත්මය නොවේ.

- ඇස යි රූප යි විඤ්ඤාණය යි එකතුවීම (ඇසේ ස්පර්ශය) හේතූන්ගෙන් හටගන්නා හෙයින්, හේතු නැතිවීමෙන් නැති වී යන හෙයින්, අනිත්‍යයි... අනිත්‍යයි... අනිත්‍යයි... ඇසේ ස්පර්ශය මගේ නොවේ... මම නොවේ... මගේ ආත්මය නොවේ.

- ඇසේ ස්පර්ශයෙන් ඇතිවෙන යම් විඳීමක් ඇද්ද, ඒ සියලු විඳීම් හේතූන්ගෙන් හටගන්නා හෙයින්, හේතු නැතිවීමෙන් නැති වී යන හෙයින්, අනිත්‍යයි... අනිත්‍යයි... අනිත්‍යයි... ඇසේ ස්පර්ශයෙන් ඇතිවෙන

සියලු විඳීම් මගේ නොවේ... මම නොවේ... මගේ ආත්මය නොවේ.

- විඳින රූප හඳුනාගැනීම හේතූන්ගෙන් හටගන්නා හෙයින්, හේතු නැතිවීමෙන් නැති වී යන හෙයින්, අනිත්‍යයි... අනිත්‍යයි... අනිත්‍යයි... රූප හඳුනා ගැනීම මගේ නොවේ... මම නොවේ... මගේ ආත්මය නොවේ.
- රූප ගැන ඇතිවෙන චේතනා හේතූන්ගෙන් හටගත් හෙයින්, හේතු නැතිවීමෙන් නැති වී යන හෙයින්, අනිත්‍යයි... අනිත්‍යයි... අනිත්‍යයි... රූප ගැන ඇතිවෙන චේතනා මගේ නොවේ... මම නොවේ... මගේ ආත්මය නොවේ.
- රූප කෙරෙහි ඇතිවෙන තණ්හාව හේතූන්ගෙන් හටගත් හෙයින්, හේතු නැතිවීමෙන් නැති වී යන හෙයින්, අනිත්‍යයි... අනිත්‍යයි... අනිත්‍යයි... රූප තණ්හාව මගේ නොවේ... මම නොවේ... මගේ ආත්මය නොවේ.

කන

- මේ කන...
- කනට ඇසෙන ශබ්ද...
- කනේ ඇතිවෙන විඤ්ඤාණය...
- කනේ ස්පර්ශය...
- කනේ ස්පර්ශයෙන් ඇතිවෙන විඳීම...
- විඳින ශබ්ද හඳුනාගැනීම...
- ශබ්ද ගැන ඇතිවෙන චේතනා...
- ශබ්ද කෙරෙහි ඇතිවෙන තණ්හාව...

නාසය

- මේ නාසය...
- නාසයට දැනෙන ගඳ සුවඳ...
- නාසයේ ඇතිවෙන විඤ්ඤාණය...
- නාසයේ ස්පර්ශය...
- නාසයේ ස්පර්ශයෙන් ඇතිවෙන විඳීම...
- විඳින ගඳ සුවඳ හඳුනාගැනීම...
- ගඳ සුවඳ ගැන ඇතිවෙන චේතනා...
- ගඳ සුවඳ කෙරෙහි ඇතිවෙන තණ්හාව...

දිව

- මේ දිව...
- දිවට දැනෙන රස...
- දිවේ ඇතිවෙන විඤ්ඤාණය...
- දිවේ ස්පර්ශය...
- දිවේ ස්පර්ශයෙන් ඇතිවෙන විඳීම...
- විඳින රස හඳුනාගැනීම...
- රස ගැන ඇතිවෙන චේතනා...
- රස කෙරෙහි ඇතිවෙන තණ්හාව...

කය

- මේ කය...
- කයට දැනෙන පහස...
- කයේ ඇතිවෙන විඤ්ඤාණය...

- කයේ ස්පර්ශය...
- කයේ ස්පර්ශයෙන් ඇතිවෙන විඳීම...
- විඳින පහස හඳුනාගැනීම...
- පහස ගැන ඇතිවෙන චේතනා...
- පහස කෙරෙහි ඇතිවෙන තණ්හාව...

මනස

- මේ මනස...
- මනසට සිතෙන අරමුණු...
- මනසේ ඇතිවෙන විඤ්ඤාණය...
- මනසේ ස්පර්ශය...
- මනසේ ස්පර්ශයෙන් ඇතිවෙන විඳීම...
- විඳින අරමුණු හඳුනාගැනීම...
- අරමුණු ගැන ඇතිවෙන චේතනා...
- අරමුණු කෙරෙහි ඇතිවෙන තණ්හාව...

මේ සියල්ල ම අනිත්‍යයි... සියල්ල ම අනිත්‍යයි... සියල්ල ම අනිත්‍යයි... අනිත්‍ය වූ සියල්ල ම වෙනස් වෙනවා... වෙනස් වන ස්වභාවයෙන් යුතු ඒ සියල්ල ම නැසී යනවා... නැසී යන සියල්ල ම මගේ නොවේ... මම නොවේ... මගේ ආත්මය නොවේ...

මේ අනිත්‍ය වූ සියල්ල ම අවබෝධ වීම පිණිස, ප්‍රඥාව දියුණු වීම පිණිස මේ අනිත්‍ය භාවනා මනසිකාරය උපකාර වේවා!

සාදු! සාදු!! සාදු!!!

13

ධම්මානුපස්සනාව තුළ සප්ත බොජ්ඣංග

මනුෂ්‍යයාගේ සැබෑම ධනය...

ඔබට පුළුවන් වුණා බුදුරජාණන් වහන්සේ වදාළ ධර්මය ටික ටික හරි ඉගෙන ගන්නට. මේක තමයි ජීවිතයට ලැබුණු ලොකු ම භාග්‍යය, වාසනාව. බුදුරජාණන් වහන්සේ වදාළා කෙනෙකුට කොයිතරම් සල්ලිබාගෙ තිබුණත්, කොයිතරම් දේපළ වස්තුව තිබුණත්, ප්‍රඥාව නැත්නම් එයා දිළින්දෙක් කියලා. ඊළඟට බුදුරජාණන් වහන්සේ වදාළා යම් කිසි කෙනෙකුගේ දේපළ වස්තුව, සැප සම්පත් ඔක්කෝම පිරිහිලා ගියත්, ප්‍රඥාව පිරිහිලා නැත්නම්, එයා නොපිරිහුණු කෙනෙක් කියලා.

ඒ නිසා මනුෂ්‍යයාගේ සැබෑම ධනය කියන්නේ ප්‍රඥාවට යි. මේ මනුෂ්‍ය ජීවිතේ වටිනා ම දේ තමයි අපේ කල්පනා ශක්තිය. මේ කල්පනා ශක්තිය මනාකොට දියුණු කරගන්ට පුළුවන් වූ ධර්මයක් ලැබුණු වෙලාවේ, ඔබ මේ ජීවිතේ ඔත්පල වෙන්ට කලින්, ජීවිතේ ගෙවී ගොස් අවසන් වෙන්ට කලින්, මේ ධර්මය තුළින් ඔබේ ප්‍රඥාව

දියුණු කරගත්තොත් එහි ප්‍රතිලාභ ලැබෙන්නේ ඔබට ම යි. ඔබේ ජීවිතයේ වාසනාවන්ත මොහොතක් මේ ධර්මය ඉගෙන ගනිමින් සිටින වෙලාව. ඒ නිසා මේ අවස්ථාව පැහැර හරින්නේ නැතුව ලබාගන්ට ඕනෙ.

ඉලක්කය විය යුත්තේ ජීවිතාවබෝධය යි...

අපගේ ශාස්තෲන් වහන්සේ වන, මේ මහා භද්‍ර කල්පයේ සතරවෙනි වරට පහළ වී වදාළ ගෞතම බුදුරජාණන් වහන්සේ සිහිය පිහිටුවා ගන්ට උපකාර වීම පිණිස දේශනා කොට වදාළ මහා සතිපට්ඨාන සූත්‍ර දේශනාව තමයි දැන් මේ විස්තර වශයෙන් ප්‍රායෝගිකව ඉගෙන ගන්ට පුරුදු වෙන්නේ. ඔබට මතක ඇති මා මුලින් ම කිව්වා මේ සමථ විදර්ශනා භාවනා දියුණු කිරීමේදී ළාමක අදහස් හිතේ තබාගන්ට එපා කියලා. ඒ කිව්වේ සෞඛ්‍ය සම්පන්න වීම, ඉගෙන ගන්න පුළුවන් වීම, ඊළඟට නිකම්ම නිකම් පොඩි සැනසිල්ලක් ලබා ගැනීම වගේ දෙයක් නොවෙයි, ජීවිතාවබෝධය ඉලක්ක කරගන්ට කියලා. මොකද හේතුව, අපි කාටත් හැම තිස්සේ ම මගඇරිලා යන එක ඔන්න ඕක.

ජීවිතාවබෝධය පිණිස ඉලක්ක වුණු ධර්මය තමයි අපේ ජීවිතේට හැබෑම සතුට, හැබෑම සැනසිල්ල, හැබෑම සෞභාග්‍යය උදාකරලා දෙන්නේ. සතිපට්ඨාන සූත්‍ර දේශනාව මනාකොට ඉගෙන ගන්නකොට බුදුරජාණන් වහන්සේගේ ඉලක්කය මොකක්ද කියලා අපට හොඳට ප්‍රත්‍යක්ෂ වෙනවා. බුදුරජාණන් වහන්සේගේ ඉලක්කය අවබෝධ නොකළ චතුරාර්ය සත්‍ය ධර්මය අවබෝධ කරවීම පිණිස මේ දෙව් මිනිස් ලෝකයාට උදව් උපකාර

කිරීම යි. ඒ වෙනුවෙන් ම යි බුදුරජාණන් වහන්සේගේ ජීවිතය කැප වුණේ.

සිහිය දියුණු කරගැනීමට නම්...

ඔබට මතක ඇති සතිපට්ඨාන සූත්‍රයේ මුලින්ම බුදුරජාණන් වහන්සේ කියා දුන්නා සිහිය පිහිටුවා ගන්නට නම් ඔබේ ජීවිතයේ කරුණු දෙකක් අයින් කරන්ට ඕනෙ කියලා. ඒ අයින් කළයුතු කරුණු දෙක තමයි අභිජ්ඣා දෝමනස්ස. අභිජ්ඣා කිව්වේ අනුන්ගේ දේවල්වලට ආසා කර කර ඉන්න එක. දොම්නස කිව්වේ මානසිකව දුක් වෙවී ඉන්න එක. මෙන්න මේ දෙක අයින් කරන්ට ඕනෙ. ඊළඟට කරුණු තුනක් එකතු කරගන්ට ඕනෙ. පළවෙනි එක කෙලෙස් තවන වීරිය. දෙවෙනි එක නුවණ. තුන්වෙනි එක සිහිය. (**ආතාපී, සම්පජානෝ, සතිමා**) මේ කරුණු තුන දියුණු කරගන්ට ඕනෙ. ඒ තුළින් තමයි සිහිය මනාකොට දියුණු වෙන්නේ.

ඒ වගේම ඔබට මතකද මා මුලින් ම කිව්වා සාමාන්‍ය ජීවිතේ තියෙන සතිය සම්මා සතිය නෙවෙයි, මේ සතිපට්ඨානයේ උගන්වන සතිය තමයි සම්මා සතිය කියලා? ඒ සම්මා සතිය නොවන දේ තමයි අපට හානිය පිණිස පැවතුණේ. සම්මා සතිය නොවන දෙයක්, ඒ කියන්නේ මිච්ඡා සතියක් අපේ ජීවිතවලට පුරුදු වුණේ මිථ්‍යා දෘෂ්ටිය නිසා. ඒ කියන්නේ චතුරාර්ය සත්‍යය අවබෝධ නොවීම නිසා. දුක ගැන ආර්ය සත්‍යයක් හැටියට අවබෝධයක් නැතිකම, දුක හටගැනීම ගැන ආර්ය සත්‍යයක් හැටියට අවබෝධයක් නැතිකම, දුකින් නිදහස් වීම ගැන අවබෝධයක් නැතිකම, දුකින් නිදහස් වෙන්ට

තිබෙන වැඩපිළිවෙළ ගැන අවබෝධයක් නැතිකම. ඒකට තමයි බුදුරජාණන් වහන්සේ වදාළේ මිථ්‍යා දෘෂ්ටිය කියලා. ඒ නිසා තමයි මිච්ඡා සතිය පවතින්නේ.

සුන්දර මාර්ගය...

සම්මා සතිය සම්මා දිට්ඨියෙන් යුක්තයි, අවබෝධ ඥාණයෙන් යුක්තයි. සමථ - විදර්ශනා වශයෙන් වැඩෙන මේ සතිපට්ඨාන භාවනාව ඉලක්ක වෙලා තිබෙන්නේ ජීවිතාවබෝධයට යි. ආර්ය සත්‍යාවබෝධයටයි. ඒක පැහැදිලිව ඔප්පු වෙනවා සතිපට්ඨාන සූත්‍රය මනාකොට ඉගෙන ගනිද්දි. දැන් අපි බොහොම සරල භාවනාවකින් නේද පටන් ගත්තේ? මොකක්ද ඒ? හුදෙකලා වෙලා, සන්සුන්ව වාඩිවෙලා, කොන්ද කෙලින් කරගෙන, සිහියෙන් හුස්ම ගන්නවා. සිහියෙන් හුස්ම හෙලනවා. ඊට පස්සේ ටික ටික ඒ ආනාපානසතිය තුළ සමාධිය ඇති කරගන්න හැටි ඉගෙන ගත්තා. ඊට පස්සේ හොඳට සිහි නුවණින් දෛනික ජීවිතයේ කටයුතු කරගෙන යන හැටි ඉගෙන ගත්තා. ඊළඟට හොඳ සිහි කල්පනාවෙන් ඉරියව් පවත්වන හැටි ඉගෙන ගත්තා.

ඊළඟට ඉගෙන ගත්තා මල්ලක් ලෙහලා ධාන්‍ය වර්ග වෙන් කර කර බලනවා වගේ සිරුරේ අසුභ කොටස් වෙන් කර කර බලන හැටි. ඊළඟට ඉගෙන ගත්තා ගව දෙනක් මරලා මස් කුට්ටි වෙනම තබාගෙන විකුණන මනුස්සයෙකුගේ ආකාරයට මේ සතර මහාධාතු ඒ ඒ කොටස්වලට බෙදලා බලන හැටි. ඊළඟට ඉගෙන ගත්තා මරණයට පත්වෙච්ච ශරීරයක් අවස්ථා නවයක් තුළදී අමුසොහොනක පස්වී යන තුරු වෙනස් වීම. ඊළඟට

ඉගෙන ගත්තා වේදනානුපස්සනාව. ඊළඟට ඉගෙන ගත්තා චිත්තානුපස්සනාව. ඊළඟට ඉගෙන ගත්තා පංච නීවරණ. ඊළඟට ඉගෙන ගත්තා පංච උපාදානස්කන්ධ. ඊළඟට ඉගෙන ගත්තා ආයතන භාවනාව. දැන් බලන්න කෙමෙන් කෙමෙන් ශ්‍රාවකයෙක් ගැඹුරු ධර්මයන් තුළට ප්‍රවේශ වෙන ලස්සන.

ඉවසීමෙන් ධර්මය පුරුදු කරන්න...

අතීතයේ හිටපු ලක්ෂ සංඛ්‍යාත පින්වන්ත පිරිසක් පැහැදිලිව තේරුම් අරගෙන, දියුණු කරගෙන, අවබෝධ කරගත්තු ධර්මයක් තමයි මේ. වර්තමානයේ වුණත් යම් කෙනෙක් බොහොම ඉවසීමෙන් යුක්තව, ශ්‍රද්ධාවෙන් යුක්ත ව, බුදුරජාණන් වහන්සේ වදාළ ආකාරයට මේ ධර්මය පුරුදු කරගන්ට ටික ටික නමුත් මහන්සියක් ගත්තොත්, ඒක එයාට කවදහරි දවසක ජීවිතය අවබෝධ කරගෙන, දුකින් නිදහස් වෙන්න උපකාර වෙනවා.

හිත විශ්වාස කරන්න එපා..!

අපි ඔබට තව කාරණයක් මතක් කරන්ට කැමතියි. ඒ තමයි, ඔබ විශ්වාස කරන්ට එපා ඔබේ හිත විතරක්. මොකද හේතුව, ඔය විශ්වාස කරන හිතේ තමයි කෙලෙස් හටගන්නේ. ඔය විශ්වාස කරන හිත තමයි ඔබව නොමග යැව්වේ. ඔය විශ්වාස කරපු හිත තමයි ඔබව භවයෙන් භවයට යන්න සකස් කරලා දුන්නේ. ඔය විශ්වාස කරපු හිත තමයි ඔබව අන්ධයෙක් කළේ. ඒ නිසා ඔබ විශ්වාස කළ යුත්තේ ඔය හිත නෙවෙයි. ඔය වංචනික හිත හැමදාමත් ඔබව රවටාවි.

බුදුරජාණන් වහන්සේ වදාළේ "(**ඵන්දනං චපලං චිත්තං, දුරක්ඛං දුන්නිවාරයං**) මේ හිත වහා සැලෙනවා. චපලයි. රැකීමට දුෂ්කරයි. වරදින් වළක්වන්ට දුෂ්කරයි." එබඳු සිතක් විශ්වාස කරන්ට යන්න එපා. විශ්වාස කරන්න තියෙන්නේ එක ම දෙය යි. ඒ තමයි ධර්මය. ධර්මය විශ්වාස කරලා, ධර්මය තුළ ඔබ ගමන් කරන්න. ධර්මය විසින් ඔබව සුවපත් කරාවි. ධර්මය විසින් ඔබව ආරක්ෂා කරාවි. ධර්මය විසින් ඔබව රැකබලා ගනීවි. ධර්මය විසින් ඔබව මේ දුකින් එතෙර කරාවි. ධර්මය විසින් ඔබව අමරණීය කරාවි. මේ සෑම දෙයක් ම ධර්මයට කරන්ට පුළුවනි.

අවබෝධයට උපකාරී වන අංග...

බුදුරජාණන් වහන්සේ වදාළ සතිපට්ඨාන භාවනාවේ, ධම්මානුපස්සනාවේ අවසාන කොටස් දැන් අපි ඉගෙන ගනිමින් සිටින්නේ. මෙහි තිබෙනවා සප්ත බොජ්ඣංග කියලා කොටසක්. සප්ත බොජ්ඣංග කියන්නේ චතුරාර්ය සත්‍යය අවබෝධ කරගැනීමට උපකාරී වන අංග හතක් තියෙනවා. ඒ තමයි **සති, ධම්මවිචය, විරිය, පීති, පස්සද්ධි, සමාධි, උපෙක්ඛා.** මේ ඔක්කොම වැඩෙන්නේ සතිපට්ඨානය වැඩීම තුළ යි. සතිපට්ඨානය වැඩුවේ නැත්නම් මේ බොජ්ඣංග ධර්ම වැඩෙන්නෙ නෑ.

අධිෂ්ඨාන කරලා ලබන්ට බැහැ...

මතක තියාගන්න පින්වතුනි, බොජ්ඣංග ධර්ම අධිෂ්ඨාන කරලා, "මට සති සම්බොජ්ඣංගය පහළ වේවා!" කියලා හෝ "මට ධම්මවිචය සම්බොජ්ඣංගය පහළ වේවා!" කියලා හෝ ලබාගන්ට පුළුවන් එකක්

සිතට සුව දෙන භාවනා

නෙවෙයි. ඒ විදිහට ප්‍රාර්ථනා කරලා යමක් ලබාගන්ට පුළුවන් නම් අපට බුදුරජාණන් වහන්සේලා ඕනෙ නෑනේ. එහෙනම් සද්ධර්මය ශ්‍රවණය කරන්ට ඕනෙත් නෑ. එහෙනම් මහරහතන් වහන්සේලා බුදුරජාණන් වහන්සේ පිරිනිවන් පා වදාළට පස්සේ ධර්මය සංගායනා කරලා, ජීවිත පරිත්‍යාගයෙන් මේ ධර්මය ආරක්ෂා කරන්ට කැපවෙන්න ඕනෙත් නෑනේ.

මාර්ගය වරද්දා ගන්ට එපා..!

සංගායනාවෙන් පස්සේ රහතන් වහන්සේලා භාරගත්තා ධර්මයේ කොටස්. දීඝ නිකාය ආනන්ද මහරහතන් වහන්සේගේ ශිෂ්‍ය පිරිස භාරගත්තා. මජ්ඣිම නිකාය සාරිපුත්ත මහරහතන් වහන්සේගේ ශිෂ්‍ය පිරිස භාරගත්තා. සංයුත්ත නිකාය මහා කාශ්‍යප මහරහතන් වහන්සේගේ ශිෂ්‍ය පිරිස භාරගත්තා. අංගුත්තර නිකාය අනුරුද්ධ මහරහතන් වහන්සේගේ ශිෂ්‍ය පිරිස භාරගත්තා. එහෙම භාරගත්තේ ධර්මය ඉගෙන ගන්ට අවශ්‍ය නිසයි.

ධර්මයෙන් බැහැර වෙච්ච ප්‍රායෝගික දෙයක් නෑ, අත්දැකීමක් නෑ. යමක් ඔබ අවබෝධ කරනවා ද, ඒක තමයි ධර්මයේ තියෙන්නේ. යමක් ධර්මයේ තිබෙනවා ද, ඒක තමයි අවබෝධ කරන්නේ. ඒ නිසා අවබෝධයයි ධර්මයයි එකක් මිස දෙකක් නෙවෙයි.

සති සම්බොජ්ඣංගය...

බුදුරජාණන් වහන්සේගේ ධර්මයේ මුල මැද අග හරිම පැහැදිලියි. අර්ථ සහිතයි. පැහැදිලි වචනවලින් යුක්තයි. අවුල් වියවුල් නෑ. ප්‍රහේලිකා නෑ. කිසිම පටලැවිල්ලක්

නෑ. යමෙක් සතර සතිපට්ඨාන ධර්මයන් මනාකොට ප්‍රගුණ කරගෙන යද්දී එයා තුළ චතුරාර්ය සත්‍ය අවබෝධ කරගැනීමට උවමනා අංග වර්ධනය වෙනවා. එතකොට එයා චතුරාර්ය සත්‍ය අවබෝධය කරා යනවා. ඒ සප්ත බොජ්ඣංග ධර්ම ඔබට දැන් එකින් එක විස්තර ඇතුව ඉගෙන ගන්ට ලැබෙනවා.

සති කියලා කිව්වේ සතර සතිපට්ඨානයට. සතර සතිට්ඨානය චතුරාර්ය සත්‍යය අවබෝධයේ අංගයක් හැටියට කෙනෙකුගේ ජීවිතය තුළ සකස් වෙන කොට ඒක සතිසම්බොජ්ඣංගය යි.

ධම්මවිචය සම්බොජ්ඣංගය...

දෙවෙනි එක ධම්මවිචය සම්බොජ්ඣංගය. බුදුරජාණන් වහන්සේ වදාළ ධර්ම කරුණු සම්බන්ධයෙන් අනිත්‍ය දේ අනිත්‍ය වශයෙන්, දුක් දේ දුක් වශයෙන්, අනාත්ම දේ අනාත්ම වශයෙන්, හේතු ඵල වශයෙන්, හේතු නැතිවීමෙන් ඵල නැතිවී යන ධර්මතාවය ආදිය නුවණින් විමස විමස බලනකොට එයා තුළ ඇතිවෙනවා ධම්මවිචය. එතකොට චතුරාර්ය සත්‍යය අවබෝධයට උපකාරයක් වශයෙන් ධම්මවිචය සම්බොජ්ඣංගය එයා තුළ වැඩෙනවා.

බුදුරජාණන් වහන්සේ සතිපට්ඨාන සූත්‍රයේදී විස්තර කරන්නේ, (**සන්තං වා අජ්ඣත්තං ධම්මවිචය සම්බොජ්ඣංගං අත්ථි මේ අජ්ඣත්තං ධම්මවිචය සම්බොජ්ඣංගෝති පජානාති**) තමන් තුළ මේ චතුරාර්ය සත්‍යය අවබෝධයට උපකාරී අංගයක් වශයෙන් ධම්මවිචය සම්බොජ්ඣංගය තිබෙනවා නම්, තමන් තුළ ධම්මවිචය

සම්බොජ්ඣංගය තියෙනවා කියලා දැනගන්ට ඕනෙ. තමන් තුළ චතුරාර්ය සත්‍යාවබෝධයේ අංගයක් හැටියට ධම්මවිචය සම්බොජ්ඣංගය වැඩිලා නැත්නම්, ඒකත් දැනගන්න ඕනෙ. එතකොට එයා මොකක්ද කළ යුත්තේ, ධම්මවිචය සම්බොජ්ඣංගය වැඩීම පිණිස තවදුරටත් නුවණින් විමසීම යි.

විරිය සම්බොජ්ඣංගය...

තුන්වෙනි එක විරිය සම්බොජ්ඣංගය. උපන්නා වූ අකුසල් ප්‍රහාණය කිරීමට තිබෙන වීරිය. නූපන් අකුසල් නූපදවීමට තිබෙන වීරිය. උපන් අකුසල් තමයි ආසාව, තරහ, ඉරිසියාව, පලිගැනීම, එකටෙක කිරීම, බද්ධ වෛරය, කළකෝලාහල කිරීම, හිතුවක්කාරකම. මේ උපන්නා වූ අකුසල් ප්‍රහාණය කරන්ට වීරිය ගන්නවා. ඊළඟට නූපන් අකුසල් අලුතින් හටගන්න දෙන්නෙත් නෑ.

ඊළඟට නූපන් කුසල් උපදවා ගැනීම. සීලය තමා තුළ නූපන් කුසලයක් නම් ඒක දියුණු කරගන්ට ඕනෙ. ඊළඟට සමාධියක් නැත්නම් ඒක නූපන් කුසලයක්. සමාධිය දියුණු කරගන්ට ඕනෙ. ප්‍රඥාව ඇතිවෙලා නැත්නම් ඒක නූපන් කුසලයක්. එතකොට ප්‍රඥාව ඇති කරගන්ට එයා වීරිය ගන්නවා. මෛත්‍රිය තමන් තුළ නැත්නම් ඒ නූපන් කුසලය දියුණු කරගන්ට මහන්සි ගන්නවා. සම්මා දිට්ඨිය තමන් තුළ නැත්නම් ඒ නූපන් කුසලය උපදවා ගන්ට වීරිය කරනවා.

ඊළඟට උපන් කුසල් වැඩිදියුණු කරගන්ට වීරිය කරනවා. සීලසම්පන්න නම් එයා සීලය නොකඩකොට රැකගෙන අවබෝධය පිණිස සකස් කරගන්ට වීරිය

කරනවා. සමාධියත් පිරිහෙන්ට නොදී තවදුරටත් දියුණු කරගන්ට මහන්සි ගන්නවා. ප්‍රඥාවත් තවදුරටත් දියුණු කරගන්ට වීරිය ගන්නවා. මේ විදිහට උපන් කුසල් භාවනා වශයෙන් දියුණු කරගන්ට මහන්සි ගන්නවා චතුරාර්ය සත්‍යය ධර්මය අවබෝධ කරගැනීමේ ඉලක්කය ඇතුව. අන්න එතකොට එයා තුළ ආර්ය සත්‍යය අවබෝධයට උපකාරී අංගයක් හැටියට වීරිය දියුණු වෙනවා.

ප්‍රීති සම්බොජ්ඣංගය...

මේ විදිහට අකුසල් ප්‍රහාණය කරන්ටත්, කුසල් වඩන්ටත් වීරිය ගනිද්දි එයාගේ හිතේ මහා බලවත් ප්‍රීතියක් හටගන්නවා. 'අනේ දැන් මා තුළ අකුසල් ප්‍රහාණය වෙවී යනවා නේද... මා තුළ කුසල ධර්මයන් දියුණු වෙවී යනවා නේද...' කියලා සතුටක් ඇතිවෙනවා. ඒක ඇතිවෙන්නේ තමන්ගේ ගුණධර්ම මත ම යි.

විශේෂයෙන් ම මේ ධර්ම මාර්ගය දියුණු වෙන්ට කරුණු දෙකක් ප්‍රධාන වෙනවා. පළවෙනි එක තමයි නිහතමානීකම. දෙවෙනි එක තමයි කැපවීම. ධර්මයේ හැසිරීමේදී කවදාවත් අත්තුක්කංසන පරවම්භනයේ යෙදෙන්ට එපා. එතකොට තමන් ම යි මේ ධර්ම මාර්ගයේ බිඳ වැටෙන්නෙ. අත්තුක්කංසනය කියන්නේ තමා උසස් කොට සැලකීමත්, පරවම්භනය කියන්නේ අනුන්ට ගර්හා කොට සැලකීමත්. ඒක නෙවෙයි අප කළ යුත්තේ, තමන් නිහතමානීව ධර්මය තුළට පිවිසීම යි.

ඉතින් ඒ විදිහට කුසල් දියුණුවීමත්, අකුසල් දුරුවීමත් නිසා එයා තුළ චතුරාර්ය සත්‍යය අවබෝධයට උපකාරී අංගයක් හැටියට ප්‍රීතිය සකස් වෙනවා.

පස්සද්ධි සම්බොජ්ඣංගය...

ඒ ප්‍රීතිය නිසා කායිකව සැහැල්ලුවක් ඇතිවෙනවා. මානසිකවත් සැහැල්ලුවක් සංසිඳීමක් ඇතිවෙනවා. එතකොට එයාට කාය පස්සද්ධි, චිත්ත පස්සද්ධි තියෙනවා. පස්සද්ධි කියන්නේ සැහැල්ලු බව. හේතුව තමයි අකුසල් ප්‍රහාණය වෙලා, කුසල් දියුණු වෙලා ඇතිවෙච්ච ප්‍රීතියකින් යුතුවීම. එතකොට චතුරාර්ය සත්‍යාවබෝධයට උපකාරී ධර්මයක් හැටියට මේ සැහැල්ලු බව මෙයා දියුණු කරනවා. තමා තුළ කායික මානසික සැහැල්ලු බව චතුරාර්ය සත්‍යාවබෝධයේ අංගයක් හැටියට තියෙනවා නම්, ඒ බව දැනගන්නවා. නැත්නම් ඒ බවත් දැනගන්නවා.

සමාධි සම්බොජ්ඣංගය...

සිතත් කයත් සැහැල්ලු වීමෙන් උපදින සැපය නිසා එයාගේ හිත සමාධිමත් වෙනවා. පින්වතුනි, කවදාවත් සමාධිය නැති රහතන් වහන්සේලා බිහිවෙන්න බැහැ. සමාධිය නැති අනාගාමී උතුමන් බිහිවෙන්න බැහැ. සමාධිය නැති සකදාගාමී අය හෝ සෝතාපන්න අය හෝ බිහිවෙන්න බැහැ. සමාධිය ටික ටික නමුත් සෝතාපන්න අයටත් තියෙනවා, සකදාගාමී අයටත් තියෙනවා. අනාගාමී වෙනකොට සමාධිය හතරවෙනි ධ්‍යානය දක්වා දියුණු වෙන්න ඕනෙ සාමාන්‍යයෙන් පොදු වශයෙන්. ඊළඟට රහතන් වහන්සේ කියන්නේ සමාධිය සම්පූර්ණ වෙච්ච කෙනෙක්.

සමාධිය කියන්නේ චිත්ත ඒකාග්‍රතාවය. පළමුවෙනි ධ්‍යානය, දෙවෙනි ධ්‍යානය, තුන්වෙනි ධ්‍යානය, හතරවෙනි

ධ්‍යානය. ඒ ඔක්කොම චතුරාර්ය සත්‍යය අවබෝධයට උපකාරී වන අංගයි. චතුරාර්ය සත්‍යාවබෝධයට උපකාර වන අංගයක් හැටියට සමාධිය තමා තුළ තියෙනකොට, ඒ කෙනා දන්නවා දැන් මේ සමාධිය පවතින්නේ චතුරාර්ය සත්‍යය ධර්මය අවබෝධ වීමට උපකාරී අංගයක් හැටියටයි කියලා. ඒ වගේම මේ සමාධිය තමා තුළ නැත්නම්, එයා දන්නවා අනේ මා තුළ චතුරාර්ය සත්‍යය අවබෝධයට සකස්වෙච්ච සමාධියක් නෑනේ කියලා. අන්න ඒ කෙනා නැති සමාධිය දියුණු කරගන්ට කල්පනා කරනවා, මහන්සි වෙනවා.

උපේක්ෂා සම්බොජ්ඣංගය...

ඊළඟට එයා සමාධිය චතුරාර්ය සත්‍යය අවබෝධයේ මාර්ග අංගයක් හැටියට දකිනවා නම්, එයා සමාධියේ ඇලෙන්නේ නෑ. එයා සමාධිය අභිනන්දනය කරන්නේ නෑ. සමාධිය සතුටින් පිළිගන්නවා වෙනුවට එයා දකිනවා අනිත්‍ය වූ සමාධියක් එතන තියෙන්නේ කියලා. ඒ දැකීම තුළ මොකද වෙන්නේ, එයාගෙ හිත උපේක්ෂාවට පත්වෙනවා. එතකොට එයා ඒ උපේක්ෂාවත් ග්‍රහණය කරන්නේ නෑ. බැඳෙන්නේ නෑ. උපේක්ෂාවට මුලා වෙන්නේ නෑ. උපේක්ෂාවට රැවටෙන්නේ නෑ. ඒ උපේක්ෂාව එයා දියුණු කරන්නේ චතුරාර්ය සත්‍යාවබෝධයට උපකාරී අංගයක් හැටියට යි.

චතුරාර්ය සත්‍යාවබෝධය කියන්නේ මොකක්ද? දුක නමැති ආර්ය සත්‍යයක් තියෙනවා. ඒක අවබෝධ කළ යුතු දෙයක්. මේ දුක සකස් වෙන්නේ ඒ දුකට ඇලෙන නිසයි. දුකට ඇලීම දුක්ඛ සමුදය ආර්ය සත්‍යය. මේ දුකට ඇලෙන

ගතිය නැතිකරලා දාන්න ඕනෙ. ඒකට කියනවා දුක්ඛ සමුදය ප්‍රහාණය කරනවා කියලා. ඒක ආර්ය සත්‍යයක්. මේ දුකට ඇලෙන ගතිය නැතිවුණා නම්, එයා දුකින් නිදහස්. ඒකට කියනවා දුක්ඛ නිරෝධය කියලා. දුකට ඇලෙන ගතිය නිකම් නැතිවෙන්නේ නෑ. ඒකට දුක අවබෝධ වෙන්ට ඕනෙ. දුක අවබෝධ වීම පිණිස ආර්ය අෂ්ටාංගික මාර්ගය වැඩෙන්ට ඕනෙ. ඒකට කියනවා දුක්ඛ නිරෝධ ගාමිනී පටිපදා කියලා. මේ විදිහට චතුරාර්ය සත්‍යය අවබෝධයේ අංගයක් හැටියට උපේක්ෂාව වැඩෙන්නට ඕනෙ. එතකොට ඒක උපේක්ෂා සම්බොජ්ඣංගය.

දැන් මතක තියාගන්න බොජ්ඣංග භාවනා කියලා කියන්නේ චතුරාර්ය සත්‍යාවබෝධයට ඉලක්ක වෙලා ඔන්න ඔය කියාපු කරුණු හත තමා තුළ දියුණු කරගැනීම. පළවෙනි එක සතිය, දෙවෙනි එක ධම්මවිචය, තුන්වෙනි එක වීරිය, හතරවෙනි එක ප්‍රීතිය, පස්වෙනි එක පස්සද්ධිය, හයවෙනි එක සමාධිය, හත්වෙනි එක උපේක්ෂාව. මේ බොජ්ඣංග ධර්මයන් හත මනාකොට තමා තුළ වර්ධනය වීමෙන් තමයි, කෙනෙක් නිකෙලෙස් භාවයට පත්වෙන්නේ. ඒ සඳහා සතර සතිපට්ඨානයේ සිහිය පිහිටන්නට ඕනෙ ම යි. සතර සතිපට්ඨානයේ සිහිය නොපිහිටා බොජ්ඣංග ධර්ම වැඩෙන්නේ නෑ.

14
අනුස්සති භාවනා
1. බුද්ධානුස්සතිය

අසිරිමත් ය ඒ සම්බුදු සමිඳුන්...

මිනිස් ජීවිතය අර්ථවත් කර දීම පිණිස ලෝකයට පහළ වූ එක ම මුනිඳාණන් තමයි සිද්ධාර්ථ ගෞතම බුදුරජාණන් වහන්සේ. බුදුරජාණන් වහන්සේ ගැන යම් වෙලාවක ඔබ සුළු මොහොතක් හෝ කල්පනා කරනවා නම්, ඒ ඔබේ සිතේ පැන නගින බුද්ධානුස්සති භාවනාව යි. බුදුරජාණන් වහන්සේ ගැන සිහි කරන හැම මොහොතක ම සිත පිරිසිදු වෙනවා. සිත තැන්පත් වෙනවා. ඒ බුද්ධගතාසතිය තමන්ගේ සන්තානයේ තැන්පත් වෙනකොට, තමන් නොදැනී ම අලුත් ජීවිතයක් කරා පිය නගනවා.

බුදුරජාණන් වහන්සේට තිබුණා නිකෙලෙස් හදවතක්. උන්වහන්සේගේ මනස සදා පිවිතුරු භාවයට පත්වෙලා තිබුණා. බුදුරජාණන් වහන්සේ මොන ම හේතුවක් නිසාවත් කෝප වුණේ නෑ. මොන ම හේතුවක් නිසාවත් දරුණු වුණේ නෑ. මේ බාහිර ලෝකයේ මායාවන්ට බුදුරජාණන් වහන්සේ වසඟ වුණේ නෑ. ඒ නිසා උන්වහන්සේට කියනවා

රහතන් වහන්සේ කියලා. 'අරහං' කියලා. ඒ බුදුගුණයෙන් යුක්ත බුදුරජාණන් වහන්සේව සිහිකරන්ට පුළුවන් නම්, ඔබේ සන්තානය පිරිසිදු වෙනවා. බුදුරජාණන් වහන්සේ රහසින්වත් පව් නොකළ සේක. සියලු කෙලෙසුන්ගෙන් නිදහස් වුණ සේක. සියලු දුක් දොම්නස්වලින් නිදහස් වුණ සේක. ගුරු උපදේශ නැතිව චතුරාර්ය සත්‍යය අවබෝධ කළ සේක. සමස්ත ලෝක ධාතුව ගැනත්, සමස්ත සත්ව වර්ගයා ගැනත්, මේ ජීවිතය ගැනත් පරිපූර්ණ වශයෙන් ම අවබෝධ කළ සේක. සියලු දෙවියන්ට ද මිනිසුන්ට ද යහපත් මාර්ගය පෙන්වා දීමේ, පරිපූර්ණ වූත්, දක්ෂ වූත් ආචාර්යවරයා වන සේක. මේ විදිහට ඔබට බුදුරජාණන් වහන්සේ ගැන සිහිකරන්ට පුළුවන් නම්, ඒ සෑම මොහොතක ම ඔබ සිහි කරන්නේ මේ ලෝකයේ පහළ වූ, මානව ඉතිහාසයේ ස්වර්ණමය යුගය සනිටුහන් කළ උතුම් මුනිරජාණන් වහන්සේ ගැන යි.

ධර්මය තුළින් බුදු සමිඳු දැකගන්න...

ඉතින් එබඳු බුදුරජාණන් වහන්සේ ගැන ඔබ මේ වෙලාවේ සිතන්ට පටන් ගන්නවා නම්, මේ මොහොතේ සිට ඔබේ සිත පිරිසිදු වෙන්න පටන් ගන්නවා. බුදුරජාණන් වහන්සේ නමක් මේ ලෝකයට පහළ වෙන්නේ කලාතුරකින්. බුදුරජාණන් වහන්සේ නමක් අඳුන ගන්ට පුළුවන් වෙන්නේ බුද්ධිය දියුණු කරන්ට පුළුවන් කෙනෙකුට පමණයි. බුදුරජාණන් වහන්සේ විසින් අවබෝධ කරලා දේශනා කරපු ධර්මය ශ්‍රවණය කිරීමෙන්, හැදෑරීමෙන්, ඒ ධර්මය තුළින් ම යි ඔබට බුදුරජාණන් වහන්සේව දැක ගන්ට පුළුවන් වෙන්නේ.

ඒ බුදුරජාණන් වහන්සේගේ නිකෙලෙස් ගුණය, පරිපූර්ණ ප්‍රඥාව, මහා කරුණාව, පිවිතුරු සමාධිය, ධෛර්ය සම්පන්න වීර චරිතාපදානය, මේ සෑම දෙයක් ම ඔබේ ලෝකය ආලෝකමත් කරන්න උපකාර වෙනවා.

ඒ නිසා බුදුරජාණන් වහන්සේ ගැන සිතීමේදී ඔබට බොහොමත්ම ලේසියි **අරහං, සම්මා සම්බුද්ධ, විජ්ජාචරණ සම්පන්න, සුගත, ලෝකවිදූ, අනුත්තරෝ පුරිසදම්ම සාරථී, සත්ථා දේවමනුස්සානං, බුද්ධ, භගවා** කියන සියලු සම්බුදු ගුණ ඔබ සිහි කරන්න. ඔබේ ජීවිතය තුළ නිතර මනසිකාරයේ යෙදෙන්න. මේක සුලු පටු දෙයක් නෙවෙයි.

මිනිස් ජීවිතය කියන්නේ සිඳීගෙන යන දොළ පාරක් වගේ. මේ මිනිස් ජීවිතය අහිමි වෙන්ට ඉස්සර වෙලා, මිනිසත් බවත් සමග ම ඔබ ලැබූ බුද්ධිමත් භාවය දියුණු කරගන්ට පුළුවන් දුර්ලභ වාසනාවක් මේ බුද්ධානුස්සති භාවනාව තුළින් ඔබට ඇති කරගන්ට පුළුවන්. ඒ දුර්ලභ අවස්ථාව ඔබ පැහැර හරින්ට එපා! ඔබ ශ්‍රද්ධාවට පැමිණෙන්න. ශ්‍රද්ධාවට පැමිණිලා ඔබගේ ශාස්තෘන් වහන්සේ හැටියට බුදුරජාණන් වහන්සේව තෝරාගන්න. ඔබගේ ධර්ම මාර්ගයේ නියමුවාණන් හැටියට බුදුරජාණන් වහන්සේව තෝරාගන්න. එතකොට ඔබට පුළුවන්කම ලැබෙනවා ඔබේ ජීවිතය තුළ ශ්‍රද්ධා සම්පන්න ශ්‍රාවකයෙක් වෙලා, බුද්ධානුස්සති භාවනාවේ නියම සුවපත්භාවය තමන්ගේ සන්තානයට ඇතිකරගන්ට. බුදුරජාණන් වහන්සේගේ අනන්ත ගුණ බලයෙන් ඔබේ ජීවිතය සුවපත් වේවා!

බුද්ධානුස්සති භාවනාව

ඉතිපි සෝ භගවා, 'අරහං'

ඒ භාග්‍යවත් වූ අර්හත් වූ අපගේ බුදුරජාණන් වහන්සේ සියලු කෙලෙසුන් කෙරෙන් දුරු වූ සේක. රහසින්වත් පව් නොකළ සේක. සියලු පාපයන්ගෙන් මිදුණ සේක. සියලු ලෝවැසියන්ගේ ආමිස පූජා - ප්‍රතිපත්ති පූජා පිළිගැනීමට සුදුසු වන සේක.

බුදුරජාණන් වහන්සේ ඇසින් රූප දැක ඒ රූප කෙරෙහි නොඇලුණ සේක, නොගැටුණ සේක, මුලා නොවුණ සේක, ආශාව දුරු කළ සේක.

කනින් ශබ්ද අසා ඒ ශබ්ද කෙරෙහි නොඇලුණ සේක, නොගැටුණ සේක, මුලා නොවුණ සේක, ආසාව දුරු කළ සේක.

නාසයෙන් ගඳ සුවඳ දැන ඒ ගඳ සුවඳ කෙරෙහි නොඇලුණ සේක, නොගැටුණ සේක, මුලා නොවුණ සේක. ආශාව දුරු කළ සේක.

දිවෙන් රස විඳ ඒ රසය කෙරෙහි නොඇලුණ සේක, නොගැටුණ සේක, මුලා නොවුණ සේක, ආශාව දුරු කළ සේක.

කයින් පහස ලබා ඒ පහස කෙරෙහි නොඇලුණ සේක, නොගැටුණ සේක, මුලා නොවුණ සේක, ආශාව දුරු කළ සේක.

මනසින් අරමුණු සිතා ඒ අරමුණු කෙරෙහි නොඇලුණ සේක, නොගැටුණ සේක, මුලා නොවුණ සේක, ආශාව දුරු කළ සේක.

මෙසේ බුදුරජාණන් වහන්සේ 'අරහං' වන සේක, 'අරහං' වන සේක, 'අරහං' වන සේක.

මේ 'අරහං' යන සම්බුදු ගුණයෙන් යුතු වූ බුදුරජාණන් වහන්සේව මම සරණ යමි.

මේ 'අරහං' ගුණයෙන් යුතු වූ බුදුරජාණන් වහන්සේට මාගේ නමස්කාරය වේවා!

ඉතිපි සෝ භගවා, 'සම්මා සම්බුද්ධෝ'

ඒ භාග්‍යවත් වූ අර්හත් වූ අපගේ බුදුරජාණන් වහන්සේ අවබෝධ කළයුතු වූ දුක්ඛාර්ය සත්‍යය ගුරූපදේශ නැතිවම අවබෝධ කොට වදාළ සේක.

ප්‍රහාණය කළයුතු වූ දුක්ඛ සමුදයාර්ය සත්‍යය ගුරූපදේශ නැතිවම ප්‍රහාණය කොට වදාළ සේක.

සාක්ෂාත් කළයුතු වූ දුක්ඛ නිරෝධාර්ය සත්‍යය ගුරූපදේශ නැතිවම සාක්ෂාත් කොට වදාළ සේක.

වැඩිය යුතු වූ දුක්ඛ නිරෝධ ගාමිනී පටිපදාර්ය සත්‍යය ගුරූපදේශ නැතිවම වඩා නිමකොට වදාළ සේක.

මෙසේ චතුරාර්ය සත්‍යය ධර්මයන් ගුරූපදේශ නැතිව ම සත්‍ය ඤාණ, කෘත්‍ය ඤාණ, කෘත ඤාණ වශයෙන්, පරිවර්ත තුනකින් යුතුව, දොළස් ආකාරයකින් අවබෝධ කොට වදාළ හෙයින් බුදුරජාණන් වහන්සේ 'සම්මා

සිතට සුව දෙන භාවනා 211

සම්බුද්ධ' වන සේක, 'සම්මා සම්බුද්ධ' වන සේක, 'සම්මා සම්බුද්ධ' වන සේක.

මේ 'සම්මා සම්බුද්ධ' යන සම්බුදු ගුණයෙන් යුතු වූ බුදුරජාණන් වහන්සේව මම සරණ යමි.

මේ 'සම්මා සම්බුද්ධ' ගුණයෙන් යුතු වූ බුදුරජාණන් වහන්සේට මාගේ නමස්කාරය වේවා!

ඉතිපි සෝ භගවා, 'විජ්ජාචරණ සම්පන්නෝ'

ඒ භාග්‍යවත් වූ අර්හත් වූ අපගේ බුදුරජාණන් වහන්සේ පෙර ගත කළ ජීවිත ගැන එකක් පාසා දැකීමේ හැකියාව වූ 'පුබ්බේ නිවාසානුස්සති ඤාණය' ලබාගත් සේක.

සියලු ලෝක සත්වයන් චුත වන ආකාරයත්, උපදින ආකාරයත් දැකීමේ හැකියාව වූ 'චුතූපපාත ඤාණය' ලබාගත් සේක.

දුර තිබෙන දේ ත්, ළඟ තිබෙන දේ ත් බාධාවෙන් තොරව දැකීමේ හැකියාව වූ 'දිබ්බ චක්ඛු ඤාණය' ලබා ගත් සේක.

දුර තිබෙන ශබ්ද ත්, ළඟ තිබෙන ශබ්ද ත් බාධාවෙන් තොරව ඇසීමේ හැකියාව වූ 'දිබ්බ සෝත ඤාණය' ලබාගත් සේක.

දෙව් මිනිස් සියලු සත්වයන්ගේ සිත්වල ස්වභාවය දැකීමේ හැකියාව වූ 'පරචිත්ත විජානන ඤාණය' ලබාගත් සේක.

දෙව් මිනිස් සියලු සත්වයන්ගේ ජීවිත තුළ කෙලෙස් සැඟවී පවතින ආකාරය දැකීමේ හැකියාව වූ 'ආසයානුසය ඤාණය' ලබාගත් සේක.

දෙව් මිනිස් සියලු සත්වයන් තුළ ධර්මාවබෝධ කිරීමේ කුසලතාව තිබෙන ආකාරයත්, නොතිබෙන ආකාරයත් දැකීමේ හැකියාව වූ 'ඉන්ද්‍රියපරෝපරියත්ත ඤාණය' ලබාගත් සේක.

තමන් වහන්සේ තුළ පැවති සකලවිධ ආශ්‍රවයන් මුළුමනින් ම ප්‍රහාණය කොට 'ආසවක්ඛය ඤාණය' ලබාගත් සේක.

එමෙන් ම අහසින් ගමන් කිරීමේ හැකියාව ද, ජලයේ සක්මන් කිරීමේ හැකියාව ද, පොළොවෙහි කිමිදී ගොස් වෙනත් තැනකින් මතුවීමේ හැකියාව ද, සියල්ල විනිවිද නොපෙනී ගමන් කිරීමේ හැකියාව ආදී විවිධාකාර වූ ඍද්ධි ප්‍රාතිහාර්ය දැක්වීමේ හැකියාව වූ 'ඉද්ධිවිධ ඤාණය' ලබා ගත් සේක.

මෙසේ අනන්ත වූ විද්‍යා ඤාණයෙන් සමන්විත වූ බුදුරජාණන් වහන්සේගේ හැසිරීම හෙවත් චරණධර්මයන් ද අතිශයින් ම පාරිශුද්ධ වන සේක.

එනම්, බුදුරජාණන් වහන්සේ බොරු බසින් තොර වූ, කේළාම් කීමෙන් තොර වූ, පරුෂ වචනයෙන් තොර වූ, අර්ථ ශූන්‍ය හිස් ප්‍රලාපවලින් තොර වූ, පාරිශුද්ධ වචන ඇති සේක. නුවණැස පාදා දෙන වචන ඇති සේක. කෙලෙස් සංසිඳුවාලන වචන ඇති සේක. මිහිරි මටසිලිටි වචන ඇති සේක. ප්‍රභාෂ්වර වචන ඇති සේක.

බුදුරජාණන් වහන්සේ සියලු ආකාරයේ හිංසාවෙන් දුරු වූ, සියලු ආකාරයේ සොරකමින් දුරු වූ, සියලු ආකාරයේ අබ්‍රහ්මචාරී පැවැත්මෙන් දුරු වූ, සියලු ආකාරයේ මත්පැනින් හා මත්ද්‍රව්‍යයෙන් දුරු වූ, සියලු ආකාරයේ මිථ්‍යාජීවයෙන් දුරු වූ පාරිශුද්ධ වූ ජීවිත පැවැත්ම ඇති සේක.

සාමයේත් සමාදානයේත්, සාධාරණත්වයේත්, සහනශීලීත්වයේත් ඒකායන මූර්තිය වන සේක.

උත්සාහයේත්, වීර්යයේත්, අධිෂ්ඨානයේත්, ශක්තියේත් උත්තුංග ධජය වන සේක.

මේ ආදී අනන්ත වූ යහපත් හැසිරීමෙන් ද ඥාණමහිමයෙන් ද යුක්ත වූ බුදුරජාණන් වහන්සේ 'විජ්ජාචරණ සම්පන්න' වන සේක. 'විජ්ජාචරණ සම්පන්න' වන සේක. 'විජ්ජාචරණ සම්පන්න' වන සේක.

මේ 'විජ්ජාචරණ සම්පන්න' නම් වූ සම්බුදු ගුණයෙන් යුතු වූ බුදුරජාණන් වහන්සේ ව මම සරණ යමි.

මේ 'විජ්ජාචරණ සම්පන්න' නම් වූ සම්බුදු ගුණයෙන් යුතු වූ බුදුරජාණන් වහන්සේට මාගේ නමස්කාරය වේවා!

ඉතිපි සෝ භගවා, 'සුගතෝ'

ඒ භාග්‍යවත් වූ අර්හත් වූ අපගේ බුදුරජාණන් වහන්සේ රාග, ද්වේෂ, මෝහ නැති කිරීමේ පරම සුන්දර ප්‍රතිපදාව වූ සීල, සමාධි, ප්‍රඥාවෙන් යුක්ත වූ ආර්ය අෂ්ටාංගික මාර්ගය සොයා ගත් සේක.

ඒ ආර්ය අෂ්ටාංගික මාර්ගය සම්පූර්ණ වශයෙන් ම

ප්‍රගුණ කොට රාග, ද්වේෂ, මෝහ නැති කොට පරම සුන්දර වූ නිර්වාණ සුඛය ලබාගත් සේක.

මෙසේ බුදුරජාණන් වහන්සේ 'සුගත' වන සේක. 'සුගත' වන සේක. 'සුගත' වන සේක.

මේ 'සුගත' නම් වූ සම්බුදු ගුණයෙන් යුතු වූ බුදුරජාණන් වහන්සේ ව මම සරණ යමි.

මේ 'සුගත' නම් වූ සම්බුදු ගුණයෙන් යුතු වූ බුදුරජාණන් වහන්සේට මාගේ නමස්කාරය වේවා!

ඉතිපි සෝ භගවා, 'ලෝකවිදූ'

ඒ භාග්‍යවත් වූ අර්හත් වූ අපගේ බුදුරජාණන් වහන්සේ සියලු බ්‍රහ්ම ලෝකයන්ගේ සැබෑ තත්වය අවබෝධ කොට වදාළ සේක. සියලු දිව්‍ය ලෝකයන්ගේ සැබෑ තත්වය අවබෝධ කොට වදාළ සේක. මේ මිනිස් ලෝකයේ සැබෑ තත්වය අවබෝධ කොට වදාළ සේක.

සියලු ප්‍රේත ලෝකයන්ගේ සැබෑ තත්වය අවබෝධ කොට වදාළ සේක. සියලු තිරිසන් ලෝකයන්ගේ සැබෑ තත්වය අවබෝධ කොට වදාළ සේක. සියලු නිරයන්ගේ සැබෑ තත්වය අවබෝධ කොට වදාළ සේක.

මේ සියලු ලෝකවල ඉපදීමට හේතුවන්නා වූ සියලු ධර්මයන් අවබෝධ කොට වදාළ සේක. මේ සියලු ලෝකවලින් නිදහස් වීමට හේතුවන්නා වූ සියලු ධර්මයන් අවබෝධ කොට වදාළ සේක. තමන් වහන්සේ මේ සියලු ලෝකයෙන් ම නිදහස් වූ සේක.

මෙසේ සියලු ලෝකධාතූන්ගේ සැබෑ තත්වය

අවබෝධ කොට, ඒ සියලු ලෝ තතු හෙළිදරව් කොට, ඒ සියලු ලෝකධාතූන්ගෙන් නිදහස් වූ බුදුරජාණන් වහන්සේ 'ලෝකවිදූ' වන සේක. 'ලෝකවිදූ' වන සේක. 'ලෝකවිදූ' වන සේක.

මේ "ලෝකවිදූ" යන සම්බුදු ගුණයෙන් යුතු වූ බුදුරජාණන් වහන්සේව මම සරණ යමි.

මේ "ලෝකවිදූ" යන සම්බුදු ගුණයෙන් යුතු වූ බුදුරජාණන් වහන්සේට මාගේ නමස්කාරය වේවා!

ඉතිපි සෝ භගවා, 'අනුත්තරෝ පුරිසදම්ම සාරථී'

ඒ භාග්‍යවත් වූ අර්හත් වූ අපගේ බුදුරජාණන් වහන්සේ මහා කරුණාවෙන් යුතුව, දෙව් මිනිස් ලෝ සතුන්ව ඉතා යහපත් ලෙස දමනය කළ සේක. අල්පමාත්‍ර වූ ද හිංසා පීඩාවෙකින් තොරව ම, ගුණධර්ම බලයෙන් ම දමනය කළ සේක.

දුසිල්වතුන් සිල්වතුන් කළ සේක. අකීකරු උදවිය කීකරු කළ සේක. මසුරුකමින් පෙළෙන්නවුන් දානපතියන් කළ සේක. අලසයින් වීර්යවන්තයින් කළ සේක. නපුරුකමින් පෙළෙන්නවුන් දයාවන්තයින් කළ සේක. ආඩම්බරකාරයින් නිරහංකාර කළ සේක. මඳ නුවණ ඇතියවුන් නැණවතුන් කළ සේක. දිළින්දන් ධනවත් කළ සේක. විසිරෙන සිත් ඇතියවුන් සමාහිත කළ සේක. සසර දුකට වැටුනවුන් එයින් ගොඩලා අමා මහ නිවනට පැමිණවූ සේක.

බුදුරජාණන් වහන්සේ ඍද්ධි ප්‍රාතිහාර්යයෙන් ද, අනුන්ගේ සිත් හසර කියවා බලා දහම් දෙසීම

නම් වූ ආදේශනා ප්‍රාතිහාර්යයෙන් ද, ශ්‍රී සද්ධර්මය ම විස්තර විභාග කොට දහම් දෙසීම නම් වූ අනුශාසනා ප්‍රාතිහාර්යයෙන් ද දෙව් - මිනිස් ලෝ සතුන්ව දමනය කළ හෙයින් 'අනුත්තරෝ පුරිසදම්ම සාරථී' වන සේක. 'අනුත්තරෝ පුරිසදම්ම සාරථී' වන සේක. 'අනුත්තරෝ පුරිසදම්ම සාරථී' වන සේක.

මේ 'අනුත්තරෝ පුරිසදම්ම සාරථී' යන සම්බුදු ගුණයෙන් යුතු වූ බුදුරජාණන් වහන්සේව මම සරණ යමි.

මේ 'අනුත්තරෝ පුරිසදම්ම සාරථී' යන සම්බුදු ගුණයෙන් යුතු වූ බුදුරජාණන් වහන්සේට මාගේ නමස්කාරය වේවා!

ඉතිපි සෝ භගවා, 'සත්ථා දේවමනුස්සානං'

ඒ භාග්‍යවත් වූ අර්හත් වූ අපගේ බුදුරජාණන් වහන්සේ සංසාරයේ අතරමං වී දුක් විඳින දෙව් - මිනිස් ලෝසතුන් හට සංසාරයෙන් අත්මිදීම පිණිස මාර්ගය පෙන්වා දුන් සේක.

චතුරාර්ය සත්‍ය ධර්මයන් අවබෝධ කරගැනීම පිණිස මනුලොව මිනිසුන්ට ද මාර්ගය පෙන්වා දුන් සේක. චතුරාර්ය සත්‍ය ධර්මයන් අවබෝධ කරගැනීම පිණිස දෙව්ලොව දෙවියන්ට ද මාර්ගය පෙන්වා දුන් සේක.

මෙසේ දෙවියන්ගේත් මිනිසුන්ගේත් ජීවිත සදාකාලිකව සුවපත් කරගැනීම පිණිස මහා කරුණාවෙන් අනුශාසනා කොට වදාළ හෙයින් බුදුරජාණන් වහන්සේ 'සත්ථා දේවමනුස්සානං' වන සේක. 'සත්ථා දේවමනුස්සානං' වන සේක. 'සත්ථා දේවමනුස්සානං' වන සේක.

සිතට සුව දෙන භාවනා

මේ 'සත්ථා දේවමනුස්සානං' යන සම්බුදු ගුණයෙන් යුතු වූ බුදුරජාණන් වහන්සේව මම සරණ යමි.

මේ 'සත්ථා දේවමනුස්සානං' යන සම්බුදු ගුණයෙන් යුතු වූ බුදුරජාණන් වහන්සේට මාගේ නමස්කාරය වේවා!

ඉතිපි සෝ භගවා, 'බුද්ධෝ'

ඒ භාග්‍යවත් වූ අර්හත් වූ අපගේ බුදුරජාණන් වහන්සේ විසින් අවබෝධ කරන ලද දුක්ඛාර්ය සත්‍යය අන්‍යයන්ට ද පහසුවෙන් අවබෝධ කරගැනීම පිණිස මනාකොට පෙන්වා දුන් සේක.

ප්‍රහාණය කරන ලද දුක්ඛ සමුදය ආර්ය සත්‍යය අන්‍යයන්ට ද පහසුවෙන් ප්‍රහාණය කරගැනීම පිණිස මනාකොට පෙන්වා දුන් සේක.

සාක්ෂාත් කරන ලද දුක්ඛ නිරෝධාර්ය සත්‍යය අන්‍යයන්ට ද පහසුවෙන් සාක්ෂාත් කරගැනීම පිණිස මනාකොට පෙන්වා දුන් සේක.

ඉතා යහපත් ලෙස ප්‍රගුණ කරන ලද දුක්ඛ නිරෝධ ගාමිනී පටිපදා ආර්ය සත්‍යය අන්‍යයන්ට ද පහසුවෙන් ප්‍රගුණ කරගැනීම පිණිස මනාකොට පෙන්වා දුන් සේක.

මෙසේ තමන් වහන්සේ විසින් අවබෝධ කරන ලද චතුරාර්ය සත්‍ය ධර්මයන් අන්‍යයන්ට ද පහසුවෙන් අවබෝධ කරගැනීම පිණිස මනාකොට පෙන්වා වදාළ හෙයින් බුදුරජාණන් වහන්සේ 'බුද්ධ' වන සේක. 'බුද්ධ' වන සේක. 'බුද්ධ' වන සේක.

මේ 'බුද්ධ' නම් වූ සම්බුදු ගුණයෙන් යුතු වූ බුදුරජාණන් වහන්සේව මම සරණ යමි.

මේ 'බුද්ධ' නම් වූ සම්බුදු ගුණයෙන් යුතු වූ බුදුරජාණන් වහන්සේට මාගේ නමස්කාරය වේවා!

ඉතිපි සෝ භගවා, 'භගවා'

ඒ භාග්‍යවත් වූ අර්හත් වූ අපගේ බුදුරජාණන් වහන්සේ පරම පාරිශුද්ධ වූ නිකෙලෙස් හදමඬලක් ඇති කරගැනීමට තරම් භාග්‍යසම්පන්න වන සේක.

ගුරූපදේශයකින් තොරව ම තමන් වහන්සේ විසින් ම උපදවා ගන්නා ලද යෝනිසෝ මනසිකාරයෙන් චතුරාර්ය සත්‍ය ධර්මයන් අවබෝධ කරගැනීමට තරම් භාග්‍යසම්පන්න වන සේක.

අනන්ත ඤාණයෙන් හා අනන්ත ගුණයෙන් ගුණවත් වීමට තරම් භාග්‍යසම්පන්න වන සේක.

තමන් වහන්සේ විසින් ම සොයා ගන්නා ලද සුන්දර නිවන් මගෙහි ගමන් කොට සුන්දර නිවනට පැමිණීමට තරම් භාග්‍යසම්පන්න වන සේක.

සියලු ම ලෝකධාතූන් අවබෝධ කොට ඒ සියලු ලෝකධාතූන්ගෙන් සදහට ම නිදහස් වන්නට තරම් භාග්‍යසම්පන්න වන සේක.

දෙව් මිනිස් ලෝ සතුන්ව සංසාර දුකින් මුදවා ගැනීම පිණිස මහා කරුණාවෙන් මග පෙන්වා දීමට තරම් භාග්‍යසම්පන්න වන සේක.

දෙතිස් මහා පුරිස ලකුණින් බැබළී ගියා වූ, අනන්ත වූ රූපසෝභාවෙන් සමන්විත වූ, පරම සුන්දර වූ රූපකායක් දැරීමට තරම් භාග්‍යසම්පන්න වන සේක.

මෙසේ මේ සියලු මහානීය වූ ගුණ සම්පත් දරා ගැනීමට තරම් මහා භාග්‍යයෙකින් යුතු හෙයින් බුදුරජාණන් වහන්සේ 'භගවා' වන සේක. 'භගවා' වන සේක. 'භගවා' වන සේක.

මේ 'භගවා' යන සම්බුදු ගුණයෙන් යුතු වූ බුදුරජාණන් වහන්සේව මම සරණ යමි.

මේ 'භගවා' යන සම්බුදු ගුණයෙන් යුතු වූ බුදුරජාණන් වහන්සේට මාගේ නමස්කාරය වේවා!

සාදු! සාදු!! සාදු!!!

15

අනුස්සති භාවනා
2. ධම්මානුස්සතිය

ධර්මයේ හාස්කම...

ලෝකය වියළි කතරක් නම්, මේ වියළි කතර තෙමා හැලුන අමා දහර තමයි ඒ සම්මා සම්බුද්ධ ධර්මය. බුදුරජාණන් වහන්සේගේ ධර්මය ඇසූ අය ශෝක තැවුල්වලින් පිරුණු සන්තානයන් පිරිසිදු කරගෙන සුවපත් වුණා. අංගුලිමාල වැනි නපුරු චිත්ත සන්තාන තිබුණු, නපුරු ගති තිබුණු මිනිසුන් මල් පෙත්තක් වගේ සිනිඳු හදවත් ඇති කරගත්තේ බුදුරජාණන් වහන්සේගේ ධර්මය තුළින්. සිහි විකල් ව පාරක් පාරක් ගානෙ දිව ගිය පටාචාරා වැනි අහිංසක කාන්තාවන් වීරෝධාර, බලසම්පන්න, ගුණසම්පන්න භික්ෂුණීන් බවට පත්වුණේ බුදුරජාණන් වහන්සේගේ ධර්මය තුළින්.

ඔබේ ජීවිතයත් සුවපත් කරන්ට බුදුරජාණන් වහන්සේගේ ධර්මයට පුළුවනි. ඒ බුදුරජාණන් වහන්සේගේ ධර්මය තමයි චතුරාර්ය සත්‍ය ධර්මය. ඔබේ දෙසවනට ඒ චතුරාර්ය සත්‍ය ධර්මය ගැන ශ්‍රවණය කරන්ට ලැබෙනවා

නම්, චතුරාර්ය සත්‍ය ධර්මය ඔබට සිහි කරන්ට ලැබෙනවා නම්, ඒක දුර්ලභ දෙයක්.

ඒ බුද්ධිමය පරිවර්තනය ළඟා කරගන්න...

බුදුරජාණන් වහන්සේලා පහළ වීමේ ඉලක්ක දෙකක් නෑ. එක ම ඉලක්කයයි තියෙන්නේ. ඒ තමයි ලෝක සත්වයාව දුකින් නිදහස් කරවීම පිණිස චතුරාර්ය සත්‍යය ධර්මය කියා දීම. චතුරාර්ය සත්‍ය ධර්මය අවබෝධ කරගැනීමෙන් දුකට පත් සත්වයා සැප කරා යනවා. සංසාර ගමන තුළ සතර අපායේ වැටි වැටී, භවයෙන් භවයට ඉපදෙමින් මැරෙමින් යන සත්වයා, ඒ සතර අපා දුකින් අත්මිදිලා, භව ගමනින් නිදහස් වෙලා, සදාකාලික සැප ඇති අමා නිවන කරා යනවා.

ඒ නිසා චතුරාර්ය සත්‍ය ධර්මය අවබෝධ කිරීම කියලා කියන්නේ මනුෂ්‍ය සන්තානයක ඇතිවුණ බුද්ධිමය හාස්කමක්. බුද්ධිමය පරිවර්තනයක්. බුද්ධිමය පෙරළියක්. ඒ බුද්ධිමය හාස්කම, ඒ බුද්ධිමය පරිවර්තනය ඔබේ ජීවිතය තුළත් සිද්ධ වන්නට නම් බුදුරජාණන් වහන්සේගේ ධර්මය ඔබ දැනසිටිය යුතුයි.

අසිරිමත් සදහම් ගුණ...

ඒ චතුරාර්ය සත්‍ය ධර්මය බුදුරජාණන් වහන්සේ විසින් මනාකොට දේශනා කරපු නිසා 'ස්වාක්ඛාත' වන සේක. ඒ ශ්‍රී සද්ධර්මය මේ ජීවිතයේදී ම දැකිය හැකි නිසා 'සන්දිට්ඨික' වන සේක. ඒ ධර්මය එක් කාලයකට පමණක් අයිති නැති, ලෝකයේ සදාකල් පවතින සත්‍යයක් වන නිසා 'අකාලික' වන සේක. ඒ වගේම ඒ ධර්මය

ඇවිත් බලන්න කියලා ඕනෑම කෙනෙකුට පෙන්වා දිය හැකි නිසා 'ඒහිපස්සික' වන සේක. ඒ ශ්‍රී සද්ධර්මය තමා තුළට පමුණුවාගෙන, තමා තුළ දියුණු කරගත යුතු නිසා 'ඕපනයික' වන සේක. ඒ ශ්‍රී සද්ධර්මය ඕනෑම බුද්ධිමත් කෙනෙකුට තමාගේ බුද්ධිය මෙහෙයවා සාක්ෂාත් කරන්ට පුළුවන් නිසා 'පච්චත්තං වේදිතබ්බෝ විඤ්ඤූහී' වන සේක.

වෙන කිසිවකින් ලැබෙන්නෙ නෑ...

මේ ආකාරයට ඔබ නිතිපතා වඳින පුදන ඒ ශ්‍රී සද්ධර්මයේ ගුණාංග සිහිකිරීම ධම්මානුස්සති භාවනාව යි. ධම්මානුස්සති භාවනාව යම්කිසි කෙනෙකුට කරගන්ට පුළුවන් වෙන්නේ ඒ කෙනා බුදුරජාණන් වහන්සේගේ ධර්මය දැන සිටියොත් පමණයි. ඔබේ ජීවිතයේ ඔබ කොතෙකුත් රූපවාහිනිය බලා ඇති. ඔබ කොතෙකුත් පොත් පත් කියවා ඇති. ඔබ කොතෙකුත් පුවත්පත් බලා ඇති. ඔබ කොතෙකුත් නවකතා - කෙටිකතා කියවා ඇති. ඔබ නොයෙකුත් වැඩසටහන්වලට සවන් දී ඇති. නමුත් ඒ කිසිවකට ඔබේ හදවතේ දුක් දොම්නස් පහ කරන්ට පුළුවන් වුණේ නෑ.

නමුත් ඔබ බුදුරජාණන් වහන්සේගේ ධර්මයට සවන් දුන්නා නම්, බුදුරජාණන් වහන්සේගේ ධර්මය ඔබේ හද මඬලේ තැන්පත් කරගත්තා නම්, බුදුරජාණන් වහන්සේ වදාළ ධර්මය ඔබේ ජීවිතය තුළින් සිතන්ට පටන් ගත්තා නම්, ඔබ ඒ ධර්මය තුළින් ලෝකය දකින්ට පටන් ගත්තා නම්, ඔබේ ජීවිතය ටිකෙන් ටික සුවපත් වෙන්න පටන් ගන්නවා. ඔබ සැනසිලි සහිත ජීවිතයක් කරා යන කෙනෙක් බවට පත්වෙනවා. ඒ නිසා ධම්මානුස්සති භාවනාවේ

ස්වල්ප වෙලාවක් හෝ යෙදෙමින් ඔබේ ජීවිතය තුළට ධර්මයෙන් සැනසිල්ල ලබාගන්න.

ධම්මානුස්සති භාවනාව

ස්වාක්ඛාත ගුණය

ඒ භාග්‍යවත් වූ අර්හත් වූ අපගේ බුදුරජාණන් වහන්සේ විසින් ඉතාම යහපත් ලෙස ශ්‍රී සද්ධර්මය දේශනා කරන ලදී. එම ශ්‍රී සද්ධර්මයේ ආරම්භය වූ සීලයත් ඉතාම යහපත්ය. එහි මැද කොටස නම් වූ සමාධියත් ඉතාම යහපත්ය. එහි අවසාන කොටස නම් වූ ප්‍රඥාවත් ඉතාම යහපත් කොට දක්වන ලද්දේය. අර්ථ සහිතව පෙන්වා දෙන ලද්දේය. පැහැදිලි වචනවලින් පෙන්වා දෙන ලද්දේය. අතිශයින් ම පරිපූර්ණ වූ පාරිශුද්ධ වූ නිකෙලෙස් ජීවිතය පෙන්වා දෙන ලද්දේය.

භාග්‍යවතුන් වහන්සේ විසින් වදාරණ ලද ශ්‍රී සද්ධර්මය ඉතා යහපත් කොට වදාළ හෙයින් 'ස්වාක්ඛාත' වන සේක. මෙසේ 'ස්වාක්ඛාත' වූ ශ්‍රී සද්ධර්මය මම සරණ යමි. මෙසේ 'ස්වාක්ඛාත' වූ ශ්‍රී සද්ධර්මයට මාගේ නමස්කාරය වේවා!

සන්දිට්ඨික ගුණය

ඒ භාග්‍යවත් වූ අර්හත් වූ අපගේ බුදුරජාණන් වහන්සේ විසින් මහා කරුණාවෙන් වදාරණ ලද ශ්‍රී සද්ධර්මය මේ ජීවිතය තුළදී ම අවබෝධ කළ හැකි වන සේක. ඒ ශ්‍රී සද්ධර්මය සීල, සමාධි, ප්‍රඥා වශයෙන් දියුණු කළ හැකි වන සේක. ඒ ශ්‍රී සද්ධර්මය සෝවාන් මාර්ග - ඵල, සකදාගාමී මාර්ග - ඵල, අනාගාමී මාර්ග - ඵල, අරහත්

මාර්ග - ඵල වශයෙන් අවබෝධ කර ගත හැකි වන සේක. ඒ ශ්‍රී සද්ධර්මය චතුරාර්ය සත්‍යය ධර්මය වශයෙන් මේ ජීවිතයේදීම අවබෝධ කළ හැකි වන සේක.

මෙසේ භාග්‍යවතුන් වහන්සේ විසින් දේශනා කොට වදාළ ශ්‍රී සද්ධර්මය මේ ජීවිතයේදී ම අවබෝධ කළ හැකි නිසා 'සන්දිට්ඨික' වන සේක. මෙසේ 'සන්දිට්ඨික' වූ ශ්‍රී සද්ධර්මය මම සරණ යමි. මෙසේ 'සන්දිට්ඨික' වූ ශ්‍රී සද්ධර්මයට මාගේ නමස්කාරය වේවා!

අකාලික ගුණය

ඒ භාග්‍යවත් වූ අර්හත් වූ අපගේ බුදුරජාණන් වහන්සේ විසින් දේශනා කරන ලද ශ්‍රී සද්ධර්මය ඕනෑම කාලයකදී ඒ ආකාරයෙන්ම දැකිය හැකි වන සේක. ඒ ධර්මයේ සඳහන් වන සීල, සමාධි, ප්‍රඥා හෝ මාර්ග ඵල හෝ චතුරාර්ය සත්‍යයාදී ධර්මයන් සදාකාලික සත්‍යයක් වශයෙන් ලෝකයෙහි පවතින සේක.

මෙසේ අතීත, අනාගත, වර්තමාන භේදයකින් තොරව භාග්‍යවතුන් වහන්සේ විසින් වදාරණ ලද ශ්‍රී සද්ධර්මය අත්දැකිය හැකි වන නිසා 'අකාලික' වන සේක. මෙසේ 'අකාලික' වූ ශ්‍රී සද්ධර්මය මම සරණ යමි. මෙසේ 'අකාලික' වූ ශ්‍රී සද්ධර්මයට මාගේ නමස්කාරය වේවා!

ඒහිපස්සික ගුණය

ඒ භාග්‍යවත් වූ අර්හත් වූ අපගේ බුදුරජාණන් වහන්සේ විසින් දේශනා කරන ලද ශ්‍රී සද්ධර්මය ඇවිත් බලන්නැ'යි දක්වාලන, දෙව් - මිනිසුන් අතරට විවෘත භාවයට පත් වූ සේක.

රහස් බණ, රහස් උපදෙස්, සැඟවී කතා බස් කිරීම් නොමැති මේ ශ්‍රී සද්ධර්මය හිරුමඬල දක්වන්නා සේ, සඳමඬල දක්වන්නා සේ හඬ නගා පෙන්වා දිය හැකි සේක.

මෙසේ 'පැමිණ නුවණින් විමසා බලන්නැ'යි දෙව් - මිනිස් ලෝකයා හමුවේ විවෘතව තබන ලද නිසා, භාග්‍යවතුන් වහන්සේ විසින් වදාරණ ලද ශ්‍රී සද්ධර්මය 'ඒහිපස්සික' වන සේක.

මෙසේ 'ඒහිපස්සික' වූ ශ්‍රී සද්ධර්මය මම සරණ යමි. මෙසේ 'ඒහිපස්සික' වූ ශ්‍රී සද්ධර්මයට මාගේ නමස්කාරය වේවා!

ඕපනයික ගුණය

ඒ භාග්‍යවත් වූ අර්හත් වූ අපගේ බුදුරජාණන් වහන්සේ විසින් වදාරන ලද ශ්‍රී සද්ධර්මය මනාකොට ශ්‍රවණය කිරීමෙන් ද, මනාකොට ධාරණය කර ගැනීමෙන් ද, වචනයෙන් පුරුදු පුහුණු කිරීමෙන් ද, නුවණින් මෙනෙහි කිරීමෙන් ද, ධර්මානුධර්ම ප්‍රතිපත්තියේ යෙදීමෙන් ද, තම තමන්ගේ ජීවිත තුළට පමුණුවා ගත යුතු හෙයින් 'ඕපනයික' වන සේක.

මෙසේ 'ඕපනයික' වූ ශ්‍රී සද්ධර්මය මම සරණ යමි. මෙසේ 'ඕපනයික' වූ ශ්‍රී සද්ධර්මයට මාගේ නමස්කාරය වේවා!

පච්චත්තං වේදිතබ්බෝ විඤ්ඤූහි ගුණය

ඒ භාග්‍යවත් වූ අර්හත් වූ අපගේ බුදුරජාණන් වහන්සේ විසින් වදාරන ලද ශ්‍රී සද්ධර්මය වනාහී ඕනෑම

ජාතියක, ඕනෑම ගෝත්‍රයක, ඕනෑම කුලයක, කපටි නැති, මායා නැති, අවංක ගති ඇති ප්‍රඥාවන්තයින් හට තම තම නැණ පමණින්, වෙන් වෙන් වශයෙන් අවබෝධ කළ හැකි නිසා 'පච්චත්තං වේදිතබ්බෝ විඤ්ඤූහි' වන සේක.

මෙසේ 'පච්චත්තං වේදිතබ්බෝ විඤ්ඤූහි' වන ශ්‍රී සද්ධර්මය මම සරණ යමි. මෙසේ 'පච්චත්තං වේදිතබ්බෝ විඤ්ඤූහි' වන ශ්‍රී සද්ධර්මයට මාගේ නමස්කාරය වේවා!

සාදු! සාදු!! සාදු!!!

16

අනුස්සති භාවනා
3. සංඝානුස්සතිය

ලොව ශ්‍රේෂ්ඨතම පිරිස හඳුනාගන්න...

මේ ලෝකයේ පහළ වුණ ශ්‍රේෂ්ඨතම පිරිස තමයි බුදුරජාණන් වහන්සේගේ ශ්‍රාවක සංඝරත්නය. බුදුරජාණන් වහන්සේ නමක් මේ ලෝකයට පහළ වෙලා ධර්මය දේශනා කරනකොට බුද්ධිමත් මනුෂ්‍යයින් ඒ ධර්මය ශ්‍රවණය කරනවා. බුද්ධිමත් මනුෂ්‍යයින් ඒ ධර්මය පුරුදු කරලා තම තමන්ගේ ජීවිතවලට ඇතුළු කරගන්නවා. ඒ ධර්මය ඔස්සේ තම තමන්ගේ ජීවිත දියුණු කරගන්ට කල්පනා කරනවා. ඒ චතුරාර්ය සත්‍යය අවබෝධ කරගැනීම පිණිස සිල්වත් වෙනවා. සමාධිය දියුණු කරනවා. ප්‍රඥාව දියුණු කරනවා. මේ සියල්ල කරගන්ට පුළුවන් වෙන්නේ අවබෝධය නිවැරදි කරගත්තු කෙනාට. ඒ කෙනාට කියනවා සම්මා දිට්ඨියෙන් යුක්ත කෙනා කියලා.

සුන්දර නිවන් මගේ යන පිරිස...

සම්මා දිට්ඨියෙන් යුක්ත වුණේ බුදුරජාණන් වහන්සේගේ ශ්‍රාවකයින් පමණයි. සම්මා දිට්ඨියෙන් යුක්ත

වීම නිසා බුදුරජාණන් වහන්සේගේ ශ්‍රාවකයින්ට ආර්ය අෂ්ටාංගික මාර්ගයේ ගමන් කරන්ට පුළුවන්කම ලැබුණා. චතුරාර්ය සත්‍ය ධර්මයේ සත්‍ය ඥාණය කරා පැමිණීමෙන් බුදුරජාණන් වහන්සේගේ ශ්‍රාවකයින් සෝවාන් වුණා. සෝතාපන්න වුණ කෙනෙක් ආත්ම හතක් ඇතුළත නිවන් දකිනවා. ඇතැම් ශ්‍රාවකයින්ට සකදාගාමී වෙන්ට පුළුවන් වුණා. සකදාගාමී වෙච්ච කෙනෙක් තව එක ජීවිතයක් ඇතුළත නිවන් දකිනවා. අනාගාමී වුණ අය බඹලොව ඉපදිලා නිවන් දකිනවා. රහතන් වහන්සේලා මේ ජීවිතයේදී ම පිරිනිවන් පානවා.

සැබෑ ශ්‍රාවකයෝ බුදු සසුනේදී පමණයි...

මෙන්න මේ සියලු පිරිස් ඔබට දැකිය හැක්කේ බුද්ධ ශාසනයකදී පමණයි. ඒ නිසා තමයි බුදුරජාණන් වහන්සේ වදාළේ "පළවෙනි ශ්‍රමණයා වන සෝතාපන්න ශ්‍රාවකයා, දෙවෙනි ශ්‍රමණයා වන සකදාගාමී ශ්‍රාවකයා, තුන්වෙනි ශ්‍රමණයා වන අනාගාමී ශ්‍රාවකයා, හතරවෙනි ශ්‍රමණයා වන රහතන් වහන්සේ යන මේ ශ්‍රාවකයින් දැකිය හැක්කේ බුද්ධ ශාසනයක් තුළ පමණයි කියලා ඔබ සිංහනාද කරන්න" කියා වදාළා.

මෙන්න ඒ අසිරිමත් සඟ ගුණ...

ඔබට ධර්මයේ හැසිරෙන පිරිසක් ගැන සිහිකිරීමේදී බුදුරජාණන් වහන්සේගේ නිකෙලෙස් ශ්‍රාවක සඟරුවන හා සමාන පිරිසක් මුණගැහෙන්නේ නෑ. ඒ සංඝරත්නය නිවන් මාර්ගයේ ගමන් කරන නිසා සුපටිපන්න වන සේක. ඍජු වූ ආර්ය අෂ්ටාංගික මාර්ගයේ ගමන් කරන නිසා උජුපටිපන්න වන සේක. චතුරාර්ය සත්‍යාවබෝධයෙන්

යුක්ත වන ප්‍රතිපදාවක ගමන් කරන නිසා ඤායපටිපන්න වන සේක. බුදුරජාණන් වහන්සේ වදාළ චතුරාර්ය සත්‍යය ධර්මය ඒ අයුරින් ම දෙව් මිනිස් ලෝකයාට ප්‍රකට කරවන නිසා සාමීචිපටිපන්න වන සේක. අන්න ඒ ශ්‍රාවකයන් 'මාර්ගයේ ගමන් කරන - ඵලයට පත්වූ' ශ්‍රාවක යුගල හැටියට හතරකුත්, පුද්ගලයන් හැටියට අටකුත් වෙනවා.

ඒ ශ්‍රාවක පිරිස දුර ඉඳලා ගෙනත් දෙන දන්පැන් පිළිගන්ට සුදුසු වෙනවා (**ආහුනෙය්‍ය**). ආගන්තුක සත්කාරවලට සුදුසු වෙනවා (**පාහුනෙය්‍ය**). පින් සලකා පුදන දන් පැන් පිළිගැනීමට සුදුසු වෙනවා (**දක්ඛිණෙය්‍ය**). වැඳුම් පිදුම් ලබන්න සුදුසු වෙනවා (**අඤ්ජලිකරණීය**). ලෝකයේ අනුත්තර වූ පින්කෙත බවට පත්වෙන්නේ බුදුරජාණන් වහන්සේගේ ශ්‍රාවකයින් වහන්සේලා (**අනුත්තරං පුඤ්ඤක්ඛෙත්තං ලෝකස්ස**).

නිරතුරුවම සඟ ගුණ සිහි කරන්න...

මේ ගුණ ගැන ඔබ ශ්‍රද්ධාව පිහිටුවාගන්න. සංඝානුස්සති භාවනාවේ යෙදිය යුත්තේ බුදුරජාණන් වහන්සේගේ ශ්‍රාවකයන් වහන්සේලා සිහිකරමින්. ඒ ශ්‍රාවකයන් වහන්සේලා සදාකාලික පිවිතුරු ජීවිතයක් පතාගෙන, නිකෙලෙස් අමිල නිමල නොකැලැල් ගමනක ගමන් කරන පිවිතුරු පිරිසක්. මේ නිසා බුදුරජාණන් වහන්සේගේ ශ්‍රාවක සඟරුවන ගැන නිරන්තරයෙන්ම සිහිකරන්න. තමන්ගේ සිත තුළ ඒ සංඝරත්නයේ ගුණාංග සිහිකරමින් ශ්‍රද්ධාව ඇති කරගන්න. ඒ සෑම මොහොතක ම ඔබ දියුණු කරන්නේ සංඝානුස්සති භාවනාව යි. සංඝානුස්සති භාවනාව දියුණු කරන ගමන්

ඔබත් බුදුරජාණන් වහන්සේගේ සැබෑම ශ්‍රාවකයෙක් බවට පත්වෙලා, මේ ගෞතම බුද්ධ ශාසනයේදී ම ධර්මය අවබෝධ කරගැනීමේ උතුම් අදහසට පැමිණෙන්න. එතකොට ඔබට මෙලොව දුක් දොම්නස් දුරුකොට, පරලොව භය දුරුකොට, ජීවිතය සදාකාලික සැනසිල්ල කරා ගෙන යන්ට පුළුවන් වෙනවා.

සංඝානුස්සති භාවනාව

සුපටිපන්න ගුණය

ඒ භාග්‍යවත් වූ අර්හත් වූ අපගේ බුදුරජාණන් වහන්සේගේ ශ්‍රාවක සංඝරත්නය රාග, ද්වේෂ, මෝහ දුරු කරගැනීම පිණිස සීල, සමාධි, ප්‍රඥා සංඛ්‍යාත ත්‍රිවිධ ශික්ෂාවෙහි හික්මෙන වැඩපිළිවෙළකට පිළිපන් හෙයින් 'සුපටිපන්න' වන සේක.

මෙසේ භාග්‍යවතුන් වහන්සේගේ 'සුපටිපන්න' වූ ශ්‍රාවක සංඝරත්නය මම සරණ යමි. මෙසේ භාග්‍යවතුන් වහන්සේගේ 'සුපටිපන්න' වූ ශ්‍රාවක සංඝරත්නයට මාගේ නමස්කාරය වේවා!

උජුපටිපන්න ගුණය

ඒ භාග්‍යවත් වූ අර්හත් වූ අපගේ බුදුරජාණන් වහන්සේගේ ශ්‍රාවක සංඝරත්නය ඍජු මාර්ගය නම් වූ ආර්ය අෂ්ටාංගික මාර්ගයේ ගමන් කිරීමට පිළිපන් හෙයින් 'උජුපටිපන්න' වන සේක.

මෙසේ භාග්‍යවතුන් වහන්සේගේ 'උජුපටිපන්න' වූ ශ්‍රාවක සංඝරත්නය මම සරණ යමි. මෙසේ භාග්‍යවතුන්

සිතට සුව දෙන භාවනා 231

වහන්සේගේ 'උජුපටිපන්න' වූ ශ්‍රාවක සංඝරත්නයට මාගේ නමස්කාරය වේවා!

ඤායපටිපන්න ගුණය

ඒ භාග්‍යවත් වූ අර්හත් වූ අපගේ බුදුරජාණන් වහන්සේගේ ශ්‍රාවක සංඝරත්නය චතුරාර්ය සත්‍ය ධර්මයන් අවබෝධ කරගැනීමට පිළිපන් හෙයින් 'ඤායපටිපන්න' වන සේක.

මෙසේ භාග්‍යවතුන් වහන්සේගේ 'ඤායපටිපන්න' වූ ශ්‍රාවක සංඝරත්නය මම සරණ යමි. මෙසේ භාග්‍යවතුන් වහන්සේගේ 'ඤායපටිපන්න' වූ ශ්‍රාවක සංඝරත්නයට මාගේ නමස්කාරය වේවා!

සාමීචිපටිපන්න ගුණය

ඒ භාග්‍යවත් වූ අර්හත් වූ අපගේ බුදුරජාණන් වහන්සේගේ ශ්‍රාවක සංඝරත්නය මහත් වූ ධර්ම ගෞරවයකින් යුක්තව, ඒ ශ්‍රී සද්ධර්මය ම ලෝකයෙහි පතුරුවා හරින හෙයින් 'සාමීචිපටිපන්න' වන සේක.

මෙසේ භාග්‍යවතුන් වහන්සේගේ 'සාමීචිපටිපන්න' වූ ශ්‍රාවක සංඝරත්නය මම සරණ යමි. මෙසේ භාග්‍යවතුන් වහන්සේගේ 'සාමීචිපටිපන්න' වූ ශ්‍රාවක සංඝරත්නයට මාගේ නමස්කාරය වේවා!

යුගල වශයෙන් සතරකි, පුද්ගල වශයෙන් අටකි

ඒ භාග්‍යවත් වූ අර්හත් වූ අපගේ බුදුරජාණන් වහන්සේගේ ශ්‍රාවක සංඝරත්නය සෝවාන් මාර්ග-ඵල ලාභී, සකදාගාමී මාර්ග-ඵල ලාභී, අනාගාමී මාර්ග-ඵල ලාභී,

අරහත් මාර්ග-ඵල ලාභී වශයෙන් ගත් කල උතුම් ශ්‍රාවක යුගල සතරක් වන්නාහුය.

වෙන් වෙන් වශයෙන් ගත් කල සෝවාන් ඵලය සාක්ෂාත් කිරීමට පිළිපන් ශ්‍රාවකයා ය. සෝවාන් වූ ශ්‍රාවකයා ය. සකදාගාමී ඵලය සාක්ෂාත් කිරීමට පිළිපන් ශ්‍රාවකයා ය. සකදාගාමී වූ ශ්‍රාවකයා ය. අනාගාමී ඵලය සාක්ෂාත් කිරීමට පිළිපන් ශ්‍රාවකයා ය. අනාගාමී වූ ශ්‍රාවකයා ය. අරහත් ඵලය සාක්ෂාත් කිරීමට පිළිපන් ශ්‍රාවකයා ය. අරහත් වූ ශ්‍රාවකයා ය යනුවෙන් උතුම් ශ්‍රාවක පුද්ගලයින් අට දෙනෙක් වන්නාහුය. මෙසේ භාග්‍යවතුන් වහන්සේගේ ශ්‍රාවක සංඝරත්නය යුගල වශයෙන් සතරක් ද, පුද්ගල වශයෙන් අටක් ද වන සේක.

මෙසේ භාග්‍යවතුන් වහන්සේගේ යුගල වශයෙන් සතරක් වූ, පුද්ගල වශයෙන් අටක් වූ උතුම් ශ්‍රාවක සංඝරත්නය මම සරණ යමි. මෙසේ භාග්‍යවතුන් වහන්සේගේ යුගල වශයෙන් සතරක් වූ, පුද්ගල වශයෙන් අටක් වූ උතුම් ශ්‍රාවක සංඝරත්නයට මාගේ නමස්කාරය වේවා!

ආහුනෙය්‍ය ගුණය

ඒ භාග්‍යවත් වූ අර්හත් වූ අපගේ බුදුරජාණන් වහන්සේගේ ශ්‍රාවක සංඝරත්නය පුද පූජා ලැබීමට සුදුසු වන සේක. දුර සිට හෝ චීවර, පිණ්ඩපාත, සේනාසන, ගිලන්පස ආදිය පිළියෙල කොට පූජා කිරීමට සුදුසු හෙයින් 'ආහුනෙය්‍ය' වන සේක.

මෙසේ භාග්‍යවතුන් වහන්සේගේ 'ආහුනෙය්‍ය' වූ ශ්‍රාවක සංඝරත්නය මම සරණ යමි. මෙසේ භාග්‍යවතුන්

වහන්සේගේ 'ආහුනෙය්‍ය' වූ ශ්‍රාවක සංඝරත්නයට මාගේ නමස්කාරය වේවා!

පාහුනෙය්‍ය ගුණය

ඒ භාග්‍යවත් වූ අර්හත් වූ අපගේ බුදුරජාණන් වහන්සේගේ ශ්‍රාවක සංඝරත්නය ආගන්තුකයින් වශයෙන් වැඩම කළ කල්හි පවා සිව්පසයෙන් උපස්ථාන කිරීමට සුදුසු වන හෙයින් 'පාහුනෙය්‍ය' වන සේක.

මෙසේ භාග්‍යවතුන් වහන්සේගේ 'පාහුනෙය්‍ය' වූ ශ්‍රාවක සංඝරත්නය මම සරණ යමි. මෙසේ භාග්‍යවතුන් වහන්සේගේ 'පාහුනෙය්‍ය' වූ ශ්‍රාවක සංඝරත්නයට මාගේ නමස්කාරය වේවා!

දක්ඛිණෙය්‍ය ගුණය

ඒ භාග්‍යවත් වූ අර්හත් වූ අපගේ බුදුරජාණන් වහන්සේගේ ශ්‍රාවක සංඝරත්නය මෙලොව - පරලොව පින් සලකාගෙන, මහත්ඵල මහානිසංස සලකාගෙන, සිව්පසයෙන් පූජා ලැබීමට සුදුසු වන හෙයින් 'දක්ඛිණෙය්‍ය' වන සේක.

මෙසේ භාග්‍යවතුන් වහන්සේගේ 'දක්ඛිණෙය්‍ය' වූ ශ්‍රාවක සංඝරත්නය මම සරණ යමි. මෙසේ භාග්‍යවතුන් වහන්සේගේ 'දක්ඛිණෙය්‍ය' වූ ශ්‍රාවක සංඝරත්නයට මාගේ නමස්කාරය වේවා!

අඤ්ජලිකරණීය ගුණය

ඒ භාග්‍යවත් වූ අර්හත් වූ අපගේ බුදුරජාණන් වහන්සේගේ ශ්‍රාවක සංඝරත්නය දෙව් මිනිස් ලෝකයාගේ

වන්දන මානනයට, ගෞරවාභිවාදනයට සුදුසු වන හෙයින් 'අඤ්ජලිකරණීය' වන සේක.

මෙසේ භාග්‍යවතුන් වහන්සේගේ 'අඤ්ජලිකරණීය' වූ ශ්‍රාවක සංඝරත්නය මම සරණ යමි. මෙසේ භාග්‍යවතුන් වහන්සේගේ 'අඤ්ජලිකරණීය' වූ ශ්‍රාවක සංඝරත්නයට මාගේ නමස්කාරය වේවා!

අනුත්තර වූ පින් කෙත

ඒ භාග්‍යවත් වූ අර්හත් වූ අපගේ බුදුරජාණන් වහන්සේගේ ශ්‍රාවක සංඝරත්නය දෙව් - මිනිස් ලෝකයා හට පින් රැස්කර ගැනීම පිණිස හේතු වූ 'අනුත්තර වූ පින්කෙත' වන සේක.

මෙසේ දෙව් මිනිස් 'ලෝකයාගේ අනුත්තර පින්කෙත' වූ භාග්‍යවතුන් වහන්සේගේ ශ්‍රාවක සංඝරත්නය මම සරණ යමි. මෙසේ දෙව් මිනිස් 'ලෝකයාගේ අනුත්තර පින්කෙත' වූ භාග්‍යවතුන් වහන්සේගේ ශ්‍රාවක සංඝරත්නයට මාගේ නමස්කාරය වේවා!

සාදු! සාදු!! සාදු!!!

17

අනුස්සති භාවනා
4. සීලානුස්සතිය

පිවිතුරු සීලය සිහිකරන්න...

දැන් ඔබ ඉගෙන ගන්නේ තෙරුවන් සරණ ගිය ශ්‍රද්ධාවන්ත ශ්‍රාවකයෙක් තමන්ගේ ජීවිතය තුළ දියුණු කරගතයුතු උදාර ගුණාංගයක් පිළිබඳව යි. ඒ තමයි සීලානුස්සතිය. සීලානුස්සති භාවනාව කියන්නේ තමන්ගේ වචනයත් කයත් සංවර කරගැනීම තුළ තමන් අත්විඳින සැනසිල්ල සිහිකිරීම යි. ඒ සඳහා පළමුවෙන් ම තමන්ගේ වචනයෙන් වන අඩුපාඩු හඳුනාගෙන එයින් අත්මිදෙන්නට ඕනෙ. තමන්ගේ කයින් සිදුවන අඩුපාඩු හඳුනාගෙන එයින් අත්මිදෙන්නට ඕනෙ. හිමිදිරියේ අවදිවෙලා අධිෂ්ඨාන කරගන්නට ඕනෙ 'මම අද මගේ ශරීරය මුල් කරගෙන වරදක් සිදුවෙන්ට දෙන්නේ නෑ. මම අද මගේ වචනය මුල් කරගෙන වරදක් වෙන්න දෙන්නේ නෑ' කියලා.

මේ විදිහට කයයි, වචනයයි සංවර කරගෙන තමන්ගේ සීලමය ගුණය දියුණු කරන්නට ඕනෙ. සවස් කාලය වෙනකොට එයාට සතුටු වෙන්න පුළුවන් 'මගේ

ජීවිතය අද බොහොම යහපත් විදිහට ගත කෙරුණා. මම අද මගේ කය මුල්කරගෙන කාටවත් හිංසාවක් පීඩාවක් කළේ නෑ. මම සොරකමක් කළේ නෑ. මම වැරදි ජීවිතයක් ගෙව්වේ නෑ. මම යහපත් ජීවිතයක් ගෙව්වා. මම අද මත්පැන් පානයට යොමු වුණේ නෑ. මම අද ගත කරපු ජීවිතය තුළ කිසි කෙනෙක්ව බොරුවෙන් රැවැට්ටුවේ නෑ. කේළමක් කිව්වේ නෑ. ඵරුෂ වචනයක් කිව්වේ නෑ. හිස් වචන කියමින් කාලය කා දැමුවේ නෑ' කියලා.

මේ විදිහට තමන්ගේ සීලය ගැන සිහිකරනකොට, පිරිසිදු වස්ත්‍රයක් දෙස බැලීමේදී ඒ පිරිසිදු වස්ත්‍රයේ අඩුපාඩු ටික හොඳින් පේනවා වගේ, තමන්ගේ ජීවිතයේ තමන්ගේ සීලයේ අඩුපාඩු පැත්ත පේන්න පටන් ගන්නවා. එයා ඒ අඩුපාඩු හදාගනිමින් තමන්ගේ සිල්වත් බව භාවනාමය පිනක් හැටියට දියුණු කරගන්නවා.

සීලානුස්සතිය වඩන්නේ මෙහෙමයි...

තමන්ගේ කයත් වචනයත් පිළිබඳව ශාන්ත බවත්, සංවරකමත් ඇති කරගැනීම පිණිස වෙහෙස මහන්සි වෙනකොට තමන් නොදැනී ම තමන් උදාර පුද්ගලයෙකුගේ ගුණාංගවලට හිමිකාරයෙක් බවට පත්වෙනවා. ඒ තුළින් තමන්ට පුළුවන් වෙනවා සියලු දෙනා කෙරෙහි විශ්වසනීයත්වයක් ගොඩනගන්නට. මේ ලෝකයේ බොරු කියන, වංචා කරන කෙනෙකුට සමාජ වගකීමක් දෙන්න කවුරුවත් කැමති නෑ. කය නොමගට යවන කෙනෙකුට සමාජ වගකීමක් දෙන්න කවුරුත් කැමති නෑ. කයයි වචනයයි සුමගට යවන, යහපත් කෙනෙක් බවට පත්වෙන්නට නම්, තමන්ගේ ජීවිතය තුළ සීලය ගැන

ආවර්ජනා කිරීමේ හැකියාව තියෙන්නට ඕනෙ. අන්න එයට කියන්නේ සීලානුස්සති කියලා.

මේ සීලානුස්සති භාවනාව බුදුරජාණන් වහන්සේගේ ශ්‍රාවකයන් නිරතුරුවම කරමින් සිටින උතුම් භාවනාවක්. සීලානුස්සති භාවනාව සිහි කරන්න සිහිකරන්න සිත ශාන්ත වෙනවා. හිතේ තියෙන පසුතැවිල්ල නැතිවෙලා යනවා. විපිළිසරභාවය නැතිවෙලා යනවා. කලබලකාරී බව නැතිවෙලා යනවා. ඒ සංසිඳීමත් එක්ක සිත සමාධිගත වෙනවා. එහෙම නම් කෙනෙකුට සීලානුස්සති භාවනාව තුළින් බොහොම පහසුවෙන් සමාධියක් කරා යන්න පුළුවන්කම තියෙනවා. ඒ නිසා තම තමන්ගේ ගුණාත්මක ජීවිතය යළි යළි සිහිකරන්ට පුළුවන්කම කෙනෙකුට ලැබෙන උතුම් ම ලාභයක්. ඔබ තුළ ඇතිකරගන්නා වූ ඒ උතුම් ගුණාංග ධර්මයන් නිරන්තරයෙන්ම මනසිකාරයේ යෙදෙමින් භාවනාමය ගුණයක් හැටියට දියුණු කරගැනීමට ඔබට පුළුවන්කම ඇති වෙනවා.

සීලානුස්සති භාවනාව

ඒ භාග්‍යවත් වූ අර්හත් වූ අපගේ බුදුරජාණන් වහන්සේ සිල්වත් වන සේක. බුදුරජාණන් වහන්සේ කය සංවර කළ සේක. වචනය සංවර කළ සේක. පිරිසිදු ජීවිතයක් ගත කළ සේක. කයින් සිදුවන සියලු ම අකුසල් අවබෝධයෙන් යුතුව ම ප්‍රහාණය කළ සේක. වචනයෙන් සිදුවන සියලු ම අකුසල් අවබෝධයෙන් යුතුව ම ප්‍රහාණය කළ සේක. මිථ්‍යා ආජීවය බැහැර කොට සම්මා ආජීවයෙන් ජීවිතය ගත කළ සේක. සීලය පරිපූර්ණ කළ සේක.

ඒ භාග්‍යවත් වූ අර්හත් වූ අපගේ බුදුරජාණන් වහන්සේ පරිපූර්ණ සීලයෙන් යුතුව සියලු දෙව් මිනිසුන් හට මහා කරුණාවෙන් සීලය පිළිබඳව දේශනා කොට වදාළ සේක. බුදුරජාණන් වහන්සේ දේශනා කොට වදාළ ඒ උතුම් සීලය නිරතුරුව ම මම ආරක්ෂා කරමි. සංසාර දුකින් මිදීම පිණිස ම අවබෝධයෙන් ම තෙරුවන් සරණ ගිය මම සංසාර දුකින් මිදීම පිණිස ම අවබෝධයෙන් යුතුව ම සිල්පද ආරක්ෂා කරමි.

මම සංසාර දුකින් මිදීම පිණිස ම සතුන් මැරීමෙන් වැළකීම නම් වූ සිල් පදය සමාදන් වූයෙමි. මම බලවත් වීරියෙන් යුතුව, බලවත් සිහි නුවණින් යුතුව, ඉතා ගෞරවයෙන් යුතුව මේ සිල්පද ආරක්ෂා කරමි. මම සියලු සතුන් කෙරෙහි මෙත් සිත පතුරවමි. ලොකු කුඩා කිසිම සතෙකුට දැන දැන කිසිම හිංසා පීඩාවක් නොකරමි. මේ සීලය ආරක්ෂා කිරීම නිසා මා තුළ භය තැතිගැනීමක් නැත. අන් සියලු සත්වයෝ ද බියෙන් හා තැතිගැනීමෙන් වළකින්නාහුය. සුවසේ ජීවත් වන්නාහුය. මම සතුන් මැරීමෙන් වැළකී අන් සියලු දෙනා ද සතුන් මැරීමෙන් වැළකීමෙහි සමාදන් කරවමි. එහි ගුණ කියමි. මම සතුන් මැරීමෙන් වැළකීම නිසා ද අන් අය සමාදන් කරවීමෙන් ද ගුණ ප්‍රකාශ කිරීමෙන් ද අප්‍රමාණ සතුටක් ලබමි. ඒ සතුට මාගේ චිත්ත සමාධිය පිණිස මට උපකාර වන්නේය.

මම සංසාර දුකින් මිදීම පිණිස ම සොරකමින් වැළකීම නම් වූ සිල් පදය සමාදන් වූයෙමි. මම බලවත් වීරියෙන් යුතුව, බලවත් සිහි නුවණින් යුතුව ඉතා ගෞරවයෙන් යුතුව මේ සිල්පද ආරක්ෂා කරමි. මම කිසිම තැනකදී, කිසිම අයුරකින් අනුන් සතු දෙයක් සොර සිතින්

සිතට සුව දෙන භාවනා 239

නොගනිමි. ඉතා කුඩා වූ දෙයක් පවා සොර සිතින් ගැනීමෙන් වළකිමි. මා මෙන් ම අන් සියලු දෙනා ද තම තමන්ගේ ධනයට හා වස්තුවට ආශා කරති. මම කිසිවෙකුගේ කිසිම දෙයක් සොර සිතින් හෝ වංචාවෙන් රවටා පැහැර නොගනිමි. මේ සීලය ආරක්ෂා කිරීම නිසා...

මම සංසාර දුකින් මිදීම පිණිස ම වැරදි කාම සේවනයෙන් වැළකීම නම් වූ සිල් පදය සමාදන් වූයෙමි. මම බලවත් වීරියෙන් යුතුව, බලවත් සිහි නුවණින් යුතුව, ඉතා ගෞරවයෙන් යුතුව මෙම සිල්පද ආරක්ෂා කරමි. මම කිසිම අයුරකින් මාගේ බිරිඳ ඉක්මවා (ස්වාමියා ඉක්මවා) වැරදි කාම සේවනයේ නොයෙදෙමි. මම මාගේ බිරිඳ කෙරෙහි (ස්වාමියා කෙරෙහි) ඉතා විශ්වාසවන්ත ලෙස කටයුතු කරමි. මාගේ දරුවන් කෙරෙහි ද ඉතා විශ්වාසවන්ත ලෙස කටයුතු කරමි. පිරිසිදු චරිතයක් ඇත්තෙක් වෙමි. මේ සීලය ආරක්ෂා කිරීම නිසා...

මම සංසාර දුකින් මිදීම පිණිස ම බොරු කීමෙන් වැළකීම නම් වූ සිල් පදය සමාදන් වූයෙමි. මම බලවත් වීරියෙන් යුතුව, බලවත් සිහි නුවණින් යුතුව, ඉතා ගෞරවයෙන් යුතුව මේ සිල්පද ආරක්ෂා කරමි. මම කිසි තැනකදී, කිසිම අයුරකින් බොරුවෙන් අන් අය රැවටීම නොකරමි. බොරු කීමෙන් පීඩාවට පත් නොකරමි. සත්‍ය වූ වචන ම කතා කරමි. සත්‍යයෙහි පිහිටා කතා කරමි. සියලු දෙනාට ඇසීමට ප්‍රිය වූ, මිහිරි වචන ම කතා කරමි. මේ සීලය ආරක්ෂා කිරීම නිසා...

මම සංසාර දුකින් මිදීම පිණිස ම මත්පැන් හා මත්ද්‍රව්‍ය භාවිතයෙන් වැළකීම නම් වූ සිල්පදය සමාදන්

වූයෙමි. මම බලවත් වීරියෙන් යුතුව, සිහි නුවණින් යුතුව, ඉතා ගෞරවයෙන් යුතුව මේ සිල්පද ආරක්ෂා කරමි. මම සිහි නුවණ නැති කර දමන්නා වූ, ප්‍රමාදයට හේතු වන්නා වූ කිසිම ආකාරයක මත්ද්‍රව්‍යයක් භාවිතා කිරීමෙන් වළකිමි. දුක පිණිස හෝ සතුට පිණිස හෝ මත්ද්‍රව්‍ය භාවිතා කිරීමෙන් වළකිමි. ධනය නැති කරන්නා වූ, ආරක්ෂාව නැති කරන්නා වූ, රෝග පීඩා ඇති කරන්නා වූ මත්ද්‍රව්‍ය භාවිතයෙන් මුළුමනින් ම වළකිමි. මේ සීලය ආරක්ෂා කිරීම නිසා...

බලවත් වීරියෙන් හා සිහි නුවණින් යුතුව, ඉතා ගෞරවයෙන් මා ආරක්ෂා කරන මේ (පංච) ශීලය මාගේ සතුට පිණිස ම හේතු වන්නේය. මාගේ මෙලොව පරලොව දියුණුව පිණිස ම හේතු වන්නේය. සිහි නුවණ දියුණු වීම පිණිස ම උපකාර වන්නේය. වීරිය දියුණු වීම පිණිස ම උපකාර වන්නේය. සමාධිය දියුණු වීම පිණිස ම උපකාර වන්නේය. චතුරාර්ය සත්‍යය අවබෝධය පිණිස ම උපකාර වන්නේය. මේ සීලය මම නිරතුරුව ම ආරක්ෂා කර ගනිමි. මේ සීලානුස්සති භාවනාව සතුට පිණිස ම, ප්‍රමෝදය පිණිස ම, සමාධිය පිණිස ම, චතුරාර්ය සත්‍යය අවබෝධ වීම පිණිස ම උපකාර වේවා !

සාදු! සාදු!! සාදු!!!

(අටසිල්, දසසිල් සඳහා ද සුදුසු අයුරින් සකස් කරගන්න.)

18

අනුස්සති භාවනා
5. චාගානුස්සතිය

පරිත්‍යාගය පුරුදු කරන්න...

දැන් ඔබ ඉගෙන ගන්නේ චාගානුස්සති භාවනාව යි. බුදුරජාණන් වහන්සේගේ ශ්‍රාවකයෙක් බුද්ධානුස්සති, ධම්මානුස්සති, සංඝානුස්සති භාවනාවල යෙදෙනවා වගේම, සීලාදී ගුණධර්ම රකිනවා වගේම, තමන්ගේ ජීවිතය තුළ පුරුදු කළයුතු දෙයක් තමයි පරිත්‍යාගය. තමා තුළ ඇති පරිත්‍යාගශීලී බව සිහිකිරීමට කියනවා චාගානුස්සතිය කියලා.

ලෝභකම කියන්නේ සිතට කිලුටක්. කෙනෙක් ලෝභකම මුල්කරගෙන, ලෝභ සිතිවිලි මුල් කරගෙන, ලෝභ හැඟීම් මුල්කරගෙන, වචනයෙන් පව් කරනවා, කයින් පව් කරනවා, සිතින් පව් කරනවා. පරිත්‍යාගශීලී බව කියන්නේ කුසලයක්, පිනක්. පරිත්‍යාගශීලි බව මුල් කරගෙන කෙනෙක් වචනයෙන් පව් කරන්නේ නෑ, කයින් පව් කරන්නේ නෑ, මනසින් පව් කරන්නෙ නෑ.

මසුරුකම ජීවිතයට කිළුටක්...

පරිත්‍යාග කරන්නට නම් තමන් මසුරු නැති කෙනෙක් වෙන්නට ඕනෙ. මසුරු නැතිකම කියන්නේ ජීවිතයට ලොකු සැනසිල්ලක්, ලොකු ලාභයක්, ලොකු යහපතක්. මසුරුකම කියලා කියන්නේ තමන් සතු සම්පත් තවත් කෙනෙක් භුක්ති විඳිනවා දකින්ට තියෙන අකමැත්ත. ඒ මසුරුකම මුල්කරගෙන නපුරු ජීවිතයක්, පීඩාකාරී ජීවිතයක්, දරුණු චරිතයක් නිර්මාණය වෙනවා. නමුත් පරිත්‍යාගය මුල් කරගෙන කවදාවත් දරුණු චරිතයක් නිර්මාණය වෙන්නේ නෑ. පරිත්‍යාගය මුල් කරගෙන උදාර පුරුෂයන් බිහි වෙනවා.

එදිනෙදා ජීවිතයට පරිත්‍යාගය...

බුදුරජාණන් වහන්සේ දේශනා කරලා තිබෙන්නේ මසුරු මල අත්හැරල දාලා, පරිත්‍යාගය පිණිස දෑත සෝදාගෙන ඉන්න කෙනෙක් බවට පත්වෙන්න කියලයි. දැන් හිතන්න, ඔබ ගාව තියෙනවා අඹ ගෙඩි දෙකක්. ඒ දෙකෙන් එකක් හොඳ අඹ ගෙඩියක්, අනිත් එක තැලුණු අඹ ගෙඩියක්. තමන් තැලුණු අඹ ගෙඩිය තියාගෙන, හොඳ අඹගෙඩිය දානය පිණිස අනුන්ට පරිත්‍යාග කරනවා නම්, අන්න ඔබ සැබෑ ලෙස ම පරිත්‍යාගය දියුණු වෙච්ච කෙනෙක්.

ඔබ ළඟට ඇඳුමක් ඉල්ලාගෙන කවුරුහරි පැමිණුන වෙලාවක, පාවිච්චි කරපු, ඉවත දමන, කිළුටු වෙච්ච ඇඳුමක් දෙන්න එපා. අලුත් ඇඳුමක්, ඒ කෙනා සතුටු වෙන ඇඳුමක්, ඒ කෙනා දැක බලා ප්‍රීතියට පත්වෙන

ඇඳුමක් දෙන්න. අන්න එතනදි දියුණු වෙන්නේ ඔබගේ පරිත්‍යාගය යි. හොඳ ම දේවල්, යහපත් ම දේවල්, රසවත් ම දේවල් දෙන කෙනා යහපත් දේ ම ලබනවා, හොඳ දේ ම ලබනවා. තවත් කෙනෙකුට උපකාරයක් කිරීමේදී තමන්ට එපා දෙයක් අනුන්ට දෙන්න එපා. තමන් කැමති දෙයක් ම අනුන්ට දෙන්න. ඒක තමයි සැබෑ ම පරිත්‍යාගය කියන්නේ.

පරිත්‍යාගය නිසා ඇතිවන සමාධිය...

මේ පරිත්‍යාගමය ගුණය බුදුරජාණන් වහන්සේගේ ශ්‍රාවකයෝ බොහෝ දියුණු කරලා තියෙනවා. යමක් පරිත්‍යාග කිරීමේදී පුද්ගලයන්ගේ තරාතිරම සොයන්න යන්න එපා. යමක් පරිත්‍යාග කිරීමේදී පුද්ගලයන්ගේ බාහිර දුර්වලකම් සොයන්න යන්න එපා. යමක් පරිත්‍යාග කිරීමේදී පිරිසිදු සිතින් පරිත්‍යාග කරන්න. එබඳු ආකාරයේ දෙයක් තමන්ගේ සන්තානයේ ගොඩනැගෙනකොට ඒ පරිත්‍යාගය මුල් කරගෙන තමන්ට සැහැල්ලු සිතක් ලැබෙනවා. ඒ පරිත්‍යාග ගුණය සිහි කරනකොට සිතයි කයයි සැහැල්ලු වෙනවා. සිතයි කයයි සැහැල්ලු වෙනකොට ප්‍රීතියට පත්වෙනවා. ඒ ප්‍රීතිය නිසා සිත සමාධිමත් වෙනවා.

මේ නිසා චාගානුස්සති භාවනාව කියන්නේ බුදුරජාණන් වහන්සේගේ ශ්‍රාවකයින් විසින් ඉතාමත්ම මැනවින් දියුණු කරපු භාවනාවක්. ඒ නිසා චාගානුස්සති භාවනාව ඔබේත් දෛනික ජීවිතයට පුරුදු කරගන්න. ලෝභ කෙනෙක් වීම ජීවිතයට නරකක්, නපුරක්, කිලුටක්, අවාසනාවක්. පරිත්‍යාග සහිත කෙනෙක් වීම, යමක් දෙන්ට පුළුවන් කෙනෙක් වීම ජීවිතයට ලාභයක්, ජීවිතයට ආශීර්වාදයක්, ජීවිතයට සැනසිල්ලක්.

ගුණධර්ම දියුණු කරන්න...

ඒ නිසා සුළු කාලයකට ලැබුණු මේ මනුෂ්‍ය ජීවිතයේදී මේ කියන ගුණාත්මක චින්තනය තමන්ගේ ජීවිතය තුළ වර්ධනය කරගැනීමට මහන්සි ගත යුතුයි. ලෝභ නැති, මසුරු නැති, ඉරිසියා නැති, ශාන්ත සිතක් ඇතිකරගන්ට ඔබට පුළුවන් වෙනවා පරිත්‍යාගය දියුණු කිරීමෙන්. ඔබ තුළ යම්කිසි පරිත්‍යාගයක් දියුණු වෙනවා ද, එවිට ඔබ තුළ ආධ්‍යාත්මික වශයෙන් වටිනාකම් දියුණු වෙනවා ඔබට ඔබ තුළින් ම දැකගන්ට පුළුවන් වෙනවා. ඒ නිසා මේ උතුම් පරිත්‍යාගමය ගුණය දියුණු කරගෙන එය ධර්මාවබෝධය කරා යොමු කරගන්න. තමන්ගේ ජීවිතය සැනසිල්ල, සැපත, සෞභාග්‍යය පිණිස යොමු කරගන්න.

චාගානුස්සති භාවනාව

මම අවබෝධයෙන් යුතුව ම බුදුරජාණන් වහන්සේ සරණ ගියෙමි. උතුම් ශ්‍රී සද්ධර්මය සරණ ගියෙමි. ආර්ය මහා සංඝරත්නය සරණ ගියෙමි. අවබෝධයෙන් යුතුව ම තෙරුවන් සරණ ගිය මම සංසාර දුකින් මිදීම පිණිස ම අත්හැරීම (ත්‍යාගය) පුරුදු කරමි. මම දුක් මහන්සියෙන්, උත්සාහයෙන්, වීරියෙන්, ධාර්මිකව උපයාගත් ධනයෙන් සිල්වතුන්ට ගුණවතුන්ට නිතර දන් පැන් පුදමි.

මම මසුරු මල දුරු කළ සිතින් ගිහිගෙයි වාසය කරමි. නිතර ම දන්දීම පිණිස යමක් වෙන්කොට තබමි. දන් දීම පිණිස දැත් සෝදාගත් කෙනෙක් (දන්දීමට සූදානමින් සිටින කෙනෙක්) වෙමි. පරිත්‍යාගයෙහි ඇලුණු කෙනෙක්

වෙමි. අනුන් විසින් මා වෙත ඉල්ලාගෙන පැමිණීමට සුදුසු කෙනෙක් වෙමි. දන් බෙදීමෙහිත්, බෙදා හදාගෙන අනුභව කිරීමෙහිත් ඇලුණු කෙනෙක් වෙමි.

දුක් මහන්සියෙන් මා උපයා ගත් ධනය අන් අය ප්‍රයෝජනයට ගැනීම දැක සතුටු වීම ඉතා අපහසු දෙයකි. මම ඉතා සතුටින් මගේ ධනය වියදම් කර සිල්වත් ගුණවත් උතුමන්ට දන් පැන් පුදමි. ඒ දැක මම ඉතා සතුටට පත් වෙමි.

සංසාර දුකින් මිදීමට වෙර දරනා සිල්වත් ගුණවත් උතුමෝ මගේ දන් පැන් වළඳා කාය ශක්තිය ඇති කරගෙන, චිත්ත ශක්තිය ඇති කරගෙන සුවසේ සිත දියුණු කරනු දැක මම සතුටු වෙමි.

බුදුරජාණන් වහන්සේ විසින් ලෝකයාහට උතුම් පින්කෙත වශයෙන් හඳුන්වා ඇති ආර්ය මහා සඟරුවන සිහිකොට, සිල්වත් ගුණවත් උතුමන්ට මම නිතර දන් පැන් පුදා පින් රැස් කරමි. සතුටට පත් වෙමි.

මම මසුරු මල දුරුකොට දන් පැන් පූජා කරන කෙනෙක් වෙමි. තුන් සිත පහදවාගෙන දන් පැන් පූජා කොට මම සතුටක් ලබමි. මා සතු ඉතා වටිනා, අගනා ම දේ පූජා කර මම ඉතා සතුටට පත් වෙමි.

මම පිරිසිදුවට, පිළිවෙළට සකස් කොට, සියතින් ම දන් පැන් පූජා කරමින් සතුටු වෙමි. මම දන් පැන් ලබා ගන්නා උතුමන්ට ගැලපෙන ආකාරයට, හොඳින් විමසා බලා, ඉතා ගෞරවයෙන් යුක්තව, කර්ම - කර්මඵල පිළිබඳ විශ්වාසයෙන් යුතුව, දන් පැන් පූජා කොට සතුටු වෙමි.

මම දන් පැන් පූජා කිරීමෙන් අන් අයගේ කීර්ති ප්‍රශංසා බලාපොරොත්තු නොවෙමි. සමාජයේ උසස් තනතුරු බලාපොරොත්තු නොවෙමි. මම චිත්තාලංකාරය පිණිස ම දන් පැන් පූජා කරමි. මම සංසාර දුකින් නිදහස් වීම පිණිස ම, ප්‍රඥාව දියුණු කර ගැනීම පිණිස ම දන් පැන් පූජා කරමි.

ආර්ය මාර්ගයේ පුරුදු පුහුණු වෙන (සේඛ) කෙනා අත්හැරීම බලයක් වශයෙන් දියුණු කළ යුතු බව මම දනිමි. මම ද සංසාර දුකින් නිදහස් වන උතුම් ආර්ය මාර්ගයේ පුරුදු පුහුණු වන කෙනෙකි. මම අත්හැරීම බලයක් වශයෙන් දියුණු කරමි. එය මට ආර්ය මාර්ගය දියුණු කර ගැනීම පිණිස ම උපකාර වේවා!

ආර්ය ශ්‍රාවකයාට ත්‍යාගය ධනයක් වශයෙන් බුදුරජාණන් වහන්සේ දේශනා කොට ඇත. මම මේ පුරුදු පුහුණු කරන අත්හැරීම (ත්‍යාගය) මට ආර්ය ධනයකි. මම ආර්ය ධනයකට හිමිකම් කියන ආර්ය ශ්‍රාවකයෙකු බව සිතමින් සතුටු වෙමි. ආර්ය ධනයට හිමිකම් කියන කෙනා දිළින්දෙක් නොවන බව මම දනිමි. එබැවින් මා සතු ධනය වියදම් කර මම ත්‍යාගය පුරුදු පුහුණු කරමි.

අත්හැරීම (ත්‍යාගය) සම්පත්තියක් වශයෙන් මම දනිමි. ත්‍යාග සම්පත්තිය මම නිරතුරුවම පුරුදු කරමි. ත්‍යාග සම්පත්තිය මාගේ ජීවිතයට රැකවරණය සලසා දෙයි. ත්‍යාග සම්පත්තිය ජීවිතයට ආරක්ෂාව ලබා දෙයි. ත්‍යාගය විපත්තියක් නොව සම්පත්තියක් ම ලෙස සලකා මම දියුණු කරමි.

ආරක්ෂාව, රැකවරණය ලබාදෙන ත්‍යාගය මට මහා

සම්පත්තියකි. මම විවිධ අයුරින් අත්හැරීම දියුණු කර ත්‍යාග සම්පත්තිය දියුණු කරමි. මාගේ අත්හැරීම සම්පත්තියක් වශයෙන් සිහිකරන මා හට සතුටක් ඇති වේ.

ඒ සතුට මාගේ ප්‍රමෝදය පිණිස හේතු වේ. ඒ ප්‍රමෝදය නිසා මා තුළ ප්‍රීතිය ඇති වේ. ඒ ප්‍රීතිය නිසා මගේ සිත කය සැහැල්ලු වේ. එය මට සමාධිය පිණිසත් උතුම් ඤාණදර්ශනය පිණිසත් උපකාරී වේ.

සාදු! සාදු!! සාදු!!!

19

අනුස්සති භාවනා
6. දේවතානුස්සතිය

දැන් ඔබ ඉගෙන ගන්නේ අලුත් ම භාවනාවක් ගැන යි. මේ භාවනාව මීට පෙර ඔබ පුරුදු කරලා නැතිව ඇති. මේ භාවනාවට කියන්නේ දේවතානුස්සති භාවනාව කියලයි. දෙවියන්ට ධර්මය කියා දීලා, දෙවියන්වත් නිවන කරා පමුණුවන්නේ බුදුරජාණන් වහන්සේ නමක් විසින්. බුදුරජාණන් වහන්සේලා ශ්‍රී සද්ධර්මය පවසන්නේ මිනිසුන්ට පමණක් නෙවෙයි. දෙවියනුත් ඒ ධර්මය ශ්‍රවණය කරනවා.

දෙව්ලොව ඉපදුනේ සේඛ බල නිසයි...

දිව්‍ය ලෝකවල නම් පවා බුදුරජාණන් වහන්සේ පෙන්වා වදාළා. ඒ තමයි චාතුම්මහාරාජික, තාවතිංස, යාම, තුසිත, නිම්මාණරතී, පරනිම්මිත වසවත්ති ආදී දිව්‍ය ලෝක. තව එතනින් ඉහළට බ්‍රහ්මකායික දිව්‍යලෝක තියෙනවා. දෙවිවරුන්ට ඒ දිව්‍යලෝකවල උපදින්ට පුළුවන් වුණේ මිනිස් ලෝකයේදී කරුණු පහක් දියුණු කරපු නිසයි. ඒ පහ තමයි ශ්‍රද්ධා, සීල, සුත, ත්‍යාග, පඤ්ඤා. මේවාට කියනවා සේඛබල කියලා.

ශ්‍රද්ධා කියන්නේ තෙරුවන් සරණ ගිහින් තමන්ගේ සන්තානයේ බුදුරජාණන් වහන්සේ කෙරෙහි ශ්‍රද්ධාව පිහිටුවා ගැනීම. සීලය කියන්නේ කායික වාචසික සංවරකම. සුත කියන්නේ ධර්ම ඥානය. චාගය කියන්නේ පරිත්‍යාගමය ගුණය. පඤ්ඤා කියලා කියන්නේ චතුරාර්ය සත්‍යය පිළිබඳව තමන්ගේ අවබෝධය. මෙන්න මේ සේඛ බල පහ දියුණු කරපු බුදුරජාණන් වහන්සේගේ ශ්‍රාවක පිරිස මිනිස් ලෝකය අත්හැරලා, මරණයට පත්වුණාට පස්සේ දිව්‍ය ලෝකවල ඉපදුණා. ඒ දිව්‍ය ලෝක තමයි කලින් කිව්ව තාවතිංස, යාම ආදී දිව්‍ය ලෝක.

දේවතානුස්සතිය වඩන ආකාරය...

දේවතානුස්සතිය වඩන්නේ මෙන්න මේ විදිහටයි. 'අපගේ ශාස්තෘන් වහන්සේ දිව්‍ය ලෝක ගැන දේශනා කොට වදාළා. ඒ දිව්‍ය ලෝක තමයි චාතුම්මහාරාජික, තාවතිංස, යාම, තුසිත, නිම්මාණරතී, පරනිම්මිත වසත්තී දිව්‍ය ලෝක. ඒ දිව්‍ය ලෝකවල සිටින දෙවිවරුන් තුළ ශ්‍රද්ධා, සීල, සුත, චාග, පඤ්ඤා කියන මේ ගුණ ධර්ම තියෙනවා. දෙවිවරුන්ට ඒ ගුණධර්ම ලැබුණේ මිනිස් ලෝකයේදී මිනිසුන් වශයෙන් ජීවත් වෙච්ච කාලේ ඒ ගුණධර්ම පුරුදු කරපු නිසා. ඒ දෙවියන් තුළ තියෙන ශ්‍රද්ධා, සීල, සුත, චාග, පඤ්ඤා කියන ගුණධර්ම මා තුළත් තියෙනවා. මා තුළ යම් ආකාරයකට ශ්‍රද්ධා, සීල, සුත, චාග, පඤ්ඤා කියන ගුණධර්ම තියෙනවා ද, මේ ගුණධර්ම දෙවියන් තුළත් තියෙනවා.'

මේ විදිහට දෙවියන් තුළ තිබෙන්නා වූ ගුණධර්ම තමා තුළත් තියෙනවා කියලා සිහි කරන්ට පුළුවන්. තමා

තුළ යම් ගුණධර්ම ඇත්ද, ඒවා දෙවියන් තුළත් තියෙනවා කියලා සිහිකරන්ට පුළුවන්. ඒ ආකාරයට දිව්‍යත්වය තමා තුළත්, තමා තුළ ඇති දිව්‍යත්වය දෙවියන් තුළත් දැකීමේ හැකියාව තමයි දේවතානුස්සති භාවනාව කියලා කියන්නේ. බුදුරජාණන් වහන්සේගේ කාලේ ශ්‍රාවකයෝ මේ භාවනාව පුරුදු කළා.

දෙව්ලොව ධර්මාවබෝධ කරන්න බැරිද..?

බොහෝ දෙනෙකුගේ අදහසක් තියෙනවා 'දිව්‍ය ලෝකවල ධර්මය අවබෝධ කරන්ට බෑ. දිව්‍ය ලෝකවල පින් කරන්ට බෑ' කියලා. ඒක සම්පූර්ණයෙන් ම අසත්‍ය කථාවක්. බුදුරජාණන් වහන්සේගේ බොහෝ ශ්‍රාවක පිරිස් මරණයට පත්වෙලා දිව්‍ය ලෝකවලයි උපන්නේ. ඒ දෙවියන් තුළ තියෙන දිව්‍යත්වය ඔබේ ජීවිතය තුළ ඇතිකරගැනීමට හොඳම ක්‍රමය තමයි මේ දේවතානුස්සති භාවනාව පුරුදු කරන එක.

දේවතානුස්සති භාවනාව පුරුදු කරද්දී මිනිස් ලොව තිබෙන මානුෂික සැප සම්පත් කෙරෙහි සිත උපේක්ෂාවට පත්වෙනවා. උපේක්ෂාවට පත්වෙලා දිව්‍ය ලෝකයේ හිත පිහිටනවා. එතකොට එයාට පුළුවන් මිනිස් දේහය අත්හරිනකොට, නිදා සිට අවදිවුණාක් මෙන් දිව්‍ය ලෝකයේ ඉපදිලා, මේ ශ්‍රද්ධා, සීල, සුත, චාග, පඤ්ඤා කියන ගුණධර්ම තවදුරටත් දියුණු කරලා, සීල, සමාධි, ප්‍රඥා කියන ගුණ ධර්ම දියුණු කරලා, ආර්ය මාර්ගය තුළින් නිවන කරා යන්ට. ඒ සඳහා බොහෝ උපකාර වන දෙයක් තමයි දේවතානුස්සති භාවනාව.

දේවතානුස්සති භාවනාව

- චාතුම්මහාරාජික නම් වූ දිව්‍ය ලෝකයෙහි වසන්නා වූ පින්වත් දෙවියෝ, මේ මනුලොව සිටින කාලයේදී බුදුරජාණන් වහන්සේ පිළිබඳව ද, ශ්‍රී සද්ධර්මය පිළිබඳව ද, ආර්ය මහා සංඝරත්නය පිළිබඳව ද අවබෝධයෙන් යුතුව ම පැහැදීමෙන් යුතු වූවාහුය. ඒ ශ්‍රද්ධාව නිසා මනුලොවින් චුත වී චාතුම්මහාරාජික දෙව්ලොව උපත ලද්දාහුය. ඒ ආකාර වූ අවබෝධයෙන් යුතු පැහැදීමක් මා තුළ ද ඇත්තේ ය. ඒ ශ්‍රද්ධාව මාගේ ජීවිතයට මහා ලාභයකි. මහා පිළිසරණකි. මහා රැකවරණයකි. මහා ආලෝකයකි.

- චාතුම්මහාරාජික නම් වූ දිව්‍ය ලෝකයෙහි වසන්නා වූ පින්වත් දෙවියෝ, මේ මනුලොව සිටින කාලයේදී ප්‍රාණඝාතනයෙන් වැළකුණෝය. සොරකමින් වැළකුණෝය. වැරදි කාම සේවනයෙන් වැළකුණෝය. බොරු කීමෙන් වැළකුණෝය. මත්ද්‍රව්‍ය භාවිතයෙන් වැළකුණෝය. නිති පන්සිල් ද, පොහොය අටසිල් ද ආරක්ෂා කළෝය. ඒ සීලය නිසා මනුලොවින් චුත වී චාතුම්මහාරාජික දෙව්ලොව උපත ලද්දාහුය. එබඳු සීලයක් මා තුළ ද ඇත්තේය. මම ද නිති පන්සිල් ද, පොහොය අටසිල් ද රකිමි. මේ සීලය මාගේ ජීවිතයට මහා ලාභයකි. මහා පිළිසරණකි. මහා රැකවරණයකි. මහා ආලෝකයකි.

- චාතුම්මහාරාජික නම් වූ දිව්‍ය ලෝකයෙහි වසන්නා වූ පින්වත් දෙවියෝ, මේ මනුලොව සිටින කාලයේදී මුල

යහපත් වූ, මැද යහපත් වූ, කෙළවර යහපත් වූ, උතුම් ශ්‍රී සද්ධර්මය මනාකොට ඇසීමෙන්, මනා කොට දැරීමෙන්, වචනයෙන් පුරුදු කිරීමෙන්, නුවණින් මෙනෙහි කිරීමෙන් ශ්‍රැතය නම් වූ ධර්මඥානය දියුණු කරගත්තාහුය. ඒ ධර්මඥානය නිසා මනුලොවින් චුත වී චාතුම්මහාරාජික දෙව්ලොව උපත ලද්දාහුය. එබඳු වූ ධර්මඥානයක් මා තුළ ද ඇත්තේය. මම ද උතුම් ශ්‍රී සද්ධර්මය මනාකොට ඇසීමෙන්, මතකයෙහි දැරීමෙන්, වචනයෙන් පුරුදු කිරීමෙන්, නුවණින් මෙනෙහි කිරීමෙන් ශ්‍රැතය දියුණු කරගනිමි. එය මට මහා ලාභයකි. මහා පිළිසරණකි. මහා රැකවරණයකි. මහා ආලෝකයකි.

- චාතුම්මහාරාජික නම් වූ දිව්‍ය ලෝකයෙහි වසන්නා වූ පින්වත් දෙවියෝ, මේ මනුලොව සිටින කාලයේදී මසුරුමල දුරු කොට, කර්ම කර්ම ඵල අදහා, ඉතා සතුටින් යුතුව, තෙරුවන් උදෙසා දන් පැන් පූජා කළෝ ය. ඒ ත්‍යාගය නිසා මනුලොවින් චුත වී චාතුම්මහාරාජික දෙව්ලොව උපත ලද්දාහුය. ඒ ආකාර වූ ත්‍යාගයක් මා තුළ ද ඇත්තේය. මම ද මසුරු මල දුරුකොට, පින් පව් අදහාගෙන, උතුම් තෙරුවන උදෙසා නිති දන් පැන් දෙන්නෙමි. ඒ ත්‍යාගය මාගේ ජීවිතයට මහා ලාභයකි. මහා පිළිසරණකි. මහා රැකවරණයකි. මහා ආලෝකයකි.

- චාතුම්මහාරාජික නම් වූ දිව්‍ය ලෝකයෙහි වසන්නා වූ පින්වත් දෙවියෝ, මේ මනුලොව සිටින කාලයේදී අනිත්‍ය, දුක්ඛ, අනාත්ම යන තිලකුණු පිළිබඳව ද, මේ ජීවිතයේ හටගැනීම පිළිබඳව ද, නැතිවීම

පිළිබඳව ද අවබෝධයෙන් සිටියෝය. ඒ ප්‍රඥා බලය නිසා මනුලොවින් චුත වී චාතුම්මහාරාජික දෙව්ලොව උපත ලද්දාහුය. මම ද ස්කන්ධ, ධාතු, ආයතන වශයෙන් මේ ජීවිතයේ හටගැනීම පිළිබඳව ද, නැතිවීම පිළිබඳව ද අවබෝධයෙන් යුතුව කාලය ගෙවමි. ඒ ප්‍රඥාව මාගේ ජීවිතයට මහා ලාභයකි. මහා පිළිසරණකි. මහා රැකවරණයකි. මහා ආලෝකයකි.

- තාවතිංස නම් වූ,...

- යාම නම් වූ,...

- තුසිත නම් වූ,...

- නිම්මාණරතී නම් වූ,...

- පරනිම්මිත වසවත්ති නම් වූ...

- බ්‍රහ්මකායික සියලු දෙවියෝ ද, ඉන් ඉහළ දිව්‍යලෝකවල වසන සියලු දෙවියෝ ද...

සාදු! සාදු!! සාදු!!!

20

අප්‍රමාදී බව ඇති කරන මරණසති භාවනාව

අප්‍රමාදී බව කියන එක ම වදන තුළට...

මේ ලෝකයේ හැසිරෙන දෙපා, සිවුපා, බහුපා සියලු ම සත්වයන්ගේ පියවර සටහන් ඇතාගේ පියවර සටහන තුළට දාන්න පුළුවන්. ඒ වගේ යම්තාක් කුසල් දහම් ඇද්ද, ඒ සියල්ල ම අප්‍රමාදී බව කියන එක ම එක කරුණ තුළට ඇතුළු කරන්ට පුළුවන් බව භාග්‍යවත් බුදුරජාණන් වහන්සේ දේශනා කොට වදාළා.

අප්‍රමාදී බව ජීවිතයට රැකවරණ සලසා දෙනවා. සැප සතුට උදා කර දෙනවා. කරුණු දෙකක් වෙනුවෙන් අපි අප්‍රමාදී විය යුතුයි. එකක් තමයි ජීවිතයට පින් දහම් එකතු කරගැනීම පිණිස අප්‍රමාදී විය යුතුයි. භාග්‍යවතුන් වහන්සේ දේශනා කොට වදාළේ පිනට භය වෙන්න එපා කියලයි (මා භික්ඛවේ පුඤ්ඤානං භායිත්ථ). බහුල වශයෙන් කුසල් දහම් වඩන්න කියලයි. (කත්තබ්බං කුසලං බහුං). මේ ජීවිතය තුළ අපි රැස් කරගන්නා කුසල් දහම් අපේ සංසාරික ජීවිතය සැපවත් කරනවා. අපට මේ ආත්මයේ යහපත් මනුෂ්‍ය ජීවිතයක් ලැබීමට හේතු වුණේ අපි සසරේ පූර්ව ආත්මවල

කරන ලද පින් දහම්. දිව්‍ය, මනුෂ්‍ය ආදී සුගති ලෝකවල උපත ලබන්නේ පින නිසා ම යි. ධර්මාවබෝධයට සුදුසු පරිසරයක් සකස් කර දෙන්නේ ද පිනෙන් ම යි.

ධර්මයේ හැසිරීම කල් දමන්ට එපා..!

අප්‍රමාදී විය යුතු දෙවන කරුණ තමයි චතුරාර්ය සත්‍යාවබෝධයට සුදුසු ආකාරයට තමන්ගේ ජීවිතය සකස් කරගැනීම. එදිනෙදා ජීවිතයේ තිබෙන බොහෝ වැඩකටයුතු නිසා අපි ධර්මයේ හැසිරීම හැම තිස්සේ ම පස්සට කල් දානවා. බොහෝ විට අපට තිබෙන ප්‍රධාන ගැටළු, ප්‍රශ්න විදිහට අපි සිතන්නේ රැකියාවක් ලබා ගැනීම, ගෙයක් දොරක් හදා ගැනීම, දරුවන්ට ඉගැන්වීම ආදිය යි. නමුත් වයසට යාම, ලෙඩ වීම, මරණයට පත්වීම, මරණයට පත්වූ පසු කොතැනක උපදීවි දැයි නොදන්නා බව යන කරුණු අපි සැම දෙනාටම උරුම වී ඇති ඉතාම බරපතල ප්‍රශ්න බව හඳුනාගැනීමට තරම් අපි ඒ ගැන සිතන්ට පෙළඹිලා නෑ.

ගෙදර දොර කටයුතුවලින් නිදහස් වෙලා ජීවිතයේ අවසාන කාලයේ ධර්මයේ හැසිරීමට බොහෝ දෙනෙක් සිතාගෙන ඉන්නවා. ඒකට හේතුව තමයි ඕනෑම මොහොතක තමන්ට මරණයට මුහුණ දීමට සිද්ධ වෙන්න පුළුවන් කියලා නොසිතීම. ඒ නිසා අප්‍රමාදී බව ඇති කරගැනීම පිණිස මරණසති භාවනාව පුරුදු කළ යුතු බව බුදුරජාණන් වහන්සේ දේශනා කොට වදාළා.

අද ඉඳන් ම පටන් ගන්න...

ඉහළට ගත්තු ආශ්වාස වාතය පහළට හෙළන තරම් කාලයක්වත් අපට ජීවත් වීමට හැකි වේවි ද කියලා විශ්වාස

නැති තරමට ම මේ ජීවිතය අස්ථිර වූ දෙයක්. එනමුත් බොහෝ විට අපි කරන්නේ අනාගතයේ සිදු කරන්නට බලාපොරොත්තු වන දේවල් පිළිබඳව සැලසුම් කරමින් ඒවාට ම වෙහෙස වීම යි. බොහෝවිට ඒ සැලසුම් සිත ඇතුලේ තබාගෙන ම මිය යන්නට සිදුවෙනවා. මරණසති භාවනාව පුරුදු කරන කෙනා හැමවිට ම බුදුරජාණන් වහන්සේගේ උපදෙස් සිහි කරමින් ඉන්නවා. අකුසල් දුරුකරලා කුසල් වඩන්ට මහන්සි ගන්නවා. තමන්ගේ ජීවිතය තුළ උතුම් ගුණධර්ම ඇතිකරගැනීමට උත්සාහ කරනවා.

මරණසති භාවනාව

මම මරණයට පත්වීම උරුම කරගත් කෙනෙක්මි. මරණය නොඉක්මවූවෙක්මි. මා මෙන් ම උපන්නා වූ සියලු සත්වයෝ මරණයට පත්වන්නාහුය. උපන්නා වූ කිසිම සත්වයෙකුට මරණයෙන් ගැලවිය නොහැක. සියලු දෙනා ම මරණයට මුහුණ දිය යුතුය. යම් තැනක සැඟවී මරණයෙන් ගැලවිය හැකි නම් එබඳු තැනක් අහසේවත්, පොළොවේවත්, සාගරයේවත්, වෙන අන් තැනකවත් නැත්තේය. කවදා, කොතැනකදී, කවර අයුරින් මරණය සිදුවේදැයි කිසිවෙකුට කිව නොහැක.

මව්කුස තුළදී ද, මව්කුසින් බිහිවන මොහොතේදී ද, ළදරු කාලයේදී ද, ළමා කාලයේදී ද, තරුණ කාලයේදී ද, මැදි වයසේදී ද, මහලු වයසේදී ද ඕනෑම කෙනෙකු මරණයට පත්විය හැකිය. ඉපදුණා වූ කෙනෙකු මේ කාලයේදී මේ අයුරින් මරණයට පත් වේ යැයි කිසිවෙකුට

කිව නොහැක. මරණයට පත්වීම කෙරෙහි වයස් භේදයක් නැත්තේය.

ධනවත් පුද්ගලයෝ ද, දුප්පත් පුද්ගලයෝ ද, උගත් පුද්ගලයෝ ද, නූගත් පුද්ගලයෝ ද, බලවත් පුද්ගලයෝ ද, දුබල පුද්ගලයෝ ද, කුලවත් පුද්ගලයෝ ද, කුලහීන පුද්ගලයෝ ද, ගුණවත් පුද්ගලයෝ ද, ගුණහීන පුද්ගලයෝ ද, රූපවත් පුද්ගලයෝ ද, විරූපී පුදගලයෝ ද, දක්ෂ පුද්ගලයෝ ද, අදක්ෂ පුද්ගලයෝ ද මරණයට පත්වන්නාහුය. මරණයට පත්වීම කෙරෙහි පුද්ගල භේදයක් නැත්තේය.

උදෑසන කාලයේදී ද, දහවල් කාලයේදී ද, සැන්දෑ කාලයේදී ද, රාත්‍රී කාලයේදී ද, ඕනෑම පිරිමියෙකු හෝ ඕනෑම ස්ත්‍රියක හෝ මරණයට පත්විය හැකිය. මරණයට පත්වීම කෙරෙහි කාල භේදයක් නැත්තේය.

දියෙහි ගිලීමෙන් ද, ගින්නට හසු වීමෙන් ද, වස විෂ ශරීරගත වීමෙන් ද මරණය සිදුවිය හැකිය. ලෙඩ රෝග නිසා ද, අකුණු සැර වැදීම් - නාය යෑම් - ගංවතුර ආදී ස්වාභාවික විපත් නිසා ද, රිය අනතුරු - විදුලි සැර වැදීම් ආදී හදිසි අනතුරු නිසා ද, විෂ සතුන් දෂ්ඨ කිරීමෙන් ද, අමනුෂ්‍යයන් නිසා ද, සතුරු උවදුරු ආදී වෙනත් අයගේ උපක්‍රම නිසා ද, ආයුෂ ගෙවී යාමෙන් ද, අනුභව කළ ආහාර නොදිරවීමෙන් ද, හුස්ම හිරවීමෙන් ද, පය පැටලී වැටීමෙන් ද මරණය සිදුවිය හැකිය. මරණයට පත්වීම කෙරෙහි අවස්ථා භේදයක් නැත්තේය.

මහත් වූ පුණ්‍ය ඉර්ධි ඇති, සියලු කෙලෙසුන් නැසූ බුදුරජාණන් වහන්සේලා ද, පසේබුදුරජාණන් වහන්සේලා ද, මහරහත් උතුමන් වහන්සේලා ද පිරිනිවන් පා වදාළ

සේක. මගඵලලාභී උතුමෝ ද මරණයට පත්වූහ.

රෑ දවල් ගෙවී යන්නේ මාගේ ජීවිතය මරණය කරා ළඟා කරවමින් ය. පැයෙන් පැය, විනාඩියෙන් විනාඩිය, තත්පරයෙන් තත්පරය, මොහොතින් මොහොත මා හට ජීවත් වීමට ඇති කාලය ගෙවී යන්නේය. ඉහළට ගත් ආශ්වාස වාතය, පහළට හෙළන කාලය තරම් ඉතා සුළු කාලයක්වත් ජීවත් වීමට හැකි වේදැයි කිසිවෙකුට කිව නොහැකිය. ඒ අයුරින් ඉතා සුළු කාලයකදී පවා මා මරණයට පත් විය හැකිය.

එම නිසා මරණින් මතු දුගතියෙහි උපදින්නට සිදුවන යම් අකුසල් මා තුළ ඇත්නම්, එබඳු අපායගාමී අකුසල් දුරු කිරීමට මම නොපමා ව වීරිය ගන්නෙමි. සිහි නුවණ උපදවා ගන්නෙමි. හිස ගිනිගත් අයෙකු ඒ ගින්න නිවීමට යම්සේ උත්සාහ කරන්නේ ද, වීරිය කරන්නේ ද, ඒ අයුරින් ම ජීවත් වන මේ සුළු කාලය තුළ අකුසල් ප්‍රහාණය කිරීම පිණිස කැප වෙන්නෙමි. එමෙන්ම මාගේ ශාස්තෘ වූ භාග්‍යවතුන් වහන්සේගේ උතුම් අනුශාසනාවන් සිහි කරමින් ඉතා සතුටින් යුතුව, චතුරාර්ය සත්‍යාවබෝධය සඳහා උපකාරී වන කුසල් දහම් නොපමා ව දියුණු කරගන්නෙමි.

සාදු! සාදු!! සාදු!!!

21

සතර බ්‍රහ්ම විහරණ
1. මෛත්‍රී භාවනාව

මෛත්‍රිය, කරුණාව, මුදිතාව, උපේක්ෂාව 'සතර බ්‍රහ්ම විහරණ' කියලා හඳුන්වනවා. මහා බ්‍රහ්මයා මේ කරුණු හතරෙන් යුක්තව වාසය කරන නිසාත්, මනුෂ්‍ය ලෝකයේදී මේ ගුණධර්ම සතර මනාකොට වඩන කෙනා මරණින් මතු බ්‍රහ්ම ලෝකයේ උපදින නිසාත් තමයි එහෙම කියන්නේ. මනුෂ්‍යයන් වශයෙන් අපත් නිතර මේ කරුණු හතර අපේ ජීවිතයේ දියුණු කරනවා නම්, අපටත් මරණින් පස්සේ බ්‍රහ්ම ලෝකයක උපත ලබන්නට පුළුවනි.

ද්වේෂය දුරු කිරීමට මෙත් සිත...

අපේ සිත් තුළ තිබෙන, බොහෝ අකුසල්වලට මග පාදන අකුසල මූලයක් තමයි ද්වේෂය කියලා කියන්නේ. මේ ද්වේෂය තමන්ට යහපත පිණිස පවතින්නෙත් නෑ. අනුන්ට යහපත පිණිස පවතින්නෙත් නෑ. ද්වේෂය පාලනය කර නොගැනීම නිසා, ද්වේෂය දුරු කරගැනීමට නොහැකි වීම නිසා බොහෝ අපායගාමී අකුසල් මිනිසුන් අතින් සිදුවෙනවා.

ඒ නිසා (**මෙත්තා භාවේතබ්බා ව්‍යාපාදස්ස පහානාය**) ද්වේෂය ප්‍රහාණය කිරීම පිණිස මෛත්‍රිය වැඩිය යුතුයි කියලා බුදුරජාණන් වහන්සේ දේශනා කළා. මලක සුවඳ ඉඹින මොහොතක් තරම් සුළු කාලයක් හරි මෙත් සිත වඩනවා නම්, ඒ තුළින් අසංඛ්‍ය අප්‍රමාණ ආනිශංස ලැබෙන පිනක් රැස්වෙන බවත් බුදුරජාණන් වහන්සේ දේශනා කොට වදාළා.

මෛත්‍රිය වඩන ආකාර දෙකක් තියෙනවා...

මෛත්‍රිය කියලා කියන්නේ තමාටත්, අන් අයටත් හදවතින් ම පවත්වන මිත්‍රත්වය යි. තමා තමාට මිත්‍ර නම් තමා විසින් තමන්ගේ ජීවිතයට හානියක්, කරදරයක් කරගන්නේ නැහැ. තමා අනුන්ට මිත්‍ර නම් අනුන්ගේ ජීවිතයට කරදරයක් කරන්නේ නැහැ. මේ නිසා තමාටත්, අනුන්ටත් යහපත සලසන මිත්‍රත්වයට මෛත්‍රිය කියනවා.

මෛත්‍රී භාවනාව වඩන ආකාර දෙකක් මජ්ඣිම නිකායේ අනුරුද්ධ සූත්‍රයේ සඳහන් වෙනවා. අනුරුද්ධ මහරහතන් වහන්සේ මෛත්‍රී භාවනාව වඩන ක්‍රම දෙක පිළිබඳව පැහැදිලි කරලා දීලා තියෙනවා. ඒ තමයි අප්පමාණ චේතෝ විමුක්තියත්, මහග්ගත චේතෝ විමුක්තියත්.

මහග්ගත චේතෝ විමුක්තිය වඩන හැටි...

මහග්ගත චේතෝ විමුක්තිය කියන්නේ ටිකෙන් ටික මෛත්‍රිය වඩන ප්‍රදේශය පුළුල් කරමින් මෛත්‍රිය වැඩීම යි. ඒ කියන්නේ පළමුවෙන් ම තමන්ට මෛත්‍රිය වඩනවා. ඊළඟට තමන්ගේ නිවසේ අයට, ගමේ අයට, නගරයේ අයට, පළාතේ අයට, තමන් ජීවත් වෙන රටේ අයට

මෛත්‍රිය වඩනවා. මේ ක්‍රමයට මෛත්‍රී භාවනාව වඩන්ට කැමති කෙනෙකුට මේ භාවනා වාක්‍ය ටික කටපාඩම් කරගෙන මහග්ගත ක්‍රමයට මෛත්‍රිය වඩන්ට පුළුවන්.

- මම වෛර නැත්තෙක් වෙම්වා... තරහ නැත්තෙක් වෙම්වා... ඊර්ෂ්‍යා නැත්තෙක් වෙම්වා... දුක් පීඩා නැත්තෙක් වෙම්වා... සුවසේ ජීවත් වෙම්වා... ශාන්ත සුවයට පත්වෙම්වා...
- මා මෙන්ම මේ නිවසේ සිටින සියලූම සත්වයෝ වෛර නැත්තෝ වෙත්වා... තරහ නැත්තෝ වෙත්වා... ඊර්ෂ්‍යා නැත්තෝ වෙත්වා... දුක් පීඩා නැත්තෝ වෙත්වා... සුවසේ ජීවත් වෙත්වා... ශාන්ත සුවයට පත්වෙත්වා...
- මේ ගමේ සිටින සියලූම සත්වයෝ...
- මේ නගරයේ සිටින සියලූම සත්වයෝ...
- මේ පළාතේ සිටින සියලූම සත්වයෝ...
- මේ රටේ සිටින සියලූම සත්වයෝ...
- මේ ලෝකයේ සිටින සියලූම සත්වයෝ...
- සියලූම සත්වයෝ වෛර නැත්තෝ වෙත්වා... තරහ නැත්තෝ වෙත්වා... ඊර්ෂ්‍යා නැත්තෝ වෙත්වා... දුක් පීඩා නැත්තෝ වෙත්වා... සුවසේ ජීවත් වෙත්වා... ශාන්ත සුවයට පත්වෙත්වා...

අප්පමාණ චේතෝ විමුක්තිය වඩන හැටි...

අප්පමාණ චේතෝ විමුක්තිය කියන්නේ ප්‍රමාණ රහිත කොට දිශා වශයෙන් මෛත්‍රී සිත පැතිරවීම යි. ඒ

කියන්නේ දිශා වශයෙන් වෙන් කරගෙන දස දිසාවට ම මෛත්‍රිය වැඩීම යි. අප්‍රමාණ ක්‍රමයට මෛත්‍රී භාවනාව කරන්ට කැමති කෙනෙකුට මේ භාවනා වාක්‍ය කටපාඩම් කරගෙන මෛත්‍රී භාවනාව වඩන්ට පුළුවන්.

1. උතුරු දිශාවේ සිටින්නා වූ සියලූම සත්වයෝ වෛර නැත්තෝ වෙත්වා... තරහ නැත්තෝ වෙත්වා... ඊර්ෂ්‍යා නැත්තෝ වෙත්වා... දුක් පීඩා නැත්තෝ වෙත්වා... සුවසේ ජීවත් වෙත්වා... ශාන්ත සුවයට පත්වෙත්වා...
2. උතුරු අනු දිශාවේ සිටින්නා වූ සියලූම සත්වයෝ...
3. නැගෙනහිර දිශාවේ සිටින්නා වූ සියලූම සත්වයෝ...
4. නැගෙනහිර අනු දිශාවේ සිටින්නා වූ සියලූම සත්වයෝ...
5. දකුණු දිශාවේ සිටින්නා වූ සියලූම සත්වයෝ...
6. දකුණු අනු දිශාවේ සිටින්නා වූ සියලූම සත්වයෝ...
7. බටහිර දිශාවේ සිටින්නා වූ සියලූම සත්වයෝ...
8. බටහිර අනු දිශාවේ සිටින්නා වූ සියලූම සත්වයෝ...
9. උඩ දිශාවේ සිටින්නා වූ සියලූම සත්වයෝ ...
10. යට දිශාවේ සිටින්නා වූ සියලූම සත්වයෝ ...

මෛත්‍රී ධ්‍යාන දක්වා...

මෛත්‍රී භාවනාව තුළින් ධ්‍යාන ඇති කරගන්ට නම් බුදුරජාණන් වහන්සේ දේශනා කරලා තියෙන ආකාරයට ම භාවනා කළ යුතුයි. මේ ක්‍රමයට මෛත්‍රී භාවනාව

වඩනකොට පංච නීවරණ යටපත් වෙලා මෛත්‍රී අරමුණ තුළ ම හිත එකඟ වෙනවා. ඒ එකඟ වූ සිතින් යුතුව තවදුරටත් මෛත්‍රී භාවනාව වඩනකොට විතක්ක, විචාර, නිරාමිස ප්‍රීතිය, සැපය හා ඒකාග්‍රතාවය ඇති පළමුවෙනි ධ්‍යානය ලැබෙනවා. එයාට පුළුවන් තවදුරටත් මෛත්‍රී භාවනාව දියුණු කරලා අනෙකුත් ධ්‍යානත් ලබන්නට. ඒ වගේම මෛත්‍රී චේතෝ විමුක්තිය තුළ ඉඳගෙන විදර්ශනා වඩලා මාර්ගඵල අවබෝධයක් කරා යන්ටත් ශ්‍රාවකයෙකුට පුළුවන්කම තිබෙනවා.

මෛත්‍රී භාවනාවේ ආනිශංස...

අංගුත්තර නිකායේ මෙත්තානිංස සූත්‍රයේදී බහුල වශයෙන් මෛත්‍රී භාවනාව වඩන කෙනෙකුට ලැබෙන ආනිසංස ඉතාම පැහැදිලිව පෙන්වා දීලා තියෙනවා. ඒ තමයි මෛත්‍රී භාවනාව වඩන පුද්ගලයා;

1. සැපසේ නිදාගන්නවා.
2. සැපසේ අවදිවෙනවා.
3. නිදා සිටින විට නපුරු හීන දකින්නේ නෑ.
4. මිනිසුන්ට ප්‍රිය වෙනවා.
5. අමනුෂ්‍යයින්ට ප්‍රිය වෙනවා.
6. දෙවිවරු ඔහුව ආරක්ෂා කරනවා.
7. ගිනි, විෂ, ආයුධවලින් විපත් සිදුවෙන්නේ නැහැ.
8. ඉක්මනින්ම හිත සමාධිමත් වෙනවා.
9. මුහුණේ වර්ණය පැහැපත් වෙනවා.

10. සිහි මුළා නොවී මරණයට පත්වෙනවා.

11. මේ ජීවිතයේ අරහත්වයට පත්වුණේ නැත්නම් බ්‍රහ්ම ලෝකයේ උපදිනවා.

2. කරුණා භාවනාව

අන් අය කෙරෙහි කරුණාවන්ත වෙන්න...

අන් අයගේ කායික මානසික පීඩාවන් කෙරෙහි ඇති වන අනුකම්පාව කරුණාව යි. මනුෂ්‍ය ලෝකයේ ජීවත් වන අප සියලු දෙනාට වරින් වර විවිධ දුක් කරදරවලට භාජනය වෙන්ට සිදුවෙනවා. ලෙඩ දුක්, හදිසි ස්වභාවික විපත් ආදියේදී බොහෝ දෙනා කායිකවත්, මානසිකවත් පීඩා විඳිනවා. ඒ ආකාරයෙන් අසරණ භාවයට පත් වූ අය දෙස අනුකම්පාවෙන් බැලීමේදී ඇතිවෙන්නේ කරුණාව යි. කරුණාව දියුණු කිරීමෙන් කරුණා චේතෝ විමුක්තිය ඇති කරගත හැකියි. කරුණා චේතෝ විමුක්තියත් මහග්ගත, අප්පමාණ යන ආකාර දෙකෙන් ම දියුණු කරගත හැකියි.

කරුණා භාවනාව වඩන හැටි...

මම කායික පීඩා නැත්තෙක් වෙම්වා... මානසික පීඩා නැත්තෙක් වෙම්වා... කායික සුවයෙන් සුවපත් වෙම්වා... මානසික සුවයෙන් සුවපත් වෙම්වා... සුවසේ ජීවත් වෙම්වා...

මා මෙන්ම මේ නිවසේ සිටින සියලූම සත්වයෝ කායික පීඩා නැත්තෝ වෙත්වා... මානසික පීඩා නැත්තෝ

වෙත්වා... කායික සුවයෙන් සුවපත් වෙත්වා... මානසික සුවයෙන් සුවපත් වෙත්වා... සුවසේ ජීවත් වෙත්වා...

(කලින් මෛත්‍රී භාවනාවේ දැක්වෙන ආකාරයට ම මහග්ගත චේතෝ විමුක්තිය හා අප්පමාණ චේතෝ විමුක්තිය වශයෙන් මෙම කරුණා භාවනාව ද වැඩිය හැකිය.)

3. මුදිතා භාවනාව

අරතිය නැති කරගන්න මුදිතාව වඩන්න...

අන් අයගේ දියුණුව දැක ඒ කෙරෙහි ඇති කරගන්නා සතුට මුදිතාව යි. කෙනෙක් මේ ජීවිතය තුළ ධාර්මිකව ධනය රැස්කරගෙන, ඉඩකඩම් ගෙවල් දොරවල් හදාගෙන දියුණු වෙන්ට පුළුවනි. ඒවා දැකීමෙන් අපේ සිතේ ඊර්ෂ්‍යාවක් ඇති නොකර, සතුටක් ඇති කරගන්නට හැකි නම් එය මුදිතාව යි. ඒ වගේම කෙනෙක් ඉගෙනීමෙන්, කීර්තියෙන්, ප්‍රශංසාවෙන්, ශරීර වර්ණයෙන් වැඩෙන්නට පුළුවන්. ඒ සෑම කරුණකදී ම අපේ සිතේ සතුටක් ඇති කරගන්නට අපි දක්ෂ වෙන්නට ඕනෙ.

සමහර විට කෙනෙක් තවත් කෙනෙකුගේ ලස්සන රූපයට ඉරිසියා කරනවා. හොඳින් ඉගෙන ගන්නවාට ඉරිසියා කරනවා. තවත් කෙනෙකුගේ කීර්ති ප්‍රශංසාවලට ඉරිසියා කරනවා. මේ වාගේ අකුසල් සිතුවිලි සිතෙන් දුරු කරලා, ඒ අවස්ථාවල සතුටක් ඇති කරගන්නට මහන්සි වෙන්න ඕනෙ. භාග්‍යවතුන් වහන්සේ දේශනා කොට වදාළේ කුසල් දහම්වල සිත නොඇලෙන ගතිය (අරතිය) දුරු කරගන්ට මුදිතාව වඩන්න කියලයි. මුදිතා චේතෝ

විමුක්තියත් මහග්ගත, අප්පමාණ යන ක්‍රම දෙකෙන් ම දියුණු කළ හැකියි.

මුදිතා භාවනාව වඩන හැටි...

මම ආයුෂයෙන් වැඩෙම්වා... වර්ණයෙන් වැඩෙම්වා... සැපයෙන් වැඩෙම්වා... බලයෙන් වැඩෙම්වා... යසසින් වැඩෙම්වා... කීර්තියෙන් වැඩෙම්වා... ප්‍රඥාවෙන් වැඩෙම්වා...

මා මෙන්ම මේ නිවසේ සිටින සියලුම සත්වයෝ ආයුෂයෙන් වැඩෙත්වා... වර්ණයෙන් වැඩෙත්වා... සැපයෙන් වැඩෙත්වා... බලයෙන් වැඩෙත්වා... යසසින් වැඩෙත්වා... කීර්තියෙන් වැඩෙත්වා... ප්‍රඥාවෙන් වැඩෙත්වා...

(කලින් මෛත්‍රී භාවනාවේ දැක්වෙන ආකාරයට ම මහග්ගත චේතෝ විමුක්තිය හා අප්පමාණ චේතෝ විමුක්තිය වශයෙන් මෙම මුදිතා භාවනාව ද වැඩිය හැකිය.)

4. උපේක්ෂා භාවනාව

අට ලෝ දහමට කම්පා නොවී ඉන්ට නම්...

අපට එදිනෙදා ජීවිතයේදී මුහුණ දීමට සිදුවන දුක් කරදර හමුවේ අපි දුකට පත්වෙනවා. සැප සතුට ලැබෙන අවස්ථාවලදී අපි සතුටට පත්වෙනවා. මේ අයුරින් සැප සතුට ලැබෙන අවස්ථාවලත්, දුක් කරදර ලැබෙන අවස්ථාවලත් මැදහත් සිතින් යුතුව කටයුතු කිරීම උපේක්ෂාව යි. උපේක්ෂාව පුරුදු කළ විට දුක් කරදර නිසා පීඩාවට පත් වෙන්නේ නෑ. සැප සතුට නිසා උද්දාමයට පත් වෙන්නෙත් නෑ. මැදහත් සිතින් ඒ සියල්ල විඳගැනීමට හැකි

වෙනවා. අපි සියලු දෙනාටම අට ලෝ දහමට මුහුණ දීමට වෙනවා. ඒ අට ලෝ දහම හමුවේ කම්පා නොවන සිතක් ඇති කරගැනීමට උපේක්ෂාව වැඩිය යුතුය. උපේක්ෂාව දියුණු කිරීමෙන් ලබා ගන්නා චිත්ත සමාධිය උපේක්ෂා චේතෝ විමුත්තියයි. එය ද මහග්ගත අප්පමාණ වශයෙන් දෙආකාර වේ.

උපේක්ෂා භාවනාව වඩන හැටි...

මම ලාභය නිසා සතුටු නොවෙම්වා... අලාභය නිසා දුක් නොවෙම්වා... ප්‍රශංසා නිසා සතුටු නොවෙම්වා... නින්දා නිසා දුක් නොවෙම්වා... යසස නිසා සතුටු නොවෙම්වා... අයස නිසා දුක් නොවෙම්වා... කායික සැපයෙන් සතුටු නොවෙම්වා... කායික දුකකින් දුක් නොවෙම්වා... මානසික සැපයෙන් සතුටු නොවෙම්වා... මානසික දුකකින් දුක් නොවෙම්වා... ශාන්ත සුවයට පත් වෙම්වා...

මා මෙන්ම මේ නිවසේ සිටින සියලූම සත්වයෝ ලාභය නිසා සතුටු නොවෙත්වා... අලාභය නිසා දුක් නොවෙත්වා... ප්‍රශංසා නිසා සතුටු නොවෙත්වා... නින්දා නිසා දුක් නොවෙත්වා... යසස නිසා සතුටු නොවෙත්වා... අයස නිසා දුක් නොවෙත්වා... කායික සැපයෙන් සතුටු නොවෙත්වා... කායික දුකකින් දුක් නොවෙත්වා... මානසික සැපයෙන් සතුටු නොවෙත්වා... මානසික දුකකින් දුක් නොවෙත්වා... ශාන්ත සුවයට පත් වෙත්වා...

(කලින් මෛත්‍රී භාවනාවේ දැක්වෙන ආකාරයට ම මහග්ගත චේතෝ විමුක්තිය හා අප්පමාණ චේතෝ විමුක්තිය වශයෙන් මෙම උපේක්ෂා භාවනාව ද වැඩිය හැකිය.)

22

අට්ඨික සඤ්ඤා භාවනාව

සංවරය උදෙසා අට්ඨික සඤ්ඤාව...

අට්ඨික සඤ්ඤා භාවනාව බහුල වශයෙන් පුරුදු පුහුණු කිරීමෙන් කෙලෙස් නැසීම දක්වා ම දියුණු කර ගත හැකියි. ඇසට දකින රූපයන්හි නිමිති ගැනීමෙන් ඇස අසංවර වීම හේතු කොට ගෙන රාග, ද්වේෂ, මෝහ ආදී අකුසල් ඇති වේ. අට්ඨික සඤ්ඤාව පුරුදු පුහුණු කිරීමෙන් රාගයට, ද්වේෂයට හේතුවන නිමිති ගැනීම වළක්වා ඇස සංවර කර ගත හැකිය.

ඇටසැකිල්ලක් සිනාසුණා...

පෙර ලක්දිව මිහින්තලේ විසූ තිස්ස නම් ස්වාමීන් වහන්සේ නමක් ශ්‍රී මහා බෝධීන් වහන්සේ වන්දනා කිරීමට අනුරාධපුරයට වඩිමින් සිටියා. ස්වාමියා සමඟ අමනාප වූ කාන්තාවක් ඒ මාර්ගයේ ම උන්වහන්සේ ඉදිරියෙන් පැමිණ සිනා සිසී උන්වහන්සේ පසුකොට ගමන් කළා. ටික මොහොතකට පසු ඇයගේ ස්වාමි පුරුෂයා ඒ මගින්

සිතට සුව දෙන භාවනා 269

පැමිණි ස්වාමීන් වහන්සේ දැක "මේ පාරෙන් කාන්තාවක් ගියා ද?" කියා ඇසුවා. "ස්ත්‍රියක් ද, පුරුෂයෙක් ද නොදනිමි. ඇටසැකිල්ලක් නම් ගියා දැක්කා." යනුවෙන් උන්වහන්සේ පිළිතුරු දුන්නා. අට්ඨික සඤ්ඤාව බහුල වශයෙන් වැඩීම නිසා ඇස සංවර වූ ආකාරය සිතා බලන්න.

බහුල වශයෙන් වඩන ලද අට්ඨික සඤ්ඤා සමාධිය තුළ පිහිටා විදර්ශනා වැඩීමෙන් කෙනෙකුට කෙලෙස් නැසීම දක්වා සිත දියුණු කළ හැකියි. අට්ඨික සඤ්ඤාව පුරුදු කරන කෙනෙකු ප්‍රකෘති ඇටසැකිල්ලක් හෝ ක්‍රමවත්ව අඳින ලද ඇටසැකිල්ලක රූපයක් ඉදිරියේ වාඩි වී හොඳින් ඒ දෙස බලා සිටිය යුතුයි. ටික වේලාවක් මෙසේ ඇටසැකිල්ලේ හිසේ සිට පාදය දක්වා ටිකෙන් ටික බලමින් ඒ සටහන් හොඳින් සිතට ගත යුතුයි. සටහන හොඳින් සිත තුළ තැන්පත් වූ පසු ඒ ස්ථානයේ සිටම හෝ වෙනත් ස්ථානයකට ගොස් භාවනා වැඩිය හැකියි.

අට්ඨික සඤ්ඤා භාවනාව

සුදුසු ස්ථානයක, සුදුසු ආකාරයෙන් වාඩිවෙන්න. දෙනෙත් පියාගෙන සිතට ගත් ඇටසැකිල්ලේ සටහන හොඳින් මෙනෙහි කරන්න. ඇටසැකිල්ල ප්‍රකටව පෙනෙන තෙක් මුළු ඇටසැකිල්ල ම නැවත නැවත මෙනෙහි කරන්න. දැන් ඇටසැකිල්ලේ හිස් කබල දෙස බලන්න.

ඇස් දෙක වෙනුවට තියෙන්නේ ලොකු වළවල් දෙකක්. ලස්සනට තිබුණ, පාට කරපු ඇහි බැම දැන් නෑ. නාසය වෙනුවට තියෙන්නේ සිදුරක් විතරයි. කටේ දත් ටික එළියට පේනවා. ලස්සනට පාට කරපු තොල්

පෙති නෑ. කරාබුවලින් සරසපු කන් පෙති නෑ. සුවඳ ජාති ගාලා ලස්සනට තියාගෙන හිටපු කම්මුල් නෑ. වේලිච්ච ලබු ගෙඩියක් වගේ තියෙන හිස් කබලක් විතරයි දැන් තියෙන්නේ. මගේ මේ හිසත් මේ ආකාරයට ම ඇට සැකිල්ලක් බවට පත්වෙනවා.

උරහිස් ඇටවලට සවි වෙලා තියෙන්නේ අත්වල ඇට. අත්ඇට කෙළවරේ තියෙනවා අත් ඇඟිලි ඇට. පපුවට පහළින් දිග උණ පතුරුවලින් හදපු කූඩුවක් වගේ තියෙන්නේ ඉල ඇට. ඒ වගේම කොන්ද දිගට තියෙන්නේ පුරුකෙන් පුරුක බැඳුණු කොඳු ඇට පේළිය. මේ ශරීරයත් මේ ආකාරයටම ඇටසැකිල්ලක් බවට පත්වෙනවා.

කොඳු ඇට පේළිය අවසන් වෙන්නේ උකුල් ඇටවලට සවි වෙලා. උකුල ප්‍රදේශය හැදිලා තියෙන්නේ සමනලයෙකුගේ තටු වගේ තියෙන උකුල් ඇටවලින්. ඒ උකුල් ඇටවලට පා ඇට සවි වෙලා. වේලුන උණ කෝටු වගේ තියෙන්නේ පා ඇට. පා ඇට අවසන් වෙන්නේ පා ඇඟිලි ඇටවලින්.

මේ ශරීරයත් මෙබඳු ඇටසැකිල්ලක් බවට පත්වෙනවා. මේ ඇටසැකිල්ලට මස් අලවලා, නහරවලින් ගැට ගහලා, හමකින් වහලා රූපය කියලා බැඳිලා යනවා. හම ඉවත් කළාම, මස් ඉවත් කළාම, නහරවැල් ඉවත් කළාම ඉතුරු වෙන්නේ ඇටසැකිල්ල විතරයි. බාහිර ස්ත්‍රී පුරුෂයන්ගේ ශරීරයෙත් තියෙන්නේ ඉමබඳු ම වූ ඇටසැකිල්ලක්. මැරුණට පස්සේ මේ ශරීරය කුණු වෙලා ගියාම අන්තිමට ඉතුරු වෙන්නේ ඇටසැකිල්ල විතරයි. ඒ ඇටසැකිල්ලත් පොළවට පස්වෙලා නොපෙනී යනවා.

මේ ශරීරයේ තිබෙන ඇටසැකිල්ලත් අනිත්‍යයි... අනිත්‍යයි... අනිත්‍යයි... ඒ ඇටසැකිල්ලත් මගේ නොවේ... මම නොවේ... මගේ ආත්මය නොවේ...

සාදු! සාදු!! සාදු!!!

www.ingramcontent.com/pod-product-compliance
Lightning Source LLC
La Vergne TN
LVHW012035070526
838202LV00056B/5511
* 9 7 8 6 2 4 5 5 2 4 2 1 1 *